Collection « *Points de Vue* »

LA CÔTE-D'IVOIRE À *L'HARMATTAN*

BERNADET Philippe : *L'association Agriculture-Élevage chez les Peuls semi-transhumants de Côte-d'Ivoire*.
GBAGBO Laurent : *Côte-d'Ivoire, économie et société à la veille de l'Indépendance (1940-1960)*.
Côte-d'Ivoire, pour une alternative démocratique.
KOFFI TEYA Pascal : *Côte-d'Ivoire, le Roi est nu*.
WONDJI Christophe : *La côte ouest-africaine du Sénégal à la Côte-d'Ivoire (1500-1800)*.
ANOUNA Joseph : *Les matins blafards* (poésie).
BACHY Victor : *La Côte-d'Ivoire et le cinéma*.
DERVAIN Eugène : *Termites* (poésie).
LIKING et MA NJOK : *Orphée d'Afrique* (roman-théâtre).
KOTCHY Barthélémy : *La critique sociale dans l'œuvre théâtrale de Bernard Dadié*.
MIEZAN BOGNINI : *Herbe féconde* (poésie).
OUSSOU ESSUI D. : *Les saisons sèches* (roman).
WEREWERE LIKING : *Elle sera de jaspe et de corail, journal d'une Misovire* (roman).
ZADI ZOUAROU B. : *Fer de lance* (poésie).

© *L'Harmattan*, 1986
ISBN : 2-85802631-6

MARCEL AMONDJI

CÔTE-D'IVOIRE
Le P.D.C.I. et la vie politique de 1944 à 1985

Éditions *L'Harmattan*
5-7, rue de l'École-Polytechnique
75005 Paris

Du même auteur :

Félix Houphouët et la Côte-d'Ivoire : l'envers d'une légende, Karthala, 1984.

« *Les armes d'autrui ou te tombent du dos, ou te pèsent, ou te serrent.* »

(MACHIAVEL, « *Le Prince* », XIII)

PROLOGUE

Le 7 août 1960, la proclamation de l'indépendance de la Côte-d'Ivoire eut de remarquable, outre l'enthousiasme des Ivoiriens qui démentait les fausses raisons de la longue réticence de leurs dirigeants, la fantaisie qu'il avait pris à ceux-là de se vêtir de redingotes.

Ces festivités donnèrent aussi l'occasion aux observateurs de se gausser des domestiques habillés « à la française » [1], de la vaisselle d'or dans laquelle furent régalés les invités les plus distingués, des robes et des parures venues tout droit de Paris, etc.

Était-il juste, comme on le fit alors, de ne voir dans tout cela que des signes de prodigalité ? On peut aussi bien croire que les redingotes et la vaisselle d'or, en attendant le palais présidentiel en marbres d'Italie, n'étaient que l'anticipation, un peu forcée il est vrai, du futur de la Côte-d'Ivoire tel que ses dirigeants le rêvaient alors, projeté dans le présent à l'occasion de cette solennité et mimé comme dans un rituel fétichiste devant le peuple et ses invités.

Peut-être les personnages en redingote songeaient-ils seulement à représenter la société ivoirienne en devenir de la façon qu'ils croyaient la plus digne. Mais le choix d'un tel déguisement soulignait le caractère abstrait et utopique de la société ainsi représentée.

En effet, la grande masse des Ivoiriens s'en trouvaient exclus au moins symboliquement par le protocole imbécile qui attachait l'honneur et la dignité du peuple à des objets désuets de la culture européenne.

On sait que les dirigeants ivoiriens éprouvèrent un grand désarroi devant l'indépendance qu'ils n'avaient pas voulue. Il n'est donc pas impossible qu'ils aient alors rêvé d'édifier un cadre institutionnel dans lequel ils ne se sentiraient pas orphelins.

---

[1] René DUMONT, 1962.

Bientôt Félix Houphouët allait traduire ce rêve en mots bien sonores : « *Notre ambition est et demeure de faire du citoyen ivoirien l'égal des citoyens des pays les plus évolués* » [2].

L'emploi du mot « *évolué* » est un autre symbole, à cause de l'histoire particulièrement malheureuse que ce mot a eue ici. Étaient dits ou se disaient « *évolués* » ceux des Ivoiriens qui n'étaient pas ou qui ne se considéraient pas, selon le standard colonial, comme des indigènes ordinaires, mais qui n'étaient pas dignes pour autant d'être confondus avec les résidents européens.

Il va sans dire que ce qualificatif était revendiqué avec d'autant plus d'orgueil par ceux qui s'en croyaient dignes qu'il y avait toutes ces masses d'indigènes non « évolués », qu'ils méprisaient.

L'emploi de ce mot confirme donc le refus ou l'incapacité des dirigeants ivoiriens d'envisager l'avenir du pays autrement qu'à partir des vieux concepts racistes de l'idéologie coloniale.

C'est ainsi que de simples vêtements d'apparat révélèrent l'orientation fondamentale de l'organisation politique que la Côte-d'Ivoire doit à ce régime.

Il est normal que des dirigeants politiques nourrissent de grandes ambitions pour leur pays ; encore faut-il qu'ils règlent ces ambitions à la véritable hauteur des réalités s'ils veulent réussir. Le passage de l'ancien au nouveau ne se décrète pas, mais il se construit comme un bâtiment, niveau par niveau, pan après pan, et sur un terrain bien connu et surtout bien préparé.

Tout au long du quart de siècle du règne de F. Houphouët, le mépris de cette vérité de bon sens n'a pas cessé de peser sur la vie politique de la Côte-d'Ivoire comme une chape de plomb.

Dans le discours habituel des politiciens ivoiriens, au milieu des inévitables invocations à « *l'âme africaine* » et au « *glorieux passé du R.D.A.* », c'est en vain qu'on chercherait le moindre essai de compréhension de ce qu'est véritablement la société qu'ils avaient l'ambition de transformer.

On peut en effet douter de l'adéquation d'un système d'institutions politiques et administratives servilement imitées de l'ancienne métropole avec les besoins de la société ivoirienne prise dans sa totalité.

Au plan sociologique, la France est un pays relativement

---

[2] *Fraternité*, numéro spécial du 15 janvier 1962. Voir aussi Philippe YACÉ, in *Actes du IIIe Congrès du P.D.C.I.-R.D.A.*, 1959.

stable. Sa structure actuelle s'est formée et fixée pour ainsi dire au XIXᵉ siècle. Les variations qui peuvent s'y produire sont prévisibles et même dans une certaine mesure contrôlables ; de sorte que seul un événement radical, une révolution politique, est susceptible de la modifier sensiblement de manière imprévisible.

Au contraire, la Côte-d'Ivoire est une société encore et pour longtemps complètement instable parce qu'en elle coexistent et s'influencent réciproquement plusieurs formations sociales dont les mouvements particuliers et le mouvement d'ensemble créent sans cesse des états d'équilibre éphémères aussitôt remplacés par d'autres.

La société civile sur laquelle s'exerce théoriquement le pouvoir des institutions créées en 1960 est, en réalité, une abstraction qui n'est que l'amalgame en perpétuelle modification de la société traditionnelle moribonde et d'une société moderne en voie de formation.

C'est sur ce complexe que s'exerce le pouvoir des institutions. Par conséquent, elles devraient pouvoir s'adapter à ses deux composantes contradictoires. Elles devraient tenir compte du dynamisme et du sens de leur évolution particulière aussi bien que des effets prévisibles de leur interaction.

Au lieu de cela, ceux qui avaient la charge de conduire la société ivoirienne dans la voie d'un développement de plus en plus harmonieux semblent avoir choisi d'ignorer cette particularité.

Les institutions qu'ils ont organisées s'adressent à une société en état d'équilibre définitif.

En ignorant délibérément les mouvements contradictoires qui ont lieu dans la société civile théorique pensée par eux comme une réalité uniforme et stable, ils ont renoncé du même coup à toute possibilité de jouer un rôle efficace dans sa transformation alors même qu'ils donnaient cette transformation pour le but suprême de leur action.

D'après ses hagiographes, le chef de l'État ivoirien est un homme pour qui *« un projet politique n'est beau et ne mérite d'être pris en considération que si l'on a les moyens de le réaliser. Autrement dit, entre le projet et les moyens il doit exister une adaptation continuelle, une recherche constante tendant vers un équilibre et une harmonie permanents »* [3].

---
[3] S.E.A.C., 1975.

Cela s'écrivait en 1975 alors que les symptômes de l'actuelle crise de régime annonciatrice de la débâcle terminale étaient déjà constitués. Faut-il alors croire que l'état où est rendue la Côte-d'Ivoire au bout de vingt-cinq ans de ce régime sans contrepoids était le projet même ?

Il ne serait pas sérieux de dire que les dirigeants ivoiriens ignoraient les caractéristiques du pays dont la direction leur était échue par suite de circonstances diverses. Certainement, ils savaient qu'il est impossible de concilier les intérêts et les méthodes des colonisateurs et les intérêts du peuple de l'ancienne colonie.

Cependant, il est malheureusement vrai que devant les tâches colossales que l'Histoire posait, quand il eût fallu un moderne Louis XI, c'est un pauvre mélange d'Adolphe Thiers, de Badinguet, de Louis-Philippe et de Barras, avec un doigt de Charles X et un zeste de Louis XVIII qu'on a vu s'avancer avec leurs tuteurs, la bouche pleine de protestations d'amour pour la Côte-d'Ivoire, mais la tête toute occupée des millions qui allaient pleuvoir sur elle.

Encore ces grands précurseurs de nos politiciens, s'ils furent médiocres et s'ils imposèrent eux aussi d'immenses reculs à leur pays contre le beau génie de son peuple, ils n'étaient pas en charge d'une ancienne colonie sur laquelle campaient en permanence de puissantes troupes de l'ancienne métropole.

Et aucun fonctionnaire ou homme d'affaires étranger n'était en position officielle d'influer sur la vie politique et économique de la France comme c'est le cas aujourd'hui pour la Côte-d'Ivoire !

Au vu des résultats il est possible de restituer le véritable plan initial. Il s'agissait moins de doter la Côte-d'Ivoire d'un système politique conforme à sa nature et à ses besoins que de la rendre toujours plus fertile aux spéculations des possédants nationaux et étrangers en l'engraissant avec le labeur de son peuple.

Pour réussir ce projet, il fallait mettre le peuple en condition en le persuadant qu'il était autre que lui-même. D'où, les redingotes.

Qu'ils en eussent conscience ou non, le choix de ce symbole signifie que les dirigeants ivoiriens voulaient gommer les traits spécifiques de la Côte-d'Ivoire ; tout ce qui la constitue en tant que pays et en tant que patrie de ceux qui l'habitent.

A preuve, la désinvolture avec laquelle ces gens qui leur doivent tout ce qu'ils sont traitent habituellement les traditions du mouvement anticolonialiste des dernières années 1940, qui constituent l'apport de nos contemporains à cet héritage.

Certes, quand on les écoute, on n'entend que des protestations de fidélité aux traditions du P.D.C.I.-R.D.A., mais le plus intéressant, c'est ce que les simples gens en pensent...

Dans la dernière période, chaque fois que les dirigeants du parti unique sont allés à la rencontre de « *la base* », ils ont invariablement entendu la même question : « *Pourquoi n'accorde-t-on pas l'hommage mérité à ceux qui se sont sacrifiés dans la lutte positive contre l'hydre coloniale ?* »

Pour qui sait entendre, cette question en contient deux autres :

Pourquoi aucune des grandes dates correspondant à la naissance et à l'activité du Parti démocratique de la Côte-d'Ivoire (P.D.C.I.) avant 1951, voire du Syndicat agricole africain (S.A.A.) qui en serait la matrice, n'a-t-elle pas été marquée par des cérémonies spéciales depuis que le pays indépendant le pourrait sans offusquer personne ?

Et encore : pour quelles impérieuses raisons a-t-on fait prendre l'absurde décret qui a fait du *7 décembre* la fête nationale des Ivoiriens alors que cette date ne correspond à rien dans l'histoire du pays ?

Dans ce dernier cas, on aurait, dit-on, pour des raisons pratiques, choisi de commémorer en même temps le 7 août 1960, date de l'indépendance et le 4 décembre 1958, date où, de colonie, le pays devint un État autonome au sein de la Communauté franco-africaine.

Mais, quand on pense à la fonction traditionnelle de telles commémorations et quand on sait, d'autre part, quelle sorte de gens conseillent le chef de l'État ivoirien, on est fondé à se demander s'il ne s'agissait pas en réalité d'empêcher les Ivoiriens de se souvenir encore de ces deux dates et des significations qui s'y rattachent dans quelques décennies, pour ne pas parler de siècles !

Mais, si les « Môssieu Loyal » de 1960 croyaient abolir la mémoire des Ivoiriens, ceux-ci sont restés attachés à leur passé de luttes et de sacrifices, donnant une nouvelle preuve que rien ni personne ne peut empêcher un peuple malheureux de cultiver ses racines quand il est décidé à survivre.

Du coup, les sacrilèges et les hypocrites sont obligés d'y

venir sacrifier aussi. Entre eux c'est à qui dédierait les serments les plus pieux au symbole sacré : le P.D.C.I.-R.D.A. [4].

Aujourd'hui, il n'y a pas jusqu'aux plus acharnés adversaires du mouvement anticolonialiste ivoirien des années 1940 qui ne tiennent à clamer haut et fort leur fidélité à son héritage. Et, dans la dernière période, ils ont été rejoints par leur progéniture spirituelle : anciens élèves des missions catholiques, anciens « méécistes » [5], pétris et modelés par les mêmes idéologues et les mêmes bureaux qui, autrefois, soutenaient les partis anti-R.D.A.

C'est ainsi que quarante ans après son apparition dans le vocabulaire politique, le beau nom de P.D.C.I. occupe toujours le centre de la vie politique ivoirienne.

Mais, que représente ce nom aujourd'hui ? A-t-il la même signification pour le peuple et pour les princes qui le gouvernent ? Le parti de ce nom dont se réclament les dirigeants ivoiriens est-il le digne continuateur du mouvement anticolonialiste ? Est-il seulement un parti politique au sens propre, ou bien n'est-il qu'une simple institution s'ajoutant aux autres instruments de l'État ?

C'est à l'élucidation de ces questions que se ramène, pour l'essentiel, le propos de ce livre.

*
* *

Cet essai comprend trois parties dont seule la dernière concerne le rôle de l'organisation gouvernementale estimée à partir de sa structure, sa vie intérieure, son activité théorique et pratique, sa relation à l'État et à la société, et la vie politique ivoirienne aujourd'hui.

---
[4] *Rassemblement démocratique africain*. Le P.D.C.I. était une de ses sections territoriales, d'où son appellation habituelle de P.D.C.I.-R.D.A.
Dans la suite, ce sigle apparaîtra souvent dissocié. On écrira tantôt P.D.C.I., tantôt R.D.A., selon qu'il s'agira de l'organisation formelle ou selon qu'il s'agira de l'idéal du mouvement anticolonialiste. En 1949-1950, les masses ivoiriennes qui montaient « *à l'assaut du ciel* » se disaient R.D.A., mais l'organisation à laquelle elles adhéraient formellement était sa section ivoirienne, le P.D.C.I.
[5] Membres du M.E.E.C.I. (Mouvement des étudiants et élèves de Côte-d'Ivoire), d'obédience houphouëtiste, fondé en 1968.

Les problèmes actuels de la Côte-d'Ivoire seraient incompréhensibles si on laissait leur source dans l'ombre. En réalité, cette source est double ; d'où son traitement en deux parties séparées. Dans une première partie intitulée « L'héritage », j'ai voulu présenter les principales caractéristiques du mouvement anticolonialiste ivoirien tel qu'il a vécu jusqu'en 1950. La deuxième partie, qui intéresse la période comprise entre 1951 et 1963, est un exposé des principales conséquences du « repli tactique » [6] sur le tissu politique ivoirien, ainsi que les véritables conditions de la prise du pouvoir par F. Houphouët.

*
* *

Au moment où les Ivoiriens et d'autres s'interrogent sur ce que sera l'avenir immédiat de la Cote-d'Ivoire, pourquoi se pencher sur son passé ? Eh bien, pour la simple raison que tout l'avenir immédiat de la Côte-d'Ivoire est déjà derrière nous, en ce sens que désormais rien ne pourra l'influencer autant que tout ce qui lui est déjà advenu.

De quelque façon que s'opérera son départ, F. Houphouët ne laissera à la société que des problèmes non résolus, y compris le problème de sa succession qui, néanmoins, n'est pas le plus difficile de tous.

Le plus difficile sera, pour la nation désorientée, de décider quelle finalité doit avoir toute activité civique en son sein dans les conditions de ce legs empoisonné et, à partir de là, définir les cadres, les conditions et les règles de cette activité.

En Côte-d'Ivoire, qui sait encore ce que c'est que d'être citoyen, ne serait-ce que dans son village ? Les citoyens ne sont nécessaires que là où existent des tâches nationales qu'eux seuls peuvent accomplir.

En ce sens, les militants du R.D.A. furent des citoyens avant la lettre. Par contre, les ressortissants de l'État ivoirien « indépendant », s'ils portent ce titre, n'en ont pas vraiment la qualité, étant privés de tout rôle civique. Il m'a paru utile de montrer d'où on est parti et par quel chemin on en est arrivé là.

---

[6] Expression inventée par F. Houphouët pour présenter sa capitulation comme un mouvement volontaire et provisoire qui n'affectait pas, au fond, la ligne générale du mouvement anticolonialiste.

En ce qui concerne le présent, la base de cet essai est constitué par le discours *houphouëtiste* tel qu'il s'appréhende d'abord dans les paroles de celui du nom de qui ce mot est formé ; mais, encore, dans les paroles de tous ceux qui, dignitaires ou porte-parole de ce régime, ont contribué à en formuler les objectifs ou à en présenter les résultats : responsables du parti unique, ministres, élus, hauts-fonctionnaires, journalistes, anciens coloniaux, ci-devant dignitaires de quelque régime néocolonialiste aujourd'hui déchu, « spécialistes » universitaires, etc.

Ce qui fait la spécificité du discours houphouëtiste, c'est l'impression qu'il donne de marcher toujours « à côté » de la pratique du régime ivoirien. On pourra dire qu'il en est ainsi de tout discours politique « bourgeois » ou conservateur. Le discours houphouëtiste est tout de même spécifique à cause de l'essence de ce régime.

A l'origine, en effet, F. Houphouët n'est pas un politicien bourgeois classique comme il l'est devenu à partir de 1951, mais l'émanation d'un mouvement populaire authentique. Il ne l'est pas à la manière d'un député du tiers-état avant le 14 juillet 1789 (pour éviter les exemples hexagonaux contemporains tout aussi pertinents), mais à la manière des Conventionnels : le peuple R.D.A. de Côte-d'Ivoire lui avait confié un mandat impératif. C'est la raison pourquoi cette marche « à côté » n'est pas ici naturelle comme celle de n'importe quel autre politicien « bourgeois ».

Une autre spécificité, c'est l'ambition « mondiale » de ce discours, au sens où il semble vouloir donner au personnage de F. Houphouët une stature politique égale à celle des chefs des États contemporains les plus puissants, ce qui l'oblige à se gonfler au-delà de la capacité respiratoire de la Côte-d'Ivoire.

De sorte que, quand on voit l'état moral lamentable d'un système politique si étroitement lié à sa personne, le prestige reconnu au chef de l'État ivoirien semble relever plus d'une sorte de grâce mystérieuse que des résultats de son action politique propre.

Qui plus est, ce prestige n'a apparemment pas besoin de la sanction du peuple ivoirien lui-même.

Un livre récent témoigne particulièrement bien de ce fait. Par lui-même, mais encore plus grâce à la contribution, remarquable entre toutes par sa flagornerie, d'un ancien poète malgache que les Français, avec leur légèreté bien connue, avaient failli fusiller par erreur à côté du grand et invariable patriote Raseta si l'opinion démocratique mondiale les avait laissés commettre ce crime.

Le livre, d'abord, est remarquable parce que ses promoteurs n'ont pas trouvé un seul Ivoirien enthousiaste pour participer à cet acte d'hommage littéraire à un président régulièrement plébiscité par plus de 99 % de son peuple.

Des trois contributions ivoiriennes qu'on peut y lire, une seulement n'est pas hors du sujet [7] et elle est si embarrassée qu'elle a tout l'air d'une commande exécutée avec la pire volonté du monde.

Dans ces conditions, le texte de l'ancien adjoint de Tsiranana est révélateur de la signification de telles publications.

Après avoir écrit avec une belle assurance :

« Depuis vingt-cinq ans, Houphouët préside aux destinées de la Côte-d'Ivoire : non seulement ses compatriotes ne lui ont jamais marchandé leur adhésion et leur attachement, mais au fil des années, ils ont apporté au Vieux une affection, une admiration et une vénération croissantes. Ses vertus gagnent sans cesse en vigueur, en splendeur comme avec l'âge les superbes défenses de l'éléphant dont il sait apprécier l'emblème » [8].

l'ancien ministre malgache ne craint pas de se contredire en employant le reste de sa contribution à faire laborieusement la démonstration des vertus insignes de celui qu'il désigne comme *« l'un des oracles dont les actes et les paroles ne laissent personne indifférent dans le vaste univers »* [9].

Et, à propos de la folie de Yamoussoukro, il polémique carrément avec l'opinion publique ivoirienne ; mais, incapable de produire le moindre argument sérieux en faveur de cette *« coûteuse prodigalité »*, il se rabat vulgairement sur les inépuisables ressources de l'ésotérisme.

L'absence des Ivoiriens parmi les auteurs de ce livre signifie plus qu'il n'y paraît.

Il ne fait aucun doute qu'on aurait trouvé sans peine toutes

---

[7] Les deux autres contributions ont été classées sous la rubrique : « *Études* » et on y sent que leurs auteurs avaient moins le souci de rendre hommage à F. Houphouët que de saisir une occasion de publier. L'indigence générale et la servilité de ces textes rendent encore plus sensible l'absence de vraies personnalités ivoiriennes dans cette entreprise.

[8] J. RABEMANANJARA, 1982, p. 84.

[9] *Ibidem*.

les bonnes volontés voulues parmi le personnel politique qui entoure F. Houphouët, pour l'encenser. Il n'y a pas de grand homme pour son valet de chambre ; mais il n'y a pas non plus de valet de chambre qui ne glorifierait pas en public celui qui le paie.

En tout cas, on ne peut pas imaginer qu'on leur ait fait la demande et qu'ils se soient récusés. Le plus probable est qu'on ne leur a rien demandé. Et pourquoi ? Parce que cela n'eût pas fait sérieux. Chacun connaît leur degré de liberté par rapport à F. Houphouët. Le même, d'ailleurs, vraisemblablement que celui d'un Rabemananjara, mais ce dernier a la chance d'être peu connu comme l'un des obligés, avec Ojukwu et Bokassa entre autres, du *« grand seigneur »* de Yamoussoukro et aussi de ne pas faire carrière dans la politique ivoirienne.

Si les hommes-liges de F. Houphouët n'ont pas été sollicités, par contre, les promoteurs du livre en question auraient, semble-t-il, souhaité voir un certain nombre d'intellectuels et d'universitaires ivoiriens sans attaches connues avec le régime participer à cette entreprise. Cette fois, ce sont ceux-ci qui n'ont pas voulu.

La morale de cette histoire, c'est le cinéaste Bassori Timité qui la tire au commencement de sa contribution toute cousue de réticences :

« Parler d'un chef d'État africain en termes élogieux ou lui reconnaître des qualités passe auprès d'une certaine opinion pour du "griotisme" ou de la "complaisance" (10).

« Cet état d'esprit peut se comprendre par le caractère personnel des pouvoirs politiques de nos États africains où les structures qui sont mises en place pour apporter une certaine démocratie ne servent en fait que de paravent pour masquer le visage autocratique de ces pouvoirs » (11).

Et, poursuivant son hésitation, B. Timité a cette réflexion amère : *« C'est le refus d'une certaine réalité de notre monde qui fait de nous des marginaux. Cela explique aussi pourquoi il est courant de voir des étrangers à notre monde analyser nos problèmes à notre place. Ce sont eux qui nous instruisent de ce qui se passe chez nous et notre démission donne plus de crédit à leurs dires et leurs écrits »* (12).

De tels propos sont d'autant plus significatifs que leur auteur — quoique ce cinéaste « frustré » ait tout lieu de nourrir de sérieux

---

(10) De griot : panégyriste professionnel.
(11) B. TIMITÉ, 1982, p. 115.
(12) *Ibidem.*

griefs vis-à-vis de ce régime obscurantiste – n'est pas cependant connu comme un « activiste » ou un « doctrinaire » forcené.

Mais il n'est pas tout à fait juste de parler de démission. La réalité est infiniment plus complexe et ce raccourci peut conduire à de graves injustices vis-à-vis de l'opinion publique ivoirienne.

*
* *

Il y a une vingtaine d'années, deux Ivoiriens que le hasard avait fait se rencontrer dans une ville d'Europe où certains autres ont mis beaucoup d'argent en sûreté, eurent une conversation qui me fut rapportée par l'un d'eux et qui me parut alors si remarquable que je la notai le jour même dans un carnet [13].

L'un des causeurs était un haut-fonctionnaire en activité et en mission ; l'autre, l'un des nombreux jeunes spécialistes ayant joué un certain rôle dans le mouvement étudiant à la charnière des années 1950 et 1960 et qui, leurs études achevées juste l'année des pseudo-complots, avaient jugé prudent de différer leur retour au pays. L'un et l'autre savaient leurs meilleurs amis, souvent les mêmes, à la prison de Yamoussoukro.

C'était pendant l'été de 1964. Le premier, après avoir fait un exposé de la politique de Raphaël Saller [14] qui, aurait-il dit, ne pouvait conduire qu'à la ruine du pays au profit des affairistes et même d'aventuriers étrangers, aurait conclu par ce dilemme :
« *En voyant tout ce que le Vieux lui laisse faire, on ne peut s'empêcher de penser : ou bien il est bête, ou bien c'est un traître.* »
 – « *Crois-tu que le Vieux est bête ?* »
 – « *Certainement pas !* »
 – « *Alors, c'est un traître ?* »
 – « *Je n'ai pas encore arrêté une opinion définitive là-dessus* », aurait-il répondu en riant.

Dans la suite de cette causerie, il aurait encore dit : « *Tout*

---

[13] Mais sans savoir évidemment que cela allait un jour trouver place dans un livre que j'écrirais. Je ne jurerai pas que les mots que j'ai notés sont ceux qui s'échangèrent réellement entre les deux causeurs. Mais ils sont bien *ceux qui me furent rapportés*. Je les transcris ici tels quels, parce que, s'ils sont parfois excessifs, ils ne sont pas injurieux ; ni dans dans la causerie que je veux rapporter, ni sous ma plume. L'injure est seulement dans les mots, non dans l'intention.

[14] C'était le ministre de l'Économie et des Finances de l'époque.

ce que les gens peuvent écrire contre le régime, il suffit d'aller au marché de Treichville ou d'Adjamé la nuit et on entend des choses encore plus fortes. »

Il voulait dire, chacun le devine, que, en ce qui concerne l'orientation antinationale du régime, l'opinion des Ivoiriens était faite depuis longtemps. Il en était si convaincu qu'il ne voyait aucune utilité à une contre-propagande systématique. Cependant il aurait encore dit une chose qui explique mieux cette opinion paradoxale.

Comme son interlocuteur s'étonnait qu'on pût être à la fois si désillusionné vis-à-vis de ce régime et s'y soumettre si complètement, il aurait répondu qu'une révolution ne ferait pas de différence entre les vrais responsables et ceux qui, dans l'appareil de l'État, ne font que leur métier et c'est pourquoi il ne la souhaitait point.

De la peur des violences de la révolution populaire à la soumission inconditionnelle à son contraire il n'y a qu'un pas et beaucoup allaient bientôt le franchir, armés de leur belle conscience, mais aussi poussés dans ce sens par les méthodes de dissuasion policière comme celles dont on usa en 1963 et 1964, ou encore, par le terrorisme théorique des propagandistes de l'idéologie dominante.

L'évocation de la conversation de Genève me remet en mémoire des paroles semblables que j'ai cette fois moi-même entendues. C'était en 1970 dans une capitale d'Afrique du Nord. Le hasard avait fait que le jour de l'agression internationale contre Conakry, l'ambassadeur de la Côte-d'Ivoire (aujourd'hui décédé) et son épouse m'avaient invité à déjeuner. C'est en arrivant à leur résidence que j'appris la nouvelle, les ayant trouvés au milieu de trois ou quatre récepteurs de TSF allumés, ne sachant où donner de l'oreille. Ils étaient sincèrement bouleversés comme probablement des millions d'autres Africains ce jour-là. Je fus tout de même surpris par la réaction spontanée qu'ils manifestèrent avec une touchante simultanéité lorsque nous entendîmes, sur les ondes d'Europe n° 1, le chef de l'État ivoirien se moquer de son collègue guinéen en évoquant la fable du berger qui cria tant au loup pour s'amuser aux dépens des autres qu'on ne le crut pas quand le loup survint réellement. Alors je les entendis s'écrier en chœur : « *Non ! Ils l'ont trompé ; il ne sait pas que ça passe en direct !* »

Il faut dire qu'au moment où cette odieuse insinuation passait à l'antenne, il y avait déjà plusieurs heures que personne ne pouvait plus douter de la réalité ni de la signification des événements de Conakry. De plus, l'entreprise avait déjà échoué, mais cela F. Houphouët l'ignorait quand il parlait au micro d'Europe n° 1 dans les premières heures de la matinée.

Encouragé par leur réaction je m'enhardis à parler de complot international ayant des ramifications et des complicités en Afrique ; visant des objectifs bien au-delà des deux Guinées (Conakry et Bissao) et dont la réussite aurait entraîné de graves conséquences pour toute la région, voire pour l'Afrique noire tout entière. « *Justement*, me dit alors l'ambassadeur avec une étrange conviction, *cela prouve qu'ils sont prêts à tout ; et ils sont puissants ; le plus sage est de ne pas essayer de leur résister.* »

C'était une circonstance extraordinaire et c'est sans doute pourquoi cet homme qui était réputé pour son intelligence et pour sa compétence se confia ainsi sans masque. D'ordinaire, ces choses ne se disent pas, mais beaucoup les pensent.

C'est pourquoi, quand il s'agit de juger les comportements des Ivoiriens d'aujourd'hui quels qu'ils soient, il ne faut jamais oublier les énormes pressions qui s'exercent constamment sur eux depuis plus de trente ans. S'ils ne peuvent que fantasmer les violences de la révolution populaire, ils subissent quotidiennement les violences bien réelles d'un pouvoir intolérant et brutal.

Ce qui est souvent présenté comme une démission n'est que la révélation d'un terrible drame de conscience, le drame d'un peuple et de ses élites naturelles que l'Histoire, entraînée par des forces puissantes et constamment hostiles, a frustrés de leur rôle national. Alors, quand certains spécialistes présentent les Ivoiriens comme des gens qui ont pris l'habitude de leur sort ; qui ont fini par l'admettre comme une chose normale et qui ne cherchent même plus à comprendre comment ils en sont arrivés là, nous ne devons pas oublier que l'apparence de la chose regardée dépend aussi de la sympathie des yeux qui regardent. Ceux qui nous voient ainsi croient nous connaître, mais ce sont leurs propres illusions qu'ils décrivent.

On peut imaginer cette suite à la conversation dont je viens de rapporter la substance et on ne serait pas loin de représenter avec exactitude une certaine réalité ivoirienne que d'aucuns s'efforcent habituellement de dissimuler :
Le premier causeur aurait « pantouflé », comme on dit. Il aurait quitté l'administration pour se mettre à son compte,

disons pour prendre le meilleur des cas, parce que, dégoûté, il aurait préféré tirer son épingle d'un jeu, à son avis, sordide. Il serait aujourd'hui un homme d'affaires international « *indépendant* » et prospère autant qu'apparemment indifférent au sort de la Côte-d'Ivoire et des Ivoiriens.

Quant à son interlocuteur, il se serait à la longue fatigué de l'exil ou découragé et, profitant opportunément de l'atmosphère de concorde qui régna dans le pays vers la fin des années 1960, il serait revenu en Côte-d'Ivoire. Selon sa qualification, il aurait ouvert un cabinet de juriste ou de médecin ; ou bien, il aurait trouvé une place dans la fonction publique. Pour des raisons diverses, il se tiendrait discrètement à l'écart de la vie politique officielle. Sa vie relationnelle serait réduite au cercle de sa famille et à un autre cercle composé d'amis peu nombreux, anciens, fidèles et tout à fait « sûrs ». En public et même en privé, il affecterait de n'avoir aucune opinion particulière sur l'avenir du pays, ni sur son passé, ni sur son présent.

C'est cette apparente indifférence ou cette apparente résignation qu'on donne pour une démission.

S'il fallait prouver qu'il n'en est rien, il suffirait d'évoquer l'acharnement des orateurs et des écrivains houphouëtistes à traquer et à pourfendre les « *idéologies importées* » (c'est ainsi qu'ils désignent les opinions différentes de celles qu'ils soutiennent) dans les moindres recoins du pays. Cette chasse aux sorcières, qui n'est pas récente mais qui n'a jamais été aussi violente ni aussi triviale, témoigne que l'opinion publique ivoirienne n'est ni résignée ni passive.

Même F. Houphouët qui faisait jusqu'alors dans le sermon paternel et noble s'est laissé aller à des excès de violence et de trivialité qui ont étonné le monde. On savait que les statues meurent aussi ; on ne savait pas qu'elles se suicident !

Le discours fameux du 26 avril 1983 [15] a dû faire, dans

---

[15] Il s'agit du discours prononcé par le chef de l'État ivoirien le 26 avril 1983 au moment où la grève des enseignants du Secondaire, provoquée par la suppression de la gratuité du logement pour les agents de l'État (à l'exception des militaires) dégénéra en un mouvement de colère des propriétaires et logeurs (parmi lesquels de nombreux responsables du parti unique) qui tiraient depuis longtemps des revenus substantiels du Trésor public grâce au système des baux administratifs (Voir Deuxième Partie, chapitre 5, « *Le pouvoir de la corruption* », note (61), p. 92) et qui avaient donc un intérêt évident à soutenir le mouvement des enseignants.

Diffusé en direct par la R.T.I. et publié intégralement dans *Fraternité-Matin*, ce discours est surprenant à plus d'un titre. On y trouve notamment ce certains milieux spécialisés dans l'exégèse savante de son évangile, l'effet d'un coup de sabot dans une fourmilière en hiver. En somme, il avouait que lui au moins ne croyait pas à sa propre légende !

Après ce terrible discours, le cercle sacré qui auréolait la figure des premiers rôles de l'histoire politique de la Côte-d'Ivoire et qui dérobait toute la lumière nécessaire à un juste éclairage de la part qu'y prirent les simples gens, a volé en éclats et toute l'histoire de ce régime apparaît désormais sous un jour radicalement différent. Il y a là, en tout cas, de quoi ébranler la foi des thuriféraires les moins regardants : comment continuer à prêter noblesse et désintéressement à ceux qui se peignent eux-mêmes avec des couleurs aussi vulgaires !

Pourtant, dira-t-on, la plupart des Ivoiriens ont « marché » dans cette farce tragique pendant plus d'un quart de siècle.

C'est que toujours les nations ont paré leurs dirigeants de leurs propres vertus. Ainsi se sont trouvés grandis les hommes que le hasard avait placés au moment précis où des circonstances exceptionnelles poussaient leur peuple à donner le meilleur de lui-même. Cependant, ce qu'il y a de vraiment grand dans l'histoire de chaque pays, y compris les individus qu'on appelle les *« grands hommes »*, n'est que représentation des vertus de son peuple.

Mai 1985

---

propos : « *Moi j'ai des biens à l'étranger. Mais ce ne sont pas des biens de la Côte-d'Ivoire. Quel est l'homme sérieux dans le monde qui ne place pas une partie de ses biens en Suisse ? C'est la banque du monde entier. Et je serais, moi, fou de sacrifier l'avenir de mes enfants avec des fous comme ceux-ci, sans penser à leur avenir !* »

Nous engageons le lecteur qui voudra compléter les aperçus que nous en donnons tout au long de ce livre, notamment dans la Troisième partie, chapitre 7 et dans l'épilogue, à se reporter au texte intégral (voir : *Fraternité-Matin* du 29 avril 1986 ; *Peuples noirs, peuples africains*, n° 41-42 (1984) Spécial Côte-d'Ivoire, sous le titre : « *J'ai des milliards en Suisse...* »)

I

L'HÉRITAGE
(1944-1950)

« *Le Parti démocratique de Côte-d'Ivoire, camarades, a été une patrie !* »

Philippe YACÉ (1970)

1

Un mouvement révolutionnaire moderne

Pour bien comprendre la vie politique ivoirienne aujourd'hui, il est indispensable de savoir ce que fut réellement le mouvement anticolonialiste dans ce pays entre 1944 et 1951, mouvement qui s'est, en quelque sorte, condensé dès cette époque sous la forme du *Parti démocratique de la Côte-d'Ivoire.*

Le P.D.C.I.-R.D.A. était le mouvement de millions de femmes et d'hommes anonymes ; la somme de leurs volontés et de leurs actes.

Tel qu'il se manifesta entre 1946 et 1951 ce mouvement n'était ni une simple nomenclature, ni une simple juxtaposition d'organes de direction, ni une imbrication de cercles d'adhérents plus ou moins bien délimités, ainsi que certains auteurs le décrivent en sacrifiant à des théories à la mode.

Pourquoi ne pas le dire ? L'auteur de ces théories est probablement de ces hommes qui ne peuvent pas savoir pourquoi ni comment un mouvement comme le P.D.C.I.-R.D.A. naît et se développe. Ses théories qui font, par principe, l'impasse sur les causes vraiment nécessaires de phénomènes tels que le soulèvement de tout un peuple contre le système d'oppression et d'exploitation coloniales et n'en retiennent, pour ainsi dire, que les manifestations physiques, ne peuvent conduire qu'à décrire de pures abstractions quand il ne s'agit pas tout bonnement de donner pour la même chose le parti d'Adolf Hitler et le parti d'Ernest Thälmann [1] !

Pas plus que le mouvement des années 1940, le parti gou-

---

[1] E. Thälmann (1886-1944), secrétaire général du Parti communiste allemand, il fut assassiné par les nazis à la veille de la victoire des Alliés, après onze ans de détention au secret dans le camp de Buchenwald.

vernemental d'aujourd'hui qui porte le même nom ne doit être réduit à l'état d'une chose en soi, hors de l'Histoire, intemporelle et immuable.

Pour connaître sa vraie nature et pour savoir s'il est vraiment la continuation, dans les conditions d'aujourd'hui, du mouvement anticolonialiste ivoirien, il ne suffit pas d'une étude morphologique. Il faut examiner l'activité concrète de ses membres aux différentes périodes en tant qu'elle traduit leur position réelle par rapport aux idéaux qu'ils proclament.

Un parti politique ne mérite vraiment ce nom que pour autant que dans toutes ses composantes et à son sommet comme à sa base, une activité créative se développe quotidiennement.

Il est d'autant plus légitime, en ce qui concerne le parti au pouvoir à Abidjan, de poser cette exigence pragmatique comme condition de la reconnaissance de sa qualité de parti politique et de sa fidélité aux traditions du mouvement anticolonialiste qu'il s'affirme le parti de *tous* les Ivoiriens et, surtout, le parti qui gouverne la Côte-d'Ivoire.

S'il est réellement ce qu'on dit dans les discours officiels, un tel parti devrait se distinguer par l'intensité de son activité dans tous les domaines, sa capacité à traduire dans les faits les résolutions de ses propres congrès et par l'harmonie de pensée de la majorité de ses membres.

On devrait pouvoir retrouver dans la vie sociale de ses adhérents et surtout chez ses dirigeants, tout aussi sûrement que dans leurs déclarations publiques, les faits qui permettent à n'importe quel observateur d'affirmer sans erreur la continuité du parti fondé en 1946 dans la formation dont se réclament les politiciens ivoiriens.

Si la question se pose en ces termes, c'est parce que, bravant le paradoxe, les dirigeants du parti unique semblent trouver dans l'affirmation de la continuité la justification du changement d'orientation qu'ils ont imposé au P.D.C.I.-R.D.A. en 1951.

On en trouve le dernier exemple dans un discours de Konan Bédié où il prétend justifier le choix du système de parti unique obligatoire par le fait que le P.D.C.I.-R.D.A. avait su s'imposer comme mouvement majoritaire dans un contexte où d'autres partis soutenus contre lui par les colonialistes lui disputaient cette position.

En 1980, devant le VIIe Congrès de son parti qu'il avait décidé de régenter sans majordome, F. Houphouët prononça ces paroles intéressantes :

« *Notre parti né le 9 avril 1946, héritier du Syndicat agricole africain créé le 10 juillet 1944, (...) avait pour vocation d'exprimer et de défendre nos légitimes aspirations et de rassembler tout le peuple ivoirien sans distinction de couches sociales, de races ni de religions. Pendant toute la durée de la lutte pour l'indépendance, il est demeuré fidèle à cet idéal. Toutes les volontés étaient tendues vers un objectif précis, qui était de recouvrer notre liberté confisquée et notre dignité bafouée.*

« *La population était mobilisée comme un seul homme au sein du parti et autour de ses responsables (...) J'ai le regret de devoir dire qu'une fois l'indépendance acquise, nous n'avons pas retrouvé le même dynamisme, la même cohésion, la même mobilisation des esprits et des cœurs. A mesure que se développait le progrès économique et social, s'affadissait l'ardeur combative des militants et des militantes et surtout des cadres. Le pur courant de l'idéal se perdait dans le marécage des intérêts personnels et des ambitions égoïstes. Le peuple ne se sentait plus concerné par l'action de ses dirigeants, ne participait pas réellement à leur choix ; il avait l'impression d'être livré à lui-même, peut-être méprisé par ceux-là mêmes qui ne rendaient pas compte de leur mandat* » (2).

Il faut savoir résister à la tentation de triompher devant ce tableau lamentable quelque ressemblant qu'il soit. Ce constat, qu'une lecture superficielle ferait prendre pour une autocritique courageuse et sincère, n'est qu'une des nombreuses façons d'affirmer la continuité entre le mouvement anticolonialiste et le parti unique actuel, en retaillant beaucoup d'habits neufs à l'Histoire. L'audace du procédé n'en rend pas le produit plus louable.

F. Houphouët veut croire que les tares qui ont remplacé les vertus originelles de son parti sont des déviations accidentelles dont il suffirait de prendre conscience pour les corriger. De sorte que cet éclair de lucidité tardive, qui laisse impudemment dans l'ombre sa propre responsabilité, conforterait le mythe de la continuité en le résumant dans sa personne : le P.D.C.I. continuerait, mais il n'aurait aujourd'hui, en la personne de son impeccable président, qu'un seul membre vraiment digne de lui !

Et voilà tout le secret de cette démarche. Aucun autre n'est allé aussi loin dans la culture de ce mythe dont la fonction est si évidemment de justifier sa propre position par rapport à la société.

Mais il y a encore autre chose.

La Côte-d'Ivoire doit à la grande période de son Histoire − celle qui a vu la pleine activité du mouvement R.D.A. et l'intense développement des liens de solidarité avec les forces progressistes du monde entier − d'être considérée un peu comme une province du

---

(2) *Actes du VIIe Congrès du P.D.C.I.,* Fraternité-Hebdo éditions, 1980, pp. 116-117.

fameux « *Empire du mal* » qui serait tombée en 1951 aux mains purificatrices des chevaliers du « *monde libre* ». Elle est, en Afrique, probablement le front le plus chaud de la guerre idéologique que les servants du capital fomentent sans cesse et partout contre les défenseurs de l'idée de liberté. Le thème de la continuité servant à justifier la trahison de 1950 participe de cette entreprise.

L'assimilation du parti gouvernemental actuel avec le mouvement anticolonialiste se rencontre non seulement dans les discours des prépondérants du régime houphouëtiste, mais aussi jusque dans des ouvrages qui se donnent pour scientifiques et où, sous la présentation banalisée d'un fait qui n'a pas besoin d'être démontré, elle permet d'éluder les véritables conditions dans lesquelles se sont modelées les institutions politiques ivoiriennes, le parti unique étant l'une d'elles.

Tout se passe en l'occurrence comme si, s'agissant de la Côte-d'Ivoire, on doit considérer les choix politiques et l'organisation institutionnelle qui les représente comme des données premières et immuables qui peuvent servir à tout expliquer, mais qui, elles-mêmes, n'ont pas besoin d'être expliquées.

Ou bien, serait-il possible de connaître parfaitement un pays, par exemple sous l'angle des événements économiques qui s'y déroulent, sans vraiment chercher à voir ni surtout, à comprendre leurs soubassements et leurs conséquences sociales et politiques, autrement dit en tant qu'ils sont les *produits d'une histoire* et, en même temps, eux-mêmes producteurs d'histoire ?

Même, certains auteurs s'instituent censeurs de l'histoire, insinuant ou écrivant carrément que la Côte-d'Ivoire a vécu dans l'erreur entre 1946 et 1951 et qu'à partir de cette dernière date, elle a enfin retrouvé sa véritable voie ainsi que la raison ; que tout ce qui s'est passé avant 1951 ne fut, en somme, qu'une monstruosité ou, pour le moins, un banal accident de parcours qui a failli gâcher l'impeccable rectitude du sillon tracé par F. Houphouët dès 1944 lorsqu'il accéda à la présidence du Syndicat agricole africain [3].

Ce qui voudrait dire qu'*un seul* a tout pensé et tout organisé depuis le commencement ; qu'il est, à l'instar du Dieu de la Genèse, le Principe, l'Essence incréée dont procède toute vie, ou encore, pour parler comme ses ministres, « *le seul fétiche ivoirien qui mérite d'être adoré* » [4].

---

[3] Cf. Y. PERSON, 1981.
[4] Laurent FOLOGO, cité dans *Fraternité-Hebdo*, n° 1326, 4 octobre 1984.

Il est à peine besoin de souligner l'absurdité de ramener le mouvement de tout un peuple à la démarche d'un seul individu. A la fin de la Deuxième Guerre mondiale, ce n'est pas un homme, mais tout un peuple qui a fait une entrée justement remarquée dans l'Histoire en créant lui-même et hors de toute tradition préexistante, autochtone ou étrangère, un mouvement révolutionnaire moderne dont l'exemple est unique dans cette région.

Révolutionnaire, parce qu'il visait, même inconsciemment si on veut, à un bouleversement radical de la nature du pouvoir et de la structure de la société de l'époque.

Moderne, parce que quoi qu'on pense de la tournure finale des événements, il était parfaitement adapté à cet enjeu et aux conditions historiques qui prévalaient alors.

En 1951, ce mouvement a connu un arrêt brutal à la suite de l'inflexion que F. Houphouët − qui en était le principal dirigeant mais pas le propriétaire − avait décidé d'imprimer à sa propre activité politique. Cette date marque le début de son hégémonie actuelle. Mais c'est aussi le début d'une période où il fut sans cesse en conflit avec les Ivoiriens.

2

Les véritables ressorts de l'Histoire de la Côte-d'Ivoire

Dire qu'un coup d'arrêt fut imposé au développement du mouvement anticolonialiste, ce n'est pas dire qu'il y eut immédiatement reflux de ce mouvement. F. Houphouët a justement donné le nom de « *repli tactique* » à la réorientation de son activité politique parce qu'il n'était pas possible d'avouer la chose sous son véritable nom sans courir le risque de soulever immédiatement contre soi les masses de simples gens qui s'étaient dévoués au R.D.A. et qui n'étaient pas prêts à renoncer à la lutte avant d'avoir obtenu ce qu'ils exigeaient.

En vérité, le « *repli tactique* » jeta le P.D.C.I. dans la situation d'une armée en campagne, invaincue, mais dont le général en chef s'est rendu à l'ennemi pour des raisons incompréhensibles.

Incompréhensibles ? Certes ! La preuve en est que, à ce jour, il n'existe aucune relation officielle ou officieuse des circonstances où fut commencé le « *repli tactique* », si on excepte, du côté français les indiscrétions impertinentes d'un Georges Chaffard [5] qui s'en est tenu à la surface des choses, et la version autohagiographique d'un Paul-Henri Siriex qui n'est qu'un récit de chasse triomphaliste et, du côté ivoirien, les indignes calomnies anticommunistes de Mathieu Ekra [6] et de quelques autres, écran de fumée pour dissimuler la vérité.

S'il en est ainsi, c'est parce que, faire honnêtement l'histoire de cet événement cardinal, c'est essayer de faire comprendre pourquoi et comment le prestigieux député de la Côte-d'Ivoire

---

[5] G. Chaffard, 1965.
[6] M. Ekra, 1978.

qui avait des millions de femmes et d'hommes derrière lui en 1950, a pu se trouver tellement seul lorsqu'il fut dans le bureau de F. Mitterrand, qu'il y signa tout ce qu'on a voulu [7].

Mais, en 1950, il n'y eut pas déroute du mouvement anticolonialiste. F. Houphouët en est le meilleur témoin :

« Ils ont échoué. Ils ont dit avoir tué le mouvement. Vous vous rendrez compte vous-mêmes, quand vous serez sur place, si ce mouvement est tué ! Au contraire, ce sont eux, je crois, qui l'ont développé le plus !... » (8).

C'est dans cette situation et, en particulier, dans ce qu'elle a d'inavouable, qu'il faut voir la source de toutes les difficultés politiques et sociales qui ont suivi, y compris la crise de régime qui se développe sous nos yeux.

Le *« repli tactique »* amena un changement considérable dans le destin du pays. Ce n'est pas, comme on aime à le dire, à cause de circonstances extérieures telles que la rupture de l'alliance parlementaire entre le R.D.A. et le Parti communiste français (P.C.F.).

Pour significatif qu'ait été cet événement, d'une part, il n'est pas vrai que l'alliance avec le P.C.F. soit l'unique critère ni le plus important pour définir l'orientation du mouvement anticolonialiste ivoirien.

Avant tout, ce mouvement est né de la volonté des Ivoiriens de rejeter le joug colonial. C'est une conséquence inévitable du régime colonial tel qu'il sévissait en Côte-d'Ivoire. Il était d'autant plus radical qu'ici le régime colonial était plus acharné et plus bestial. L'orientation progressiste et démocratique était dans sa nature, de la même manière qu'il était dans la nature de la réaction coloniale d'être rétrograde et despotique [9]. L'alliance avec le P.C.F. était une conséquence de ces faits pris ensemble, non leur cause.

D'autre part, cet événement est largement surpassé en im-

---

[7] G. CHAFFARD, 1965, P.-H. SIRIEX, 1975.
[8] M. DAMAS, 1965, tome 1, p. 49.
[9] Cf. la déclaration du gouverneur Orselli (DAMAS, t. 1, p. 110) : *Effectivement à la base, il y a un intérêt matériel essentiel pour les colons blancs à une politique d'autorité. En effet, ils en espèrent une situation analogue à celle existant au temps du travail forcé : c'est-à-dire l'obligation pour l'indigène de fournir du travail à très bon marché.* » Sur le même sujet, voir aussi les déclarations d'Auguste Denise (DAMAS, 1, pp. 399, 400, 402) et Gabriel d'Arboussier (DAMAS, 3, p. 1135).

portance et en productivité au plan strictement ivoirien par beaucoup d'autres survenus depuis 1951 et qui n'en furent pas des conséquences directes ; en particulier : l'entente de F. Houphouët avec les adversaires du mouvement dès 1951 ; le limogeage de Jean-Baptiste Mockey [10] en 1959 ; la liquidation, vers la même époque, du syndicalisme de lutte qui avait été une composante indépendante et précieuse du mouvement anticolonialiste ; l'affaire des pseudo-complots de 1963-1964 ; celle de la double nationalité en 1965 ; la disgrâce de Philippe Yacé en 1980 [11] ; et bien d'autres faits encore.

Du reste, tandis que les uns voient dans la rupture avec le P.C.F. « *une deuxième naissance* » du P.D.C.I.-R.D.A. [12], d'autres assurent que ce dernier n'a pas changé après sa rupture :

« *Selon une thèse avancée, le P.D.C.I. a viré à droite, en 1950, lors de sa rupture avec le P.C.F. En fait, si l'on étudie ses publications de l'époque, on est plutôt frappé par la continuité d'une idéologie et d'une politique qui se sont poursuivies jusqu'à ce jour, après vingt ans d'indépendance* » [13].

Faut-il comprendre que le P.D.C.I. était déjà à droite quand il coopérait avec le P.C.F., ou bien qu'il est demeuré à gauche après et malgré sa rupture avec lui ? Et, dans les deux cas, quel sens aurait donc le mot « *repli* » dans l'expression que F. Houphouët lui-même a inventée et popularisée ?

Et, encore, serait-ce sans motifs que *Le Démocrate* [14] fut sabordé en 1951 et que le mouvement resta muet jusqu'en 1956 ?

Enfin, accorderait-on à F. Houphouët qu'il a constamment

---

[10] Leader de l'aile radicale du P.D.C.I. en 1948. Emprisonné après la provocation du 6 février 1949. Ministre de l'Intérieur dans le Conseil de gouvernement de la Loi-cadre. Vice-Premier ministre et ministre de l'Intérieur dans le premier gouvernement de F. Houphouët. Élu secrétaire général du P.D.C.I. par le congrès de 1959 en remplacement d'A. Denise, il fut dépouillé de toutes ses responsabilités la même année. Rentré dans le gouvernement en 1963 après avoir présidé la Cour de Sûreté de l'État, il fut bientôt arrêté et condamné à mort. Après la « *Réconciliation* », il refit son entrée au gouvernement. Il était ministre d'État chargé de la Santé lorsqu'il fut tué dans un mystérieux accident d'automobile en janvier 1981, sur la route de Grand-Bassam.

[11] Ancien Secrétaire général du parti unique et ancien président de l'Assemblée nationale jusqu'en 1980. En 1949, il avait été appelé à la tête de la sous-section du P.D.C.I.-R.D.A. de Treichville après la journée du 6 février. Député-maire de Jacqueville depuis 1980.

[12] Y.-A. FAURÉ et J.-F. MÉDARD, 1982.

[13] Y. PERSON, 1981.

[14] Organe de lutte du P.D.C.I.-R.D.A., créé en 1950.

« *tendu vers un objectif précis, qui était de recouvrer notre liberté confisquée et notre dignité bafouée* », alors qu'il est notoire qu'en 1960, après de longues années de résistance, c'est contraint et forcé qu'il se résigna à l'indépendance à un moment où son ultra-loyalisme était devenu une gêne pour les projets de redéploiement de l'impérialisme français en Afrique ?

La déclaration du 3 juin 1960 n'avait d'autre but que de permettre au gouvernement de Paris d'engager dès le lendemain le processus qui devait permettre de reconnaître l'indépendance de la Fédération du Mali, le 20 juin 1960. Le lendemain même de la palinodie « *sur le parvis avec ses fleurs fanées* », Ahmed Mahiou écrit :

> « *C'est le 4 juin 1960 que le titre XII de la Constitution française, relatif à la Communauté, subit une révision permettant l'accession à la souveraineté totale sans sortir de la Communauté* » (15).

Par conséquent, ce n'était pas la « *rupture dramatique* » qu'on a crue ; F. Houphouët continuait simplement de jouer son rôle de poisson-pilote de l'impérialisme français en Afrique noire.

Certes, si on la regarde selon le seul critère de l'identité de ses protagonistes les plus en vue, l'histoire politique de la Côte-d'Ivoire depuis quarante ans offre l'image d'une continuité remarquable. Mais c'est un point de vue qui ne tient pas compte de ce qui a fait véritablement l'originalité du mouvement politique dans ce pays, c'est-à-dire le rôle éminent qu'y jouèrent les masses de simples gens.

Voilà le seul critère valable. Il faut comparer la nature et l'intensité de l'activité et de la participation des masses dans la vie politique *jusqu'en* 1950 et *après* 1950. Alors il est évident que la fameuse continuité n'est, dans le meilleur des cas, qu'une illusion d'optique et qu'en réalité l'histoire politique de la Côte-d'Ivoire a connu deux périodes bien différentes.

Dans la première période, cette activité a connu un développement spectaculaire après un sommeil de vingt à trente ans selon les régions. La deuxième, actuelle, se caractérise, au contraire, par une régression de cette activité au point où elle avait été réduite par le régime de l'indigénat qui, « *non seulement excluait les droits civiques (le droit de vote, les libertés d'association, de réunion, de presse), mais supprimait la liberté individuelle* » (16).

---

(15) A. MAHIOU, 1969, p. 94. A ce sujet, voir aussi P.-H. SIRIEX, 1975, p. 185 (note 3) ; et M. CORNEVIN, 1978, pp. 222-223.

(16) J. SURET-CANALE, 1980, pp. 234-235.

Aujourd'hui, la société ivoirienne est une société bloquée dans un état politique rudimentaire alors qu'elle était, sur ce plan et en Afrique tout au moins, l'une des plus avancée il y a quarante ans. Cette stagnation ne s'explique pas par une « *ligne d'évolution propre et spécifique* » à l'Afrique ainsi que le veut une certaine école d'historiens [17], mais par tout un ensemble de circonstances contingentes et datables.

Si elle est dans cet état, c'est que, à partir de 1951, la société ivoirienne s'est trouvée privée des mécanismes qui avaient permis l'essor formidable de son activité dans les années 1940, de sorte qu'elle ne peut plus se comporter, pour reprendre provisoirement un mot d'Y. Person, selon « *une logique qui lui soit propre* » [18]. Mécanismes consistant, pour résumer, dans le mouvement de va-et-vient des racines de la société à son sommet et de son sommet à ses racines qui caractérisait la vie intense que le pays a connue du milieu jusqu'à la fin des années 1940.

Sans doute la société ivoirienne proprement dite n'a-t-elle vécu sur ce mode que très peu de temps au regard de l'histoire immémoriale des peuples dont la fusion lui a donné naissance comme au regard de l'histoire séculaire de la domination coloniale qui a provoqué cette fusion. Mais ces années sont les seules où elle a connu une existence « pour soi » et où, au moins pendant l'année terrible 1949-1950 [19], elle a pris pour la première fois conscience d'elle-même.

C'est pourquoi cette courte période prend une si grande importance pour qui veut comprendre les particularités de la vie politique dans la Côte-d'Ivoire indépendante. C'est, en effet, l'origine POSSIBLE de toutes les traditions politiques modernes proprement ivoiriennes ; la source POSSIBLE de ce que Y. Person appelle, dans son langage si suspect en l'occurrence par son imprécision même, la « *logique propre* » à la Côte-d'Ivoire.

Le mouvement anticolonialiste ivoirien a produit durant sa courte vie de nombreux exemples d'héroïsme désintéressé et de volonté clairvoyante à partir desquels une saine tradition politique aurait pu se développer si rien n'était venu y faire obstacle. On peut appeler cela « *sa logique* », pourvu qu'on veuille bien

---
[17] Ch. WONDJI, professeur d'histoire à l'Université d'Abidjan dans son hommage posthume à Y. Person (*Ivoire-Dimanche*, n° 265).
[18] Y. PERSON, 1981.
[19] Cf. M. AMONDJI, 1984.

montrer ce qu'il y avait dans ce mouvement, contre quoi il se faisait et pourquoi, afin d'en dégager le sens véritable et les déterminismes réels.

Privée de cet éclairage, « *la logique* » appliquée à l'Histoire évoque seulement le cours d'un canal s'écoulant en terrain à peine déclive, sans obstacles et sans surprises, entre son commencement et son terme.

Mais, en général, l'Histoire n'a pas ce déroulement paisible. Si on veut bien conserver l'image d'un cours d'eau, il faut y comprendre une origine torrentielle assez souvent ; un cours tantôt violent ou capricieux, tantôt contraint ou contrarié ; des pertes et des résurgences, etc.

Jamais naissance ne fut promesse d'immortalité. Depuis le moment où il est conçu, un être vivant (et une œuvre humaine comme un mouvement social ou politique est un être vivant ou n'est rien) rencontre sans cesse des conditions qui le transforment, qui le développent ou qui l'annihilent, et cela se fait au hasard. Il n'y a pas de schéma immuable de cette trajectoire, une « *logique* » dont la perte fonderait les regrets inconsolables de l'historien.

La fin de l'année 1950 ne marqua pas seulement un nouveau départ de la vie politique, mais aussi et surtout le point où la route que suivaient les participants du mouvement anticolonialiste a bifurqué.

D'un côté, marginalisées par l'arrangement de 1950 entre F. Houphouët et les autorités françaises [20], les masses vont peu à peu déserter l'histoire de leur pays. Moralement désarmées, mais plus résignées que favorables à la nouvelle ligne indiquée par le leader, elles se tiendront, dès lors, dans l'expectative.

Cela ne veut pas dire que toute la population est restée dans cette attitude, mais il est vrai qu'aucune circonstance n'a plus jamais mobilisé des masses aussi denses ni, surtout, aussi volontaires et responsables qu'en 1949-1950.

De l'autre côté, conséquence à la fois de cette indifférence et du pacte léonin auquel ils avaient souscrit en septembre 1950, les dirigeants du mouvement, en accédant au partage des responsabilités du pouvoir avec leurs anciens adversaires alors qu'ils avaient brûlé leurs vaisseaux et qu'ils n'avaient plus de véritables moyens de négociation, se trouvèrent rapidement pris au piège du « fantochisme » qui leur était tendu.

---

[20] Voir à ce propos G. CHAFFARD, 1965 ; et P.-H. SIRIEX, 1975.

Dès lors ce n'est pas d'une mais de deux logiques qu'il faudrait parler : la logique de la capitulation sans conditions en ce qui concerne les dirigeants du mouvement, et la logique du patriotisme refoulé, tel un ressort comprimé chargé d'une énergie impatiente, en ce qui concerne les masses qui venaient de vivre le grand rêve de la révolution politique et sociale.

Et il ne faut pas oublier l'évolution du colonialisme lui-même, qui sut s'adapter à la situation nouvelle en passant de la tradition sanguinaire inaugurée ici par Angoulvant et restaurée par Péchoux, à la tradition « florentine » dont François Mitterrand venait de jeter les fondements en attendant les perfectionnements et les raffinements de Jacques Foccart.

Trois lignes divergentes donc et, à ce point de départ au moins, trois systèmes de contradictions qui sont, ICI AUSSI, les véritables moteurs de l'Histoire, imprévisible par nature. Et d'autres contradictions devaient nécessairement s'ensuivre à proportion de l'incapacité constitutive de ce régime à dominer les premières.

Même si elles ne sont pas inscrites dans toutes les consciences, c'est sur le fond de ces contradictions que se déroule l'histoire des institutions ivoiriennes depuis 1951, celle du P.D.C.I. y compris.

3

La juste part du Syndicat Agricole Africain

Le Parti Démocratique de la Côte-d'Ivoire a vu le jour dans un pays qui jusqu'alors ne connaissait aucune organisation de ce type, mais sa naissance était le terme d'une grossesse qui ne devait rien au Saint-Esprit.

La création du P.D.C.I. fut en effet le point d'orgue d'un vaste mouvement qui avait commencé d'agiter le pays tout entier bien avant la fin de la Deuxième Guerre mondiale. La révolte confuse des Ivoiriens contre le régime colonial qui s'est déclarée ouvertement à partir de 1944 tendait naturellement à s'ordonner sous cette forme pour mieux s'insérer dans le courant des transformations déclenchées par les résultats de la guerre et l'amplifier.

Au milieu de l'année 1944, le droit d'association étant reconnu à tous les indigènes de la colonie, différentes associations se formèrent, en particulier des associations professionnelles. Chacune joua son rôle spécifique dans le lancement puis l'entretien de la vie politique proprement dite.

Entre toutes les associations professionnelles qui furent créées à partir de 1944, le *Syndicat agricole africain* (S.A.A.) [21] occupe une place particulière du fait que son apparition contribua de manière décisive à lancer le mouvement anticolonialiste naissant sur l'orbite la plus haute en y impliquant directement les masses villageoises.

---

[21] Ainsi désigné par opposition avec l'ancienne organisation commune des planteurs de la colonie : *le Syndicat agricole de la Côte-d'Ivoire* présidé par Jean Rose, le leader du parti colonial et le promoteur des « *états généraux de la Colonisation* » de Douala en 1945 et de Paris en 1946. Les planteurs ivoiriens qui y étaient affiliés l'avaient quitté en signe de protestation contre les méthodes antidémocratiques et racistes de leurs collègues français.

Cela suffit-il pour faire de cette association la matrice du mouvement et le « *premier noyau du P.D.C.I.* » ? [22]. Certainement pas.

Fondé avec l'appui du gouverneur André Latrille [23] dans la cadre légal nouvellement installé, le S.A.A. ne semble pas avoir été destiné à sortir de son rôle économique.

Dans l'esprit des orientations ambiguës de la « *Conférence de Brazzaville* » [24] que Latrille, il est vrai, appliquait à sa façon, c'est-à-dire loyalement tant à l'égard des intérêts des populations ivoiriennes qu'à l'égard des véritables intérêts de la France [25], le but de l'association des planteurs n'était pas de substituer une légalité parallèle à la légalité coloniale existante, mais d'apporter au régime en vigueur et sous l'autorité du gouverneur, les corrections devenues nécessaires dans l'intérêt d'une bonne administration de l'économie.

D'autre part, les planteurs ivoiriens n'avaient pas de raisons de croire *a priori* que le différend qui avait surgi entre eux et le colonat français ne pouvait pas être résolu par les voies administratives normales, du moment qu'il y avait sur place un gouverneur qui les parrainait et, en France même (en réalité à Alger où siégeait le Comité français de Libération nationale – C.F.L.N.), un gouvernement dont beaucoup de membres leur étaient favorables pour des raisons de principe.

Les gros planteurs ivoiriens n'avaient pas l'habitude de mêler la politique à leurs affaires. Ainsi, rapporte Bonnie Campbell,

« *Les tentatives faites pour organiser les planteurs africains de café et de cacao pendant les années trente n'eurent guère de succès. Le seul résultat fut que bon nombre de planteurs entrèrent dans les rangs du Syndicat agricole de la Côte-d'Ivoire dominé par les Européens* » [26].

---

[22] Y. PERSON, *op. cit.*
[23] A. Latrille fut nommé à la tête de la Côte-d'Ivoire par le C.F.L.N. en 1943 et occupa ce poste jusqu'en 1947. A son nom, il convient d'associer celui de son adjoint, l'administrateur Lambert, autre résistant de la première heure qui avait rejoint la France Libre en passant en Gold Coast(actuel Ghana) et à qui sa loyauté à l'égard de la France et de la Côte-d'Ivoire coûta sa carrière.
[24] Qui se tint du 30 janvier au 2 février 1944.
[25] « *A la base de ma politique en Côte-d'Ivoire il y a eu la mise en pratique des recommandations de la Conférence de Brazzaville. Ainsi ai-je été amené à orienter l'administration de la Côte-d'Ivoire dans un sens libéral et je me félicite que les autochtones en aient retiré un certain profit* » (DAMAS, 3, p. 1065 : audition du gouverneur A. Latrille).
[26] B. CAMPBELL, 1974, pp. 285-306.

Sur le même sujet, Paul-Henri Siriex apporte cette intéressante précision :

« *Les planteurs ivoiriens avaient fait confiance à leurs collègues blancs pour défendre leurs intérêts, au point de leur laisser toutes les places du bureau syndical ; confiance qui devait être rapidement déçue* » (27).

Ces faits laissent pressentir les limites de l'action et du rôle du S.A.A. Il serait évidemment injuste et peu sérieux de vouloir étendre ce réformisme respectueux à tous ceux qui soutinrent le S.A.A. à sa création, mais cela ne change rien à la nature et aux limites du rôle historique de cette association.

Oublions un instant que le S.A.A. est né d'une scission du *Syndicat Agricole de la Côte-d'Ivoire* et d'un problème interne à cet organisme, qui n'était ni essentiellement ni directement un problème politique (28) ; et supposons que les planteurs patriotes auraient de toute façon fondé leur propre syndicat même si Jean Rose avait été un pur démocrate, un antiraciste et un anticolonialiste masochiste (29). Il n'en serait pas moins vrai qu'il y avait d'autres patriotes qui n'étaient ni des planteurs, ni des commerçants, ni des transporteurs, mais des instituteurs, des postiers, des cheminots, des employés de commerce, des ouvriers, etc. ; et qu'ils ont aussi créé des syndicats de leur profession presque à la même date que le S.A.A. (30).

L'année 1944-1945 n'a pas vu naître le seul syndicat des planteurs, mais aussi toutes les organisations qui devaient s'entendre le 9 avril 1946 pour constituer le P.D.C.I. La place privilégiée du S.A.A. dans l'histoire de la Côte-d'Ivoire, ce n'est pas à une espèce de droit d'aînesse qu'il la doit ; encore moins à l'engagement politique spontané de ses fondateurs, mais aux avantages qu'il devait au terrain sur lequel il se situait par nature

---

(27) P.-H. SIRIEX, 1975.
(28) Audition de M. Armand Josse, DAMAS, 3, pp. 934-935.
(29) Mais il est plus sûr de suivre sur ce point l'opinion de B. CAMPBELL : « *L'effet de ces mesures de discrimination économique fut de jeter les planteurs africains dans une opposition déterminée envers l'administration française (...). On peut douter qu'ils eussent agi de même si l'administration avait adopté une politique de neutralité envers eux ou si elle les avait favorisés* » *(op. cit.).*
(30) S.A.A. : août 1944 : U.L.-C.G.T. : septembre 1944. Il existait un syndicat des instituteurs depuis 1937 et, avant la guerre, les salariés ivoiriens avaient conduit plusieurs actions revendicatives (G. MARTENS, 1980-1981).

et à sa trésorerie sans commune mesure avec les moyens dérisoires dont pouvaient disposer les autres organisations anticolonialistes.

Vers 1944, plus de 88 % des Ivoiriens vivaient dans les villages et toute l'activité économique du pays se résumait à l'agriculture. Planteurs ou simples cultivateurs, les populations villageoises supportaient tout le poids de l'oppression et de l'exploitation coloniales.

Leur ralliement massif au S.A.A., qui s'explique, certes, par le fait qu'elles ont vu en lui l'instrument de leur délivrance, mais encore plus parce que c'était un syndicat agricole, un syndicat de leur profession, en fit aussitôt une organisation autrement massive et autrement influente, que les différents syndicats des salariés urbains qui, eux, ne pouvaient prétendre à regrouper qu'une faible partie des 12 % de la population restante.

Ce n'est donc rien de bien extraordinaire et, surtout, il n'y a aucune raison d'en créditer spécialement les fondateurs du S.A.A. et F. Houphouët en particulier.

Le nombre des planteurs cultivant à des fins commerciales plus de 5 ha de caféiers ou de cacaoyers n'excédait pas 26 % de l'ensemble et 10 % seulement d'entre eux cultivaient plus de 10 ha [31]. Au sein même du parti de F. Houphouët on admet que *« le S.A.A. ne représentait qu'une minorité du monde paysan... »* et que la plus grande partie du café et du cacao produits à cette époque provenait de plantations de 1/2 ha ou 1 ha [32].

On aperçoit toute la conséquence qu'aurait entraîné l'attitude discriminatoire des gros qui, par la plume de leur président, prétendaient interdire l'adhésion à cette catégorie qui n'avait pas ses entrées chez le gouverneur, mais qui était collectivement le planteur le plus considérable du pays [33]. Et le plus réellement influent au sens noble, c'est-à-dire non politicien, du mot, puisque son entrée en mouvement changea de fond en comble toutes les données du problème et posa d'emblée *« la question ivoirienne »*, question essentiellement agraire, dans ses vrais termes.

Après la création du P.D.C.I., le S.A.A. n'apparaît plus en tant que tel dans la vie politique proprement dite. Il s'agit évidemment ici du S.A.A. défini conformément à la mythologie

---

[31] B. Campbell, 1974, p. 295.
[32] S.E.A.C., p. 39.
[33] Damas, 1, p. 10 (Audition de F. Houphouët-Boigny).

houphouëtiste, c'est-à-dire la frileuse corporation des plus gros planteurs. Pratiquement, cette association a cessé d'exister sous cette forme dès le moment où les masses villageoises se sont ruées dans la bataille. Si on donne à ce sigle le véritable contenu qu'il eut à partir de ce moment, il n'a évidemment pas cessé d'être dans la bataille loin au-delà de l'année 1950.

Mais, et c'est un fait qui a une certaine importance, les Ivoiriens en lutte, même dans les villages les plus reculés, se réclamaient du R.D.A., non du S.A.A.

La rencontre du mouvement villageois avec les organisations des salariés urbains et avec les adhérents du *Comité d'Études franco-africaines* (C.E.F.A.) et du *Groupe d'Études communistes* (G.E.C.) [34], qui se fit par l'intermédiaire de l'association des planteurs [35] donna naissance au P.D.C.I. dont la vocation était plus exclusivement politique [36].

S'il est vrai que cette rencontre se fit autour du nom de F. Houphouët, ancien président du S.A.A. et alors député de la Côte-d'Ivoire à la première Constituante [37], on remarque qu'aucun des autres fondateurs du S.A.A. ne joue un rôle important dans la direction du P.D.C.I. ou dans celle du R.D.A. où, en revanche, l'influence des militants venus du G.E.C., du C.E.F.A. et des syndicats de salariés se fit sentir toujours plus fortement au lendemain du congrès constitutif du R.D.A. et, plus encore, à partir de janvier 1949.

Telle est la juste place du Syndicat agricole africain parmi les facteurs qui ont concouru à la naissance du mouvement anticolonialiste ivoirien. C'est une simplification tendancieuse qui fait parler de *« premier noyau »*. Il n'est que de regarder la liste des participants à la réunion constitutive de ce parti pour s'en convaincre [38].

Le P.D.C.I. fut fondé par un groupe de militants politiques et syndicalistes comprenant des Européens et des Africains qui, d'ailleurs, n'étaient pas tous des Ivoiriens de naissance.

---

[34] Le C.E.F.A. fut fondé à Dakar par des notables africains en 1945. C'est par erreur que j'ai écrit ailleurs que cette association était une émanation du G.E.C. qui vit le jour à la même époque.
[35] Gabriel DADIÉ, l'un des fondateurs du Syndicat agricole africain, fut aussi l'un des tout premiers adhérents du C.E.F.A. en Côte-d'Ivoire.
[36] S.E.A.C., p. 47.
[37] F. Houphouët avait été élu le 18 novembre 1945 député à la Constituante.
[38] J.-N. LOUCOU, 1977, Annexe 1, p. 101.

Africains ou Européens, Ivoiriens ou non, planteurs ou employés, ils avaient en commun le même idéal politique et social déclaré et aucune différence essentielle de culture politique ou historique ne les séparait.

Le parti qu'ils ont fondé était destiné à soutenir l'action d'un membre du parlement français qui n'y représentait pas que les planteurs quoiqu'on ait pu dire sans le diffamer que son zèle à défendre le projet de la loi qui porte son nom s'explique pour beaucoup par l'intérêt personnel et corporatif qu'il y avait.

Quand cette alliance fut rompue, on ne vit pas d'un côté les planteurs et de l'autre les non-planteurs, les Blancs et les Noirs, les Ivoiriens et les non-Ivoiriens, témoignant en somme d'une sorte d'incompatibilité nationale, sociale, culturelle ou génétique, mais il y en eut des deux côtés.

Et ceux qui, derrière F. Houphouët, choisirent soi-disant de se libérer d'une tutelle européenne s'associèrent bientôt avec d'autres Européens [39] qui avaient constamment été opposés à ce qu'on accorde les droits les plus élémentaires aux populations ivoiriennes et qui, d'ailleurs, dans leur pays même n'étaient pas enclins à reconnaître les mêmes droits à tous leurs compatriotes.

La présentation officielle de l'histoire de cette période, qui semble dévolue à Mathieu Ekra [40], est destinée à justifier cette

---

[39] Les élus du R.D.A. devaient s'apparenter avec ceux de l'U.D.S.R. de Pléven et Mitterrand en janvier 1952.

[40] Responsable de la sous-section du P.D.C.I.-R.D.A. de Treichville au moment de la provocation du 6 février 1949 (dans son *curriculum* publié à la fin du volume des Actes du VIIe Congrès — 1980 — sous la rubrique : « *carrière politique* », on peut lire : « *Responsable des incidents du 6 février 1949* ». Cela montre comment ce parti « comprend » sa propre histoire !) Dans le système de la Loi-cadre, M. Ekra fut le premier Ivoirien promu administrateur colonial, fonction jusqu'alors réservée aux Blancs et aux assimilés. Une promotion qui semble correspondre à l'ambition de cet homme qui explique son engagement politique par sa déception de n'avoir pu obtenir son assimilation dès 1944 malgré des efforts opiniâtres : « *Sur le plan personnel, j'étais écœuré par le système colonial d'injustice et de déni de justice. Figure-toi que j'ai, par exemple, passé au moins deux concours d'accès dans les cadres supérieurs. Dans le premier concours, il y avait trois postes à pourvoir d'agents supérieurs des Chemins de fer, ce qu'on appelait les agents assimilés à des Européens. J'ai été reçu second. On a nommé le premier. On a nommé le troisième, et on a refusé de me nommer* » (M. EKRA, *op. cit.*). Voir aussi : M. EKRA : « *Le P.D.C.I.-R.D.A., mieux qu'un parti politique, une véritable famille nationale* », conférence donnée à Sikensi le 9 juillet 1983, publiée dans *Fraternité-Hebdo* du 21/ 7/1983, pp. 12 à 23). Excepté une interruption de deux ans (1963-1965), M. Ekra est ministre ou ministre d'État depuis 1961.

alliance contre nature. La survalorisation du rôle du S.A.A. participe de cette justification.

Cette façon utilitaire d'interpréter l'histoire du mouvement anticolonialiste entraîne deux conséquences contradictoires. Si elle vise et si elle réussit à surestimer le rôle individuel des leaders et à les hisser de la sorte au-dessus des circonstances fortuites auxquelles ils doivent d'être ce qu'ils sont, elle agit en même temps comme un coin qu'on enfonce entre le sommet de la société et sa base et qui les éloigne toujours plus l'un de l'autre. La statue n'ayant plus d'appui sur son piédestal finit par s'écrouler. Quand M. Ekra fait l'apologie de l'houphouëtisme, on croit voir un flagellant en train de s'humilier, tant il rabaisse ses propres motivations et celles de ses compagnons de lutte afin de mieux glorifier F. Houphouët.

4

Le seul véritable héros : le peuple ivoirien

La qualité tout à fait exceptionnelle du mouvement anticolonialiste ivoirien fait encore l'admiration de ceux qui l'ont observé avec sympathie alors qu'il se faisait.

Mais le meilleur témoignage qu'on en puisse donner, c'est encore la haine incurable qu'on lui voue dans d'autres milieux plus de trente ans après sa défaite, haine qui explique cet acharnement à en dénaturer l'histoire.

De 1948 à 1950, au plus fort de l'épreuve de force déclenchée par les autorités françaises contre lui, le P.D.C.I. resta malgré tout le seul parti politique dans lequel la presque totalité des Ivoiriens se reconnaissaient. Ce n'était pas alors un parti unique ; encore moins un parti obligatoire !

Même réduits à de maigres comités d'aboyeurs dispersés sur la route des caravanes, il existait d'autres formations politiques déclarées, regroupant soit des Africains, soit des Français. Ces partis anti-R.D.A. bénéficiaient tous de l'appui du gouverneur.

Pourtant, c'est le P.D.C.I. seul qui contenait toute la force politique efficace disponible en Côte-d'Ivoire.

Cela ne fut pas suffisant, on le sait, pour mettre la victoire à portée de la main. L'issue de toute lutte est incertaine, mais ici, il s'agissait en outre d'une lutte très complexe et très inégale, non seulement à cause de la puissance de l'adversaire, mais aussi à cause des faiblesses que le mouvement portait en lui-même.

Le mouvement anticolonialiste ivoirien existait bien avant les premières tentatives faites pour l'organiser.

A la suite des élections de 1945 dans lesquelles ce mouvement joua un rôle décisif [41] les amis de F. Houphouët comprirent qu'ils pouvaient compter sur « *des forces considérables mais qui étaient disparates et inorganisées* » [42].

Cependant, ce n'est pas de ce côté-là que vint l'initiative de créer le P.D.C.I., mais du côté des syndicats de salariés, du C.E.F.A. et du G.E.C.

Le fait que certains membres de la direction du S.A.A. appartenaient aussi au G.E.C. et au C.E.F.A. n'y change rien ; ni le fait que les rédacteurs du programme du premier parti politique ivoirien se soient inspirés en partie de la profession de foi du candidat des planteurs à la première Constituante [43].

La transformation de la nébuleuse qu'était le mouvement de révolte des Ivoiriens à la fin de la Deuxième Guerre mondiale en une structure plus apte aux tâches du moment était une nécessité que beaucoup de gens comprenaient, mais chacun la comprenait différemment selon sa position dans la société ou selon la nature de ses ambitions.

Les fondateurs du Parti démocratique optèrent pour un parti de large démocratie et de large participation, ouvert sur l'avenir, qui était ce qui répondait le mieux, à la fois aux qualités intrinsèques du mouvement et aux tâches politiques qui l'attendaient.

Du côté du S.A.A. proprement dit, certains se seraient sans doute facilement contentés d'un club de notabilités condescendant à parrainer le mouvement des masses et à le chevaucher même le cas échéant, au moment des élections par exemple, mais qui n'en dépendrait pas pour la définition et la conduite de la politique.

Cependant, ils n'étaient pas encore les seuls à pouvoir en décider.

Compte tenu des conditions de l'époque, F. Houphouët et ses amis ne pouvaient pas se permettre de refuser l'enfant qu'on leur avait fait. Mais ils demeuraient des notables. Les notables ne rêvent pas, ils comptent. Leur devise est : « Un tiens vaut mieux que deux tu l'auras ! »

Jusqu'en 1950, les deux parties avaient plus ou moins trouvé leur compte dans l'alliance symbolisée par le P.D.C.I.

A partir de 1948 et surtout en 1950, au moment où son

---

[41] Pour la commune mixte d'Abidjan et la première Constituante de la IVᵉ République française.

[42] A. DENISE, cité par J.-N. LOUCOU, 1977, p. 93.

[43] J.-N. LOUCOU, *idem*.

existence même se jouait, le plus grand handicap du mouvement résidait dans cette disparité entre le haut niveau atteint alors par l'engagement de la masse des simples gens dans la lutte positive contre le système colonial et le faible niveau de l'engagement de la plupart des grands dirigeants.

C'est une opinion qui peut s'appuyer sur plusieurs faits concrets. Par exemple, dès les premières difficultés, les dirigeants du Syndicat agricole sont vite rentrés dans leur coquille [44].

En revanche, tous les incidents sanglants de cette époque montrent que l'engagement des masses envers leur propre cause et envers leurs dirigeants était si fort qu'elles ne reculaient pas même devant le sacrifice suprême [45].

Les martyrs de Dimbokro furent lâchement assassinés par des colons embusqués sur le chemin de la résidence de l'administrateur où ils allaient, sans armes, s'enquérir du sort de leurs dirigeants locaux dont ils venaient de connaître l'arrestation.

Ceux de Bouaflé se trouvaient parmi la foule assemblée pour protester contre les viles calomnies qu'un provocateur à la solde de l'administrateur avait proférées contre un de leurs dirigeants locaux.

Et, lorsque quelques heures après cette tuerie la rumeur se propagea qu'on avait pris le président du R.D.A., de différentes région du pays des masses de militants se portèrent d'un seul mouvement vers Yamoussoukro.

Il est inutile de commenter ce fait ; il est lui-même le plus digne commentaire de tout ce qui s'est passé en ces temps-là. Il suffit de le mettre en face de cet autre fait qui, au même moment, avait Yamoussoukro pour théâtre : tandis que des dizaines d'Ivoiriens tombaient dans un combat inégal au nord, au sud, à l'est, à l'ouest et au centre du pays, TOUS les diri-

---

[44] DAMAS, 1, p. 397 (J. Anoma) et 2, p. 421 (J. Delafosse).
[45] De janvier 1949 à janvier 1950, la Côte-d'Ivoire fut le théâtre d'une véritable guerre de harcèlement livrée par les autorités coloniales au peuple R.D.A. Le mois de janvier 1950 fut particulièrement sanglant . Chaque jour de ce mois fut inscrit en lettres de sang dans l'histoire de la Côte-d'Ivoire. A l'approche du procès de Bassam dont l'issue fut incertaine pour Péchoux et ses provocateurs, jusqu'à la défection de F. Houphouët, le gouverneur s'énervait et multipliait les tueries. L'incident le plus caractéristique eut lieu à Dimbokro les 29 et 30 janvier 1950. Bilan : treize morts tirés dans le dos et des dizaines de blessés. Sur l'ensemble de cette année terrible, il y eut « *plus de cinquante morts, des centaines de blessés, près de 5 000 détenus...* » (Cl. GÉRARD, 1975, p. 172).

geants en liberté étaient réunis au chevet du courage de l'un d'entre eux qui défaillait.

Ou encore, quand ils apprirent la disparition de Victor Biaka Boda [46], ses collègues restés à Yamoussoukro mirent, des mois durant, les meilleurs cadres du mouvement encore libres sur les traces du disparu et, par conséquent, ils le privèrent de ses meilleurs activistes. Pour rechercher un seul général perdu, ils avaient ainsi dégarni tous les avant-postes du front !

Un tel choix à un tel moment donne à penser. Les dirigeants du P.D.C.I. ne se considéraient-ils pas comme déjà vaincus et sans ressources dès le mois de janvier 1950, c'est-à-dire au moment même où le mouvement populaire était au plus haut de sa forme ?

Quoi qu'il en soit, une chose au moins paraît certaine : à en juger d'après leur déposition devant la commission d'enquête parlementaire, ni F. Houphouët, ni Ouezzin Coulibaly [47], ni Auguste Denise [48], ni aucun autre dirigeant de même niveau ne paraissent avoir perçu la véritable signification du mouvement de ce temps-là. Ils ne songeaient qu'à se justifier aux yeux des autorités françaises quand on eût attendu d'eux qu'ils assument pleinement un mouvement sans lequel ils n'étaient rien.

« *Il n'y a que ceux qui sont dans les batailles qui les gagnent* » a dit Saint-Just,... ou qui les perdent.

Ce qui représente le mieux le R.D.A. en ce temps-là, ce n'est pas cette poignée d'élus saisis par le doute, mais ces masses sans peur qui convergeaient sur Yamoussoukro et qui croyaient que ce village contenait le tabernacle de leur honneur et de leur di-

---

[46] V. Biaka Boda avait été élu conseiller de la République en remplacement d'Étienne Djaument. Il disparut fin janvier 1950 au cours d'une mission de liaison du mouvement entre Yamoussoukro et Abidjan. Quoique cette affaire ne fut jamais élucidée, il était clair dès le début que l'élu R.D.A. fut enlevé et assassiné sur ordre par des éléments des troupes françaises opérant dans le secteur, en vue de terroriser les militants du R.D.A.

[47] Animateur du syndicat des instituteurs à la fin de la guerre, O. Coulibaly fut député de la Côte-d'Ivoire de 1946 à 1951, puis conseiller de la République. En 1956, il devint le premier chef du gouvernement autonome de la Haute-Volta (actuel Burkina). En 1958, sa mort prématurée quelques semaines avant le référendum a probablement servi au mieux les desseins des colonialistes qui agissaient à l'ombre de F. Houphouët.

[48] Secrétaire général du P.D.C.I. jusqu'en 1959, A. Denise dirigea nominalement le gouvernement de la Loi-cadre de 1956, avant de céder la place à F. Houphouët qui en fit dès lors un ministre d'État perpétuel et sans grande influence.

gnité quand il n'était pour F. Houphouët que la dernière gare avant Montoire [49].

Le R.D.A., c'était essentiellement tous les simples gens des villes et des villages, tous les illettrés, tous les gagne-petit, les *« non-évolués »*, ceux que le *« code de l'indigénat »* avait privés des droits humains les plus élémentaires et qui, selon le mot de Gabriel d'Arboussier [50], venaient de s'apercevoir *« que la liberté était possible pour eux, que la dignité était possible pour eux »* [51] à condition d'en payer le prix. Ces femmes et ces hommes savaient aussi, en effet, mettre leurs actes et leur morale en accord avec la noblesse des buts qu'ils poursuivaient.

De cette époque, B. Dadié rapporte cette anecdote qui devrait trouver sa place, la plus haute, dans un *De viris* [52] ivoirien si quelqu'un pensait à l'écrire :

« Un gouverneur (...) a essayé de détacher de nous une de nos camarades femmes, secrétaire générale, en lui promettant une voiture toute neuve, trente mille francs de rente mensuelle et des avantages divers. Elle lui répondit simplement : "Ce n'est pas au moment où les femmes de France et du monde entier luttent pour la liberté et la paix que nous, femmes africaines, allons croiser les bras (...) Depuis vingt ans je marche à pied, je n'ai que faire de votre voiture. Je vis bien sans votre rente. Nous continuerons la bataille à côté de nos frères, de nos pères et de nos maris qu'on arrête et tue" » [53].

Dans la même période, tout autres étaient, semble-t-il, les préoccupations des dirigeants les plus en vue, qu'ils soient *« nés dans l'argent »* ou non. Ils étaient apparemment plus touchés par *« les exactions contre les chefs, contre les commerçants, contre les planteurs »* [54].

---

[49] Localité où eut lieu la rencontre de Pétain et Hitler. La « *poignée de main de Montoire* » symbolise la trahison du futur chef de l'État français.

[50] Secrétaire général du Comité de coordination du R.D.A. élu au congrès constitutif de Bamako, G. D'Arboussier fut le véritable idéologue du mouvement jusqu'à son éviction au début des années 50. En 1949-1950, au plus fort des événements de la Côte-d'Ivoire, il militait en faveur d'une lutte positive prenant appui sur le vaste et puissant mouvement de masses d'alors. Après le « *désapparentement* », il refusa d'abord de suivre F. Houphouët dans la politique de collaboration avec les ennemis du R.D.A. et il engagea avec lui une violente polémique marquée, notamment, par sa « *Deuxième lettre ouverte à Félix Houphouët-Boigny* ».

[51] DAMAS, 3, p. 1136. Voir aussi Coffi GADEAU : *Rapport au IIIe Congrès du P.D.C.I.-R.D.A.*, 1959.

[52] *De Viris illistribus urbis Romae* (Des hommes illustres de la ville de Rome), par Lhomond, est un livre d'enseignement élémentaire du latin.

[53] B. DADIÉ, *op. cit.*

[54] O. Coulibaly, in DAMAS, 3, p. 1111.

Après la disparition de V. Biaka Boda, ses collègues le firent rechercher jusqu'au Libéria et en Guinée, patries de ses deux épouses, et aussi auprès de certaines personnes qui s'occupaient de ses affaires depuis son élection au Conseil de la République.

Cela ne veut-il pas dire qu'on admettait que dans cette période remplie de drames, l'un des rares dirigeants encore libres, un parlementaire, chargé qui plus est d'une mission de confiance, puisse négliger ses devoirs envers le mouvement pour se consacrer à ses affaires et à ses amours ?

Ouezzin lui-même, à qui son intelligence, qui s'appelle aussi courage en politique, valut le surnom de « *Lion du R.D.A.* », trouvait le temps de s'occuper de construction immobilière [55]. Il est vrai qu'il n'était pas à son compte [56], mais, n'importe, il en prit le temps sur celui qu'il devait normalement à la lutte positive et cette sorte de disponibilité ne peut pas être sans signification.

A considérer la nature des intérêts poursuivis par des chefs qui, d'ailleurs, devaient survivre dans leur grade après la liquidation concertée du P.D.C.I.-R.D.A. [57], ou bien ce mouvement n'avait pas de dirigeants vraiment dignes de lui au moment où il en avait le plus grand besoin ; ou bien, sous ce nom, il y avait dès ce moment-là *deux* organisations différentes.

Il y a de l'un et de l'autre. Des circonstances particulières avaient réuni des forces disparates pour former le P.D.C.I. quand la majorité des Ivoiriens se trouvaient devant des tâches qu'ils ne pouvaient accomplir avec succès qu'en s'y mettant tous ensemble. Cependant, même unies, ces forces continuèrent d'évoluer, chacune selon sa propre nature.

Enfin, vint le jour où elles ne furent plus capables d'agir ensemble parce que les intérêts particuliers qu'elles portaient avaient cessé d'être solidaires.

Au fur et à mesure que le conflit s'aggravait entre les masses ivoiriennes et le parti colonial et que le mouvement se radicalisait à

---

[55] *Ibidem*, p. 1121.
[56] Il agissait au nom de Doudou Gueye, lui-même agent du P.D.C.I.-R.D.A.
[57] Cf. l'opinion de R. LEDDA (1967, p. 597, note 6) : « *Le cas de la Côte-d'Ivoire est typique : les planteurs y dirigeaient le mouvement nationaliste. Leurs intérêts étaient limités à l'abolition des travaux forcés, de la discrimination raciale, et ils voulaient être représentés politiquement dans les assemblées législatives autonomes. Une fois ces résultats obtenus (...) la France a pu faire du mouvement l'un des plus domestiqués du continent.* »

proportion, on assistait au développement d'une sorte d'instinct de conservation chez les planteurs et, en général, chez tous les nantis.

De nos jours on exprimerait ce fait en disant qu'à certains moments, certains personnages importants n'avaient pas leurs deux pieds dans le P.D.C.I.-R.D.A., mais « un pied dedans, un pied dehors ». Cette boiterie ne pouvait pas être sans conséquences sur la cohésion et sur l'efficacité du mouvement anticolonialiste dans les moments cruciaux.

Ainsi, en 1947, trois ans avant la divergence définitive, on a vu se manifester l'indifférence des dirigeants du P.D.C.I. qui permit le succès du complot des briseurs de grève [58].

La rupture du front des cheminots de l'Afrique Occidentale Française précisément en Côte-d'Ivoire peut paraître un paradoxe. De toutes les organisations qui avaient appelé à la grève, seuls les cheminots ivoiriens dans leur majorité avaient des liens avec la Confédération Générale des Travailleurs (C.G.T.) que la presse réactionnaire colonialiste accusait contre toute vraisemblance d'ailleurs d'avoir fomenté ce conflit et ils étaient aussi les plus proches du R.D.A.

Mais le plus important, c'est que la reprise du travail se fit pour ainsi dire sur le dos des cheminots P.D.C.I. et sans que leur parti se lève à leur rescousse.

La grève fut brisée par une action de démoralisation ouvertement conduite par des agents des partis anti-R.D.A. infiltrés ou non dans le syndicat des cheminots et qui avaient mis à profit l'absence des dirigeants les plus solides, notamment le secrétaire général du syndicat de la région Abidjan-Niger, Gaston Fiankan [59], en mission à Dakar [60].

Cependant, et en dépit de la résistance des travailleurs qui chahutaient les réunions de ces termites, les directions du P.D.C.I.

---

[58] La grève des cheminots africains d'A.O.F. dura plus de cinq mois, du 10 octobre 1947 au 19 mars 1948, sauf en Côte-d'Ivoire où la reprise du travail eut lieu le 5 janvier 1948.

[59] G. Fiankan était le secrétaire général du syndicat des Cheminots en Côte-d'Ivoire au moment de la grève de 1947. C'est en son absence et contre son accord que la situation fut retournée en faveur de l'Administration. Membre du P.D.C.I., il fut littéralement sacrifié par son parti et il connut la prison, devenant ainsi la première victime à la fois de la répression contre le R.D.A. et de la tactique du « repli » chère à F. Houphouët. Éphémère ministre du Travail dans le premier gouvernement de la Loi-cadre, il perdit dès lors toute influence syndicale et politique.

[60] J. SURET-CANALE, 1978.

observèrent une neutralité que des observateurs ont considérée à juste titre comme une complicité.

Aujourd'hui cette péripétie peut être regardée comme la répétition générale des cheminements qui, en 1950, menèrent à la reddition qu'on a pudiquement baptisée « *repli tactique* ».

A la fin de l'année 1949, tandis que les nantis hésitaient ou passaient un à un dans le camp adverse, le développement des luttes auxquelles participaient de plus en plus de simples gens avait en fait changé la nature du parti dont ils se réclamaient. Par la seule force des choses le P.D.C.I. était devenu plus homogène. La composition de sa masse agissante était devenue essentiellement populaire, sinon prolétarienne.

Et ce parti où désormais dominaient nettement non plus les réformistes mais les révolutionnaires, eut un noyau dirigeant né de la lutte et qui, bien que prisonnier [61], s'efforça pendant un certain temps de se tenir à sa hauteur.

C'est un fait peu connu parce qu'il a été tenu caché pendant trente ans et n'est venu en public qu'à l'occasion des funérailles de J.-B. Mockey, début 1981.

Dans l'hommage funèbre prononcé par M. Ekra, il y a la révélation précieuse d'une action des dirigeants arrêtés après le 6 février 1949 [62] ; action qui, si elle avait abouti, aurait certaine-

---

[61] Il s'agit du groupe de huit dirigeants du P.D.C.I., dont les sept membres de son Comité directeur, arrêtés après la provocation du 6 février 1949.

[62] Le 30 janvier 1949, au cours d'une réunion publique convoquée en vue, selon ses propres termes, de « *dévoiler la vérité sur F. Houphouët et le R.D.A.* » et à laquelle le leader du R.D.A. était venu assister en personne, le renégat E. Djaument l'avait injurié tout en lui refusant le droit de réponse, fort qu'il était de l'appui des autorités. Les protestations véhémentes des partisans du R.D.A. forcèrent les organisateurs à interrompre la réunion et à la reporter au dimanche suivant, 6 février. Ce jour venu, les partisans du R.D.A. empêchèrent encore la tenue de la réunion par leurs manifestations. E. Djaument et ses amis purent se retirer sous la protection de la police et du service d'ordre du R.D.A. Cependant, des fusillades éclatèrent aux alentours de la salle et dans différents autres points de la ville, provoquant des scènes d'émeute qui servirent de prétexte pour arrêter les dirigeants les plus radicaux du P.D.C.I.-R.D.A. La provocation ne fait aucun doute ; elle fut clairement établie par la commission d'enquête parlementaire instituée pour connaître de l'ensemble des événements de cette époque. Reste que toutes les responsabilités ne sont pas du côté des ennemis du R.D.A. et qu'il y aurait beaucoup à dire sur la conduite équivoque du leader ainsi que sur la naïveté des autres dirigeants du mouvement qui n'ont pas su éventer un piège aussi grossier que celui que Péchoux leur avait tendu !

ment eu pour conséquence l'exclusion de F. Houphouët et de A. Denise du P.D.C.I., en 1950. Non pas que tel fut le but consciemment poursuivi ; on ne peut pas dire cela avec certitude ; mais parce que telle eût été sa conséquence logique si la lutte avait pu se poursuivre.

Écoutons M. Ekra. Après son arrestation, J.-B. Mockey

« *organisa tout de suite un véritable état-major n° 2 à l'ombre des barreaux. Dès lors, le parti eut deux poumons, l'un à Treichville et l'autre à Bassam, alternant ou conjuguant la respiration de tout l'appareil politique (...) Pratiquement, pour ce qui concerne la presse, arme essentielle de ce combat, notre quotidien de l'époque,* Le Démocrate, *s'écrivait surtout en prison, et l'hebdomadaire* Le Réveil *aussi, pour ses éditoriaux et ses informations confidentielles, grâce à un réseau d'agents bénévoles incrustés dans les bureaux et les cabinets du pouvoir, informations dont Mockey contrôlait et assurait l'utilisation pour la presse locale et africaine* » [63].

Ce que M. Ekra ne dit pas, c'est que cet état-major n° 2, composé de tous les dirigeants les plus haïs et les plus craints par le parti colonial, notamment depuis le vote du Conseil général du 27 novembre 1948 [64], avait des ramifications hors de la prison de Bassam et jusque parmi les dirigeants encore en liberté [65] et qu'il agissait en fait comme s'il était à ce moment-là la seule vraie direction du P.D.C.I., au point qu'il signait : « *Le Comité directeur* » des textes rédigés dans la prison [66].

En tout cas, c'est bien cette direction prisonnière qui animait le formidable mouvement populaire de ce temps-là tandis que « *Treichville* » essayait surtout de l'étouffer.

Au-delà de l'anecdote, il s'agissait bel et bien de l'éclosion de ce phénomène classique par lequel un mouvement politique s'épure et se renforce *dans* et *par* la lutte.

On devine l'influence qu'un tel fait a pu exercer sur le cours de l'histoire du P.D.C.I.

C'est lui qui explique en particulier l'activité inlassable de F. Houphouët pour imposer silence au groupe de jeunes dirigeants

---

[63] M. EKRA, 1981.
[64] Voir à ce sujet ; R. DEGNI-SEGUI, 1979, annexe V, p. 479 et M. AMONDJI, 1984, p. 99.
[65] Comme le montre le ralliement de G. Coffi Gadeau à cet état-major n° 2, voir M. EKRA, 1981.
[66] Voir B. DADIÉ, 1983.

isolés à Bassam et que la grève de la faim qu'ils s'étaient imposée en décembre 1949 rendait encore plus populaires.

Et la conscience de ce péril fut sans doute aussi pour beaucoup dans les choix décisifs de septembre 1950. La « *solution Mitterrand* » rendue possible par la reddition de F. Houphouët, visait clairement à le conjurer [67].

---

[67] Cf. F. MITTERRAND, 1957.

5

Le tournant de 1950 ou le sacre de F. Houphouët

Malheureusement, la révolution de Bassam n'était qu'un feu de paille. L'état-major révolutionnaire du mouvement anticolonialiste n'a pas survécu à la grève de la faim des prisonniers de Bassam, malgré (ou à cause de ?) la flambée consécutive des initiatives populaires de solidarité qu'elle avait provoquées.

En se rendant (presque) tout de suite aux injonctions de F. Houphouët qui appelait à interrompre cette action, J.-B. Mockey se déjugea et, par là-même, il condamna ses propres initiatives depuis le jour de son emprisonnement.

Qui plus est, pour vaincre la résistance de la moitié de ses compagnons de lutte et d'infortune, il justifia ce recul en usant d'arguments tout à fait spécieux qui devaient faire école et avoir un effet très pernicieux sur l'avenir du mouvement.

Que disait-il ?

« Nous nous conformons quant à nous aux décisions du Comité directeur prises par Houphouët et d'Arboussier au nom du Comité de coordination. Le contraire serait les désavouer et rendre leur action ridicule » [68].

Ces deux phrases d'allure anodine, on peut pourtant les considérer comme la formule sacramentale par laquelle F. Houphouët fut créé potentat à l'intérieur du P.D.C.I.-R.D.A. En outre, elles contiennent déjà toute la conception des rôles et des responsabilités qu'on voit aujourd'hui à l'œuvre dans le parti unique.

Si on lit attentivement la première d'entre elles, les décisions

---

[68] In B. DADIÉ, 1983, p. 129. La note contenant ce propos porte, outre celle de Mockey, les signatures de Lamad, Dadié et Williams.

invoquées ne peuvent être véritablement ni celles du Comité directeur, ni celles de F. Houphouët ou G. d'Arboussier, ni celles du Comité de coordination du R.D.A. En bonne rhétorique, cette phrase n'a aucun sens.

Si les décisions sont celles du Comité directeur du P.D.C.I., elles ne sont pas celles de F. Houphouët et G. d'Arboussier qui n'en étaient pas membres. Et on ne voit pas pourquoi le Comité directeur du P.D.C.I. prendrait ses décisions *« au nom »* du Comité de coordination du R.D.A., instance interterritoriale supérieure et qui ne comprenait pas que des Ivoiriens.

Par conséquent, c'est à leur propre subjectivité que Mockey et sa suite se sont conformés contre l'avis de leurs camarades qui disaient, avec un sens beaucoup plus aïgu de leur responsabilité de militants d'un mouvement démocratique :

> *« Nous plaçons le parti au-dessus de tous ; nous obéirons toujours à ses décisions ; nous tiendrons toujours à cœur de vivre avec lui, mais cesser la grève tout de suite, dans les conditions actuelles, ce serait entraver la marche rapide des actions entreprises... »* (69).

Ils l'ont fait en s'abritant derrière le nom du P.D.C.I.-R.D.A. comme cela se fait couramment aujourd'hui. Et cela suffit, comme aujourd'hui, pour emporter le ralliement de ceux qui résistaient.

Il y a autre chose. Si on considère l'importance théorique évidente du débat ébauché dans cet échange et le moment où il a lieu ainsi que la facilité avec laquelle les uns et les autres sont tombés d'accord pour l'éluder, on aperçoit une autre conséquence ravageuse de cet épisode : désormais le P.D.C.I. c'est seulement sa direction, c'est-à-dire F. Houphouët, et pour la préserver du ridicule on ne tiendra plus aucun compte de ce que peut vouloir la masse des militants.

La relation de cette péripétie dans la chronique de B. Dadié ne permet guère de savoir si les « Bassamois » avaient ou non conscience des implications du choix qu'ils firent ce jour-là. Il est probable que non, si on en juge par la bonne conscience que la plupart ont affichée par la suite.

Ce n'est pas que les dangers menaçant le mouvement de l'intérieur n'ont pas été perçus par quelques-uns, mais une certaine disposition d'esprit les empêcha peut-être de s'en défendre.

Pour ne prendre qu'un exemple, O. Coulibaly a pressenti les risques que l'égotisme du président du R.D.A. faisait courir à la

---

(69) *Ibid.*, p. 127.

cohésion du mouvement, mais la seule critique qu'il en fit se trouve dans une lettre privée à G. d'Arboussier.

Telle est la source de la complicité du silence qui aida si bien F. Houphouët et les autorités françaises à réussir leur coup de 1950.

Il est vraisemblable que du côté ivoirien la capitulation fut le fait du seul président du R.D.A., du moins à l'origine. Ce n'est pas un fait démontrable sans doute, mais « *Radio Treichville* », cette antenne ultra-sensible de l'opinion publique ivoirienne considérait comme un fait plausible que les « *compagnons* » [70], après une certaine résistance, se sont rendus à la suite du député de la Côte-d'Ivoire afin de préserver leur ami de la flétrissure qu'eût été l'étalage public des motifs très personnels qui expliquaient le « *repli tactique* » [71].

La complaisance entre eux et une propension inconsciente aux compromis sans principe et à la conciliation avec l'adversaire furent les grandes causes de l'affaiblissement des dirigeants eux-mêmes avant que leurs effets ne se propagent dans l'ensemble du mouvement.

On peut lire dans « *Carnet de prison* » cette note dont le sens est d'autant plus considérable qu'elle met en scène le père de l'auteur, qui était Gabriel Dadié, c'est-à-dire pas n'importe quel père de ce temps-là [72] :

« *M. Adj..., un des agents les plus actifs du gouverneur, vient d'arriver (...). Toute la prison est en effervescence. Toutes les victimes des prétendus "progressistes" viennent d'avoir à leur portée un parent de leur adversaire le plus acharné.*

« *Le régisseur veut le mettre à l'infirmerie après l'avoir promené devant toutes les cellules. Ceux de l'infirmerie refusent de le recevoir et finalement il est envoyé à la chambre 3.*

« *Papa apprenant que cet homme vient en prison lui remet 500 francs pour moi. Quelle ironie* » [73].

---

[70] F. Houphouët désigne ainsi ceux des actuels dirigeants qui eurent une notoriété dans le P.D.C.I. pendant les événements d'avant 1951 et qui étaient alors statutairement ses pairs. Il s'agit évidemment d'un mimétisme (cf. : les « *compagnons de la Libération* »). Ici, cependant, il ne s'agit pas d'un ordre officiel mais d'une faveur, comme le regard de Louis XIV ou le pincement d'oreille de Napoléon.

[71] G. d'ARBOUSSIER y fit des allusions pudiques dans sa fameuse « *Deuxième lettre ouverte...* » ; mais il n'était pas Ivoirien.

[72] Un jour peut-être les historiens établiront que G. Dadié fut le vrai fondateur du S.A.A., et, par conséquent, le Pygmalion de F. Houphouët.

[73] B. DADIÉ, 1983, p. 117.

Cet esprit de conciliation (car il s'agit bien plus de cela chez ce grand patriote que d'un manque occasionnel de vigilance) dont B. Dadié se moque quand il se manifeste chez son père, on le retrouve pourtant chez lui-même.

Ainsi quand il emprunte les accents de Cassandre pour prédire que les grèves de solidarité lancées à l'initiative d'Anne-Marie Raggi, qui se développaient spontanément contre la volonté des dirigeants, pourraient « *dégénérer* » [74].

Et, que penser de l'auteur du « *Corbillard de la Liberté* » [75] se laissant, quelques années plus tard, enrôler dans une carrière ministérielle où il ne pouvait être, d'ailleurs en toute connaissance de cause, qu'un alibi pour celui qui a dévoyé le mouvement anticolonialiste, l'a détourné de son but et qui a mis le nom de P.D.C.I. au service des colonialistes impénitents ?

Autant d'un M. Ekra qui aime à se produire de temps à autre comme une espèce de temple de la Pureté révolutionnaire, mais qui n'est vraiment rien d'autre qu'un monument d'inconséquence. Il fut, il est vrai, de ceux qui résistèrent le plus longtemps et avec des arguments justes à l'oukase de F. Houphouët enjoignant aux prisonniers de mettre fin à leur grève de la faim et qui, même, voulurent l'aggraver par une grève de la soif. Mais il fut aussi, dès sa libération, visité par la grâce. Le récit qu'il fait de ce prodige dont il fut le réceptacle est intéressant :

« *...Étant donné mon caractère entier d'autrefois, j'étais sorti de prison avec un cœur particulièrement chargé de mépris et de résolutions intransigeantes. Le président Houphouët-Boigny, en nous parlant de la réconciliation avec nos adversaires, a opéré en moi le plus grand miracle de ma vie : j'ai perdu toute agressivité et toute colère dans mes pensées et dans mes actes sans abandonner pour autant un brin de ma volonté et de mes ambitions* » [76].

Voire ! M. Ekra n'a sans doute pas assez médité l'argument du Pari de Pascal, sinon il saurait que cette sorte de miracle se produit toujours quand on est déjà à genoux et implorant.

S'il n'avait pas abdiqué, serait-il aujourd'hui si bien à son aise, dans tous les sens, alors que le voilà dans le même camp que les

---

[74] *Ibid.*, p. 152.
[75] Poèmes de B. Dadié relatant les incidents du 6 février 1949 et l'arrestations des dirigeants du P.D.C.I.-R.D.A. Il doit son titre au fait que pour tromper la vigilance du peuple, le transport des prisonniers se fit dans le corbillard de la municipalité d'Abidjan.
[76] M. EKRA, 1983.

Hissène Habré, les Omar Bongo, les Mobutu et les racistes d'Afrique du Sud et de Californie, qui ne sont certes pas des anticolonialistes ?

B. Dadié écrivait dans la prison où il se trouvait en compagnie de M. Ekra :

> « *La politique n'est pas un jeu qu'on joue à l'aveuglette. Il faut constamment être éveillé, la nuit comme le jour ; donner à tous les faits une importance ; analyser chaque action jusque dans ses plus ultimes résultats ; ne rien laisser au hasard. Nous n'avons pas le droit de nous laisser surprendre par les événements. (...) Nous ne devons en aucune circonstance perdre de vue notre ligne politique* » (77).

Même les membres de l'« *état-major n° 2* » n'ont pas été capables de se tenir fermement à la hauteur de ces beaux préceptes et c'est une des causes de leur échec. Ce qui les en empêcha, c'est l'extraordinaire disposition aux compromis sans principe qu'on rencontre à chaque détour de l'histoire politique de la Côte-d'Ivoire et que F. Houphouët sut si magistralement exploiter à partir de 1951.

Il faut dire, à leur décharge, que le mouvement anticolonialiste n'a existé vraiment de façon organisée que pendant trois ans à peine ; trois courtes années pendant lesquelles la poignée de militants d'avant-garde avait eu tant à faire dans tous les domaines, et alors que le plus urgent était d'organiser et d'informer la masse des adhérents qui ne cessait de croître.

C'était, peut-être, trop court et trop intense pour agir et réfléchir en même temps sur l'action. S'ils en avaient eu le temps ; s'ils n'avaient pas été pris dans la nasse de la provocation avant d'avoir seulement commencé leur action, peut-être se seraient-ils élevés au niveau d'intelligence politique voulu par la complexité des tâches qui leur étaient posées.

Hélas ! ils se sont rués dans le piège ; ou bien, on les y a poussés : J.-B. Mockey, en mission loin d'Abidjan, y est revenu précipitamment le matin du 6 février sur injonction de F. Houphouët (78) et sans évidente nécessité, pour, selon ses propres paroles, « *rencontrer la provocation* » (79). Il fut, en mars de l'année suivante, le principal accusé et il écopa de la peine la plus lourde.

---

(77) B. DADIÉ, 1983, p. 55.
(78) DAMAS, 1, pp. 407 à 410.
(79) *Ibid.*

En somme, tout se joua comme si le 6 février ne fut calculé que pour se débarrasser de lui et des autres dirigeants qui, malgré toutes leurs insuffisances, représentaient le courant révolutionnaire dans l'alliance de 1946.

Cela dit, il n'en demeure pas moins que le P.D.C.I. ne fut pas créé « *ex nihilo* » par les riches planteurs ou par les militants radicaux qui furent emprisonnés en 1949. La plupart de ceux qui jouissent aujourd'hui d'une rente de situation acquise par leur participation aux débuts du mouvement anticolonialiste, y compris F. Houphouët lui-même, sont des gens qui ont pris en marche un train qui était déjà lancé à toute vapeur quand ils l'ont rejoint à différentes époques.

Ils furent, il est vrai, reconnus par le peuple comme ses dirigeants, mais ils ont été incapables de le conduire aux résultats que celui-ci était en droit d'attendre pour prix de ses sacrifices.

Finalement, leur rôle à la tête du mouvement, sans même parler des résultats de leur politique depuis l'indépendance, fut plus nocif que bienfaisant pour le pays et pour le peuple.

Décidément, il n'est pas possible de suivre M. Ekra quand il s'interroge et se répond à lui-même :

> « *Ces hommes qui ont été des hommes de guerre quand il fallait faire la guerre et qui sont devenus des soldats de la construction et de la paix (...) ; ces hommes qui osent affronter la meute des aboyeurs anticolonialistes, ne croyez-vous pas que leur clairvoyance, leur témérité et leur abnégation d'hier, leur courage et leur persévérance d'aujourd'hui mériteraient d'être enseignés à notre jeunesse comme une véritable épopée de notre temps ?* » (80).

On a vu partout de ces résistants de la onzième heure, plus glorieux que les vrais parce qu'ils ont fait les frais de quelque vêtement de cérémonie.

Les congressistes de 1980 ont dû se faire violence pour ne pas rire aux éclats quand F. Houphouët évoquait devant eux ses assauts opiniâtres contre l'appareil colonial français qui eurent pour théâtre... les locaux insonorisés de son ministère d'État à Paris.

---

(80) Cité par P.-H. SIRIEX, 1975, pp. 277-278.

II

L'ÉVOLUTION VERS LE PARTI UNIQUE OU LA DÉGRADATION DU MOUVEMENT ANTI-COLONIALISTE IVOIRIEN (1951-1963)

« Si l'on veut atteindre la vérité, on ne peut juger les faits en eux-mêmes en négligeant leurs causes. »

Ouezzin COULIBALY.

1

La convergence des modérés

La manœuvre qui, fin 1950, aboutit à l'éviction des dirigeants et des militants radicaux préalablement isolés à Bassam, livra automatiquement la raison sociale « P.D.C.I.-R.D.A. » aux éléments les plus modérés du mouvement anticolonialiste qui purent alors s'associer avec les adversaires du R.D.A. Telle est l'origine du parti unique en Côte-d'Ivoire. Il a commencé par être la convergence des modérés du R.D.A. et des politiciens fantoches anti-R.D.A. autour de l'accord Houphouët-Mitterand de septembre 1950.

C'est cette réalité que, récemment, un ministre de F. Houphouët exprimait à sa façon au cours d'une confrontation avec des journalistes :

« La meilleure définition que l'on puisse donner de la Côte-d'Ivoire et du P.D.C.I. c'est que Houphouët-Boigny a réussi à faire du parti une union de partis... » (1).

Mais, il y a des raccourcis dont il faut se méfier. Celui-ci veut suggérer que la Côte-d'Ivoire a vécu de 1951 à ce jour sous le signe d'un consensus parfait.

Or, si on peut bien admettre que dans son principe le système politique actuel découle, pour ainsi dire, directement de l'accord Houphouët-Mitterrand, il y a deux choses qu'il faut bien

---

(1) M. Séri GNOLÉBA, in *Peuples noirs, Peuples africains*, 1984. Ce personnage, l'un de ceux qui, vers 1970, ont gravi d'un seul coup tous les échelons de la direction du parti unique sans avoir jamais milité en son sein, est pourtant bien placé pour savoir que la condition nécessaire et suffisante pour y être admis c'est d'être individuellement et inconditionnellement soumis au chef de l'État et que, de ce fait, le P.D.C.I. est bien moins une union de partis que l'union des inconditionnels de F. Houphouët.

63

garder à l'esprit si on a le souci de marquer la véritable signification de cet événement et ses conséquences pour l'histoire politique de la Côte-d'Ivoire.

La première, c'est que le peuple R.D.A. ne fut jamais informé en vérité de cet accord. La deuxième, c'est que cet accord impliquait l'immolation immédiate du mouvement anticolonialiste avec ses buts, ses méthodes et ses principes d'organisation.

Lorsque, « *dès 1951, en pleine période de répression* » [2], la convergence des modérés devint une réalité, le souci des vainqueurs du mouvement anti-colonialistes radical n'était pas de favoriser la création d'un nouveau rassemblement, mais de détruire la seule véritable force politique qui existait alors.

C'est ainsi que l'interdiction des activités du R.D.A. fut mise à profit pour dépouiller le P.D.C.I. de tout ce qui avait fait sa force, en particulier, sa direction collégiale.

Son nom même fut perdu. Pendant des années F. Houphouët ne s'en réclama plus pour son activité politique, mais d'une « *Union pour le Développement économique de la Côte-d'Ivoire* » (U.D.E.C.I.).

Ce n'est pas seulement à cause de l'interdiction qui frappait le R.D.A. Les listes patronnées par le président du R.D.A. contenaient moins d'authentiques militants R.D.A. que d'adversaires déclarés de ce mouvement, Noirs et Blancs, qui ne pouvaient évidemment pas accepter de brandir un emblème qu'ils n'avaient pas cessé de haïr !

C'est de cette façon que fut ruiné le mouvement anticolonialiste tandis que les modérés de tous bords enfin rassemblés, non pas AVEC le peuple mais CONTRE lui, prêtaient la main à la mise en place du néocolonialisme.

Enfin..., car une telle situation aurait pu se produire bien avant le milieu des années 1950. Les batailles électorales des années 1945 à 1948, qui, à bien des égards, ne furent qu'une danse d'attirance-répulsion entre deux clans de notables, auraient pu conduire directement à leur association telle qu'elle se réalisa en 1951, s'il n'y avait pas eu au milieu d'elles l'intervention vigilante des masses de simples gens qui n'avaient rien à gagner dans ces jeux dérisoires.

Jusqu'au mois de mai 1947, date de leur rupture définitive à la suite de la création du R.D.A., tant dans le P.D.C.I. que dans son

---

[2] M. EKRA, 1983, p. 23.

principal rival, le *Parti progressiste de la Côte-d'Ivoire* (P.P.C.I.), il y eut des gens pour croire à la possibilité immédiate d'une entente. Mais, sur cette route, il y avait un obstacle d'importance : le mouvement populaire, ou pour mieux dire, puisqu'il il n'y a jamais eu d'organisation formelle digne de ce nom, la volonté diffuse mais tout à fait manifeste des simples gens d'en finir avec l'oppression coloniale.

A l'époque considérée, cinq ans après le début de la vie politique, les masses étaient acculées à l'impuissance et, désormais libérés de cette contrainte, les modérés s'étaient tout naturellement rejoints.

Cependant, il serait faux de dire qu'ils rallièrent toute la Côte-d'Ivoire à leur suite. La vérité, c'est que cette réconciliation et le prix qu'elle coûta déchirèrent profondément le P.D.C.I.-R.D.A.

« Il faut avouer, dit M. Ekra, *que humainement, ce pardon spontané, unilatéral, et les promotions politiques accordées comme une prime supplémentaire, furent difficiles à faire avaler, surtout pour la masse des militants »* (3).

Or, cette déchirure n'était pas de celles qui se referment et qui ne laissent pas de séquelles.

L'une des conséquences les plus néfastes de la réconciliation de 1951, c'est l'abolition de tout débat d'idées en Côte-d'Ivoire. Sans l'avoir voulu peut-être, M. Ekra dans sa conférence de Sikensi a une phrase très forte à ce sujet où on dirait qu'il a choisi les mots les plus évocateurs pour décrire les signes anonciateurs de la véritable catastrophe idéologique qui s'abattit alors sur l'organisation des patriotes et démocrates ivoiriens :

« Les "prisonniers" (4) *acquiescèrent sans broncher à la désignation de leurs anciens accusateurs pour des postes politiques importants, alors qu'eux-mêmes étaient encore tenus à l'écart, afin de ne pas effaroucher les nouveaux arrivants »* (5).

Cela n'est pas précisément une preuve de consensus, car le consensus ne craint pas la confrontation des idées. C'est au contraire la preuve que les patriotes avaient renoncé à leur liberté de parole afin que leurs ennemis pussent se faire mieux entendre.

---

(3) M. Ekra, 1983, p. 23.
(4) Il s'agit des dirigeants radicaux du P.D.C.I.-R.D.A. arrêtés après la provocation du 6 février 1949.
(5) M. Ekra, 1983.

Plus de trente ans après ces faits, quand on demande à un dirigeant du parti unique de définir son idéologie, voici ce qu'on peut entendre : « *Il faut se garder d'une définition dogmatique car les convictions philosophiques sont différentes* » ; ou bien : « *Plutôt que d'idéologie pour notre parti, il faut parler d'idéaux : bonheur de l'Ivoirien, dialogue, respect de l'autre, altruisme* » [6].

Il y aurait beaucoup à dire sur la différence « philosophique » qu'on perçoit entre ces deux attitudes, mais cela risquerait d'entraîner loin. Ici, il suffit de constater que, dans ce parti qui se donne pour unanimiste, il y a ceux qui ont des idées, mais qui les taisent et qui croient bien faire et il y a ceux qui ne pensent pas, qui ne veulent pas penser et qui, eux aussi croient bien faire. Et cela veut dire que tous acceptent de renoncer à penser par eux-mêmes.

Acceptation douloureuse chez ceux qui, au temps de la J.R.-D.A.C.I. par exemple, rêvèrent d'un véritable parti politique [7] et qui restent d'ailleurs persuadés qu'il n'y a pas de véritable parti politique sans production et, donc, sans débat d'idées [8]. Acceptation joyeusement niaise chez ceux qui ne sont dans ce parti que les perroquets de F. Houphouët et qui vont sans cesse répétant les pauvres stéréotypes moralisateurs qu'il affectionne.

De sorte que, de quelque manière qu'elle soit vécue, c'est une règle générale. Et cette règle découle de l'autocensure que ce sont imposée les anciens dirigeants de l'aile radicale du P.D.C.I.-R.D.A. après leur libération, pour complaire à F. Houphouët.

Ainsi, la convergence des modérés, qui les avait exclus, ne pouvait plus être la continuation du parti dans lequel se reconnaissaient les partisans de la lutte positive et elle ne donna pas non plus naissance à un parti nouveau, dans le sens d'une « *organisation dont les membres mènent une action commune à des fins politiques* » [9], puisque dans le parti unique tel qu'il existe

---

[6] *Fraternité-Hebdo*, n° 1264, du 21/7/1983 : propos attribués à J. Konan Banny et à L. Fologo.

[7] Voir P.-H. SIRIEX, 1975, pp. 255 et suiv ; V. MEÏTÉ, 1980, p. 37 ; J. BAULIN, 1982, pp. 102 et suiv.

[8] Cf. J. Konan BANNY (*Fraternité-Hebdo*, n° 1264) : « *Si tant est que militer c'est lutter pour une idéologie ou pour des idéaux d'un parti, encore faut-il que le militant soit "instruit" à cet effet. Le parti se doit donc de lui donner l'éducation politique et civique nécessaire pour mener à bien ce combat... On ne peut combattre sans armes.* » Une fois faite la part de l'autocensure, ces propos sont assez clairs.

[9] Selon le petit Robert 1.

aujourd'hui et de l'aveu même de l'un de ses plus hauts dirigeants, « *on n'arrive pas toujours à déterminer clairement les motivations des uns et des autres* » [10].

Ce n'est pas de 1951, ni même de 1957 comme on l'a aussi écrit, que date le système politique ivoirien tel qu'il existe, mais du milieu des années 1960. C'est, principalement, une conséquence, très indirecte quoique logique [11], de la crise de 1963-1964, dite aussi « *affaire des pseudo-complots* ».

Jusqu'alors et malgré toutes les apparences, il n'avait pas été possible d'empêcher l'expression des opinions contraires à celle des vainqueurs. Au sein même de ce qui restait du P.D.C.I., les agissements antidémocratiques de F. Houphouët trouvaient leurs critiques [12]. Mais surtout, la ligne du « *repli tactique* » était activement combattue par de nouvelles forces toujours plus nombreuses.

Cette période souvent « oubliée » par les historiens est certainement celle qui contient le plus de leçons pour ceux qui sont vraiment désireux de connaître l'origine des difficultés qui assaillent le régime aujourd'hui. C'est de là, en particulier, que date le début de la « *panne de démocratie* » dont F. Houphouët parlait devant le Conseil national du 12 juin 1980 [13], « *panne* » que la réorganisation des directions du parti unique visait, paraît-il, à réparer.

Ce qui fait que ladite panne aura duré trente ans. Or, pendant toutes ces années, gouverner la Côte-d'Ivoire ne fut pas une simple promenade de santé, mais une succession de batailles complexes entre la société et le pouvoir, et qui ne se sont pas toutes terminées à l'avantage du pouvoir.

L'une des dernières péripéties de cette longue partie de bras de fer c'est l'abolition du pouvoir discrétionnaire du chef de l'État de nommer les députés et les dirigeants locaux du parti unique. On sait que si cette petite révolution a permis de faire s'aligner sous le nom du parti unique des gens qui avaient constamment combattu son principe et sa politique, mais qui devaient en

---

[10] Propos attribués à L. FOLOGO, in *Fraternité-Hebdo*, n° 1264. Peut-être voulait-il seulement dire que cela ne les intéresse pas ? On le démontrera dans un des chapitres suivants.

[11] Voir *infra*, « *L'acte de naissance du parti unique* », p. 115.

[12] R. SCHACHTCHER-MORGENTHAU, 1974.

[13] « *La Côte-d'Ivoire a pris du retard sur le plan de la démocratie alors qu'elle est en avance sur le plan économique et social par rapport à de nombreux autres pays* », in *Afrique-Asie*, n° 217, du 2 juillet 1980.

passer par là pour être éligibles, elle n'a pas, pour autant, rendu le parti unique plus universel ni plus unanimiste comme on l'espérait probablement en haut lieu, à cause de l'indifférence des populations qui s'est traduite par la très faible participation électorale : à peine 30 % en moyenne [14]. 70 % des Ivoiriens en âge de voter n'ont pas daigné entendre les directives du parti unique !

De sorte que le seul résultat vraiment certain de cette réforme (on verra aussi qu'elle était inéluctable), compte tenu de l'âge avancé de F. Houphouët, c'est que, hormis ceux qui sont morts ou vraiment trop vieux, les protagonistes de ces batailles passées se retrouvent quasiment dans le même rapport qu'avant 1963.

Rapport caractérisé aujourd'hui comme en 1963 par l'impossibilité de toute espèce de conciliation.

Non seulement le consensus n'existe pas, mais sa recherche même est illusoire.

Tel est l'héritage empoisonné de trente années d'un jeu politique commencé par un abus de confiance, poursuivi par des abus de pouvoir et qui s'achève dans l'impuissance.

---

[14] *Le Monde* du 12 novembre 1980.

2
Le premier assaut contre le syndicalisme de lutte

Après la liquidation de l'organisation politique du mouvement anticolonialiste, la deuxième cible des tacticiens du repli fut sa composante syndicale. L'objectif était de pousser les syndicalistes proches du R.D.A. à rompre leurs liens organiques et de solidarité avec leurs camarades des autres territoires et surtout avec la C.G.T.

Ce premier assaut contre le syndicalisme de lutte revêt une importance particulière dans le processus de liquidation du mouvement anticolonialiste parce que c'était la première action conjointe menée presqu'ouvertement par F. Houphouët et le patronat colonialiste. Ainsi se révélait la véritable nature du système politique fondé sur le principe du « *repli tactique* ».

Non seulement la direction du P.D.C.I., réduite alors il est vrai à la personne de F. Houphouët, ne défendait plus les intérêts du peuple et des travailleurs, mais encore elle se joignait aux colonialistes pour attaquer les dernières positions encore tenues par les patriotes.

Le fait est encore plus significatif quand on sait que les dirigeants de l'Union locale-C.G.T. de la Côte-d'Ivoire figuraient en bonne place parmi les fondateurs du P.D.C.I. le 9 avril 1946 [15].

Mais, lorsque le mouvement politique proprement dit se replia, après les événements de 1949-1950, sous l'influence conjuguée de la réorientation de F. Houphouët et de la répression

---

[15] Voir J.-N. Loucou, 1977, p. 101.

policière et administrative, le « *repli tactique* » ne bénéficia pas de l'adhésion des syndicalistes. Ce qui s'explique assez bien quand on sait que les travailleurs furent les premiers, dès 1947, à subir les conséquences de l'égoïsme des gros planteurs.

Et lorsque au milieu des années 1950 le P.D.C.I. réapparut dans la vie politique sous son vrai nom, il n'y avait plus la même solidarité automatique entre les syndicats proches du R.D.A. et le parti de F. Houphouët, au contraire !

C'est que, en dépit de tout ce qu'on peut dire sur l'argent du S.A.A., cette tarte à la crème des historiens du mouvement anticolonialiste ivoirien, les syndicats proches du R.D.A. étaient des organismes indépendants. Les travailleurs syndiqués à la C.G.T. étaient en général favorables au R.D.A. et souvent des membres éminents du P.D.C.I. Ils étaient dans les villes probablement les plus sûrs électeurs des candidats de ce parti. Néanmoins, l'esprit démocratique très exigeant qui régnait alors parmi tous les militants ivoiriens de ce temps interdit de les considérer commes des « godillots » aux ordres des dirigeants politiques. Tout au plus pourrait-on parler d'un partage normal des tâches au sein du mouvement anticolonialiste.

Même ici, en Côte-d'Ivoire, où la mobilisation populaire en faveur du R.D.A. était la plus considérable, les travailleurs à la fois syndiqués et membres du R.D.A. étaient d'abord et avant tout des syndicalistes.

Ils étaient des syndicalistes et des R.D.A., les plus combatifs parmi les travailleurs du territoire, mais ils n'étaient pas des membres d'un syndicat R.D.A. qui n'eut jamais d'existence sinon dans les discours et les écrits malveillants des adversaires du mouvement anticolonialiste.

L'indépendance du syndicalisme de lutte était évidemment un obstacle sérieux sur la route de ceux qui avaient résolu de liquider le mouvement anticolonialiste. Sa suppression devait être le couronnement de cette œuvre peu glorieuse.

La manière dont cette entreprise fut conduite est un bon exemple des voies et des moyens qui servirent à changer complètement la physionomie du P.D.C.I. au fil des années qui ont suivi le « *repli tactique* ».

Dans un premier temps, la méthode consista à capter les dirigeants les plus en vue et à les associer ostensiblement au régime de la Loi-cadre qui venait d'être instituée.

Par la suite, tout en poursuivant la première méthode, une répression brutale fut exercée contre ceux qui résistaient ou qui essayaient de redonner un nouvel élan au syndicalisme de lutte [16].

Il y a deux leçons dans cette péripétie de l'histoire du syndicalisme ivoirien et elles sont, d'ailleurs, aussi valables pour l'histoire du mouvement politique proprement dit :

Premièrement, si l'entreprise anti-syndicale a pu être réussie, c'est principalement parce que les syndicats ne contenaient pas que des anticolonialistes de pure et irréfragable vocation, mais aussi, et souvent à leur tête, des gens qui pouvaient les quitter pour adhérer au néocolonialisme et s'en trouver mieux.

A la fin des années 1950, tous les anciens dirigeants de premier plan des syndicats proches du R.D.A. étaient intégrés au système du « *repli tactique* ».

Il existe suffisamment de bonnes études sur cette période de l'histoire du syndicalisme pour qu'il ne soit pas nécessaire de rappeler les événements dans le cadre de cet essai où il s'agit moins de décrire les faits que de rechercher leurs relations.

En se reportant à ces études le lecteur verra que le débauchage des syndicalistes ne se fit pas sans résistance de leur part.

Camille Gris, dirigeant de l'U.L.-C.G.T. fut l'un de ceux qui résistèrent le plus longtemps avant de succomber. Mais F. Houphouët trouva aussi des hommes, tels Lambert Amon Tanoh, pour lui faciliter la tâche en organisant à point nommé les diversions dont il n'eut ensuite qu'à se servir pour domestiquer le mouvement syndical [17].

---

[16] Exemple de la répression de 1959 qui débuta avec l'expulsion de B. Yao Ngo (cf. note (26), p. 76).

[17] C. Kissi Gris était le secrétaire général de l'U.L.-C.G.T. qu'il avait contribué à fonder en septembre 1944. Membre de l'aile radicale du P.D.C.I.-R.D.A., il était un chaud partisan d'un syndicalisme de classe et un adversaire de la ligne du « repli tactique ». A ce titre il fut élu à la direction fédérale (A.O.F.) de la C.G.T. en 1956, au début de la grande crise du syndicalisme dans les colonies françaises d'Afrique noire (Voir à ce sujet : J. MEYNAUD et A. SALAH-BEY, 1963 ; et G. MARTENS, 1980-81). Il finit néanmoins par entrer au gouvernement comme ministre en remplacement de G. Fiankan (1959-1963). En 1963 il fut l'une des victimes de la vague de répression connue sous le nom d'« affaire des complots ».

L. Amon Tanoh était vers 1956 un dirigeant local du syndicat des instituteurs. Soit inexpérience, soit naïveté, soit ambition, entre 1956 et 1964, on le rencontre inévitablement à l'origine de toutes les manœuvres qui favorisèrent la domestication du syndicalisme ivoirien : fondateur d'une C.G.T.A. groupusculaire contre la C.G.T. orthodoxe en 1956 ; d'une U.N.T.C.I. fantôme en 1958 contre l'U.G.T.A.N. qui avait appelé à voter « Non » au référendum ; enfin, au début des années 60, il joua encore un certain rôle dans la création de l'actuelle U.G.T.C.I. inféodée au parti unique.

Enrôlés dans des fonctions parlementaires ou gouvernementales, les déserteurs du syndicalisme de lutte les exercèrent souvent avec autant de naturel et de zèle même, du moins aux yeux des simples gens, que si telle avait été leur ambition dès le début. N'étaient-ils pas, d'ailleurs, de la même condition que leurs collègues qui n'étaient pas des syndicalistes à l'origine ?

Le syndicalisme ivoirien avait, alors surtout, la particularité d'être presque exclusivement le fait des catégories sociales qui, en Europe, en Asie et en Amérique, appartiennent aux classes moyennes des employés et agents subalternes des administrations publiques.

Les ouvriers proprement dits étaient une catégorie pratiquement inexistante et le travail qu'on pourrait dire « industriel » était surtout le fait de manœuvres frais émoulus de leur village.

La majorité des dirigeants syndicalistes, pour ne pas dire tous, se recrutaient dans les mêmes catégories que les dirigeants des régimes néocolonialistes qui se mettaient en place entre 1956 et 1959.

La deuxième leçon découle de la précarité des carrières ainsi offertes aux ci-devant dirigeants syndicalistes ; précarité qui fut principalement l'effet de la désapprobation de ceux qu'ils avaient abandonnés. Aussitôt promus ils étaient isolés et tenus en suspicion par la masse des travailleurs. De sorte que leur efficacité dans leur nouveau rôle s'en ressentait, ainsi que l'avantage que le pouvoir en escomptait [18].

La capture de leurs dirigeants n'entraîna jamais le ralliement des syndicalistes au système du « *repli tactique* ».

Évidemment, on peut se demander si tel était bien l'objectif visé et si le débauchage et l'exil des syndicalistes les plus en vue, selon qu'ils acceptaient ou non de se soumettre au pouvoir, ne visait pas à supprimer purement et simplement le vrai syndicalisme, résultat qui sera atteint après 1963 avec la formation de l'U.G.T.C.I.

---

[18] B. YAO NGO, 1960 ; G. MARTENS ; J. BAULIN, 1980 et 1982.

3

Les derniers feux
du mouvement anti-colonialiste

Les réformes du système colonial de l'impérialisme français qui se dessinaient au début des années 1950 et qui devaient conduire à l'autonomie interne le 4 décembre 1958 puis à l'indépendance le 7 août 1960, eurent pour effet de multiplier les plans de clivage au sein de la société ivoirienne et d'accentuer les antagonismes déjà existants ou nouveaux.

En particulier, l'évidence de la menace du néocolonialisme se substituant en douceur au système d'administration directe en s'appuyant sur l'alliance effective des possédants français et ivoiriens avait alerté les secteurs les plus sensibles de l'opinion alors représentés par les syndicats indépendants ou d'opposition et l'Union générale des Étudiants de la Côte-d'Ivoire (U.G.E.C.I.) [19].

Telle est l'explication qu'on pourrait donner de l'extraordinaire succession d'événements tragiques que connut la période de six ans qui se situe exactement à cheval sur l'année de l'indépendance.

L'année 1956 qui marque le début de cette période se situe elle-même au milieu d'une décennie qui vit tant d'événements inouïs dans l'existence des peuples dominés d'Asie, d'Afrique et d'Amérique, outre le magnifique mouvement insurrectionnel du peuple ivoirien en 1949-1950 :

– 1949 : Victoire du Congress People Party (C.P.P.) de Kwame Nkrumah. Triomphe de la révolution en Chine.

---

[19] Fondée en 1956 à Abidjan, l'U.G.E.C.I. regroupait les associations déjà existantes d'étudiants et de lycéens d'Abidjan, de Dakar et de France. Son président était de droit le président de l'Association des Étudiants de Côte-d'Ivoire en FRance (A.E.C.I.F.), première-née des associations d'étudiants ivoiriens et la plus nombreuse, ayant son siège à Paris.

— 1952 : En Egypte, prise du pouvoir par le mouvement des « *Officiers libres* » sous la conduite de Gamal Abdel Nasser.
— 1954 : Victoire de Dien Bien Phu et indépendance du Viêt-Nam. Début de l'insurrection algérienne.
— 1955 : Conférence de Bandöeng.
— 1956 : Indépendance du Maroc et de la Tunisie. Introduction du principe de l'autonomie interne dans l'administration des colonies françaises d'Afrique. Nationalisation du canal de Suez.
— 1957 : Indépendance du Ghana.
— 1958 : Indépendance de la Guinée française.
— 1959 : Entrée victorieuse de l'*« Armée rebelle »* dans La Havane (Cuba).

En Côte-d'Ivoire, le climat politique était dominé par la contradiction, qui paraissait irréductible, entre l'aspiration générale des Ivoiriens à l'indépendance et l'obstination du député de la Côte-d'Ivoire et ministre d'État français, F. Houphouët, à ne pas en tenir compte.

Les mouvements de contestation de cette époque [20] mettaient clairement en cause tout ce qui représentait la ligne du *« repli tactique »*, c'est-à-dire en tout premier lieu le P.D.C.I. artificiellement maintenu en façade et F. Houphouët lui-même, dont les démarches dangereuses s'abritaient derrière cette façade.

C'est dans ce contexte qu'eurent lieu plusieurs tentatives successives de relever le flambeau du mouvement anticolonialiste qui n'aboutirent pas. En partie parce qu'elles furent durement réprimées.

Mais, pour l'essentiel, les raisons de leur échec sont à rechercher dans les caractéristiques de la société ivoirienne brusquement placée devant la complexité d'une situation à laquelle rien ne l'avait vraiment préparée et à laquelle, pourtant, tout son passé lui faisait, pour ainsi dire, obligation de s'affronter avec dignité.

Ces tentatives furent essentiellement le fait de forces nouvelles, apparues sur la scène politique et sociale après les événements de 1949-1950 et le début du *« repli tactique »* et qui, par conséquent, ne participaient pas directement de la tradition du R.D.A. ou de celle de ses adversaires, mais qui étaient cepen-

---

[20] A. ZOLBERG, 1964 ; R. SCHACHTER-MORGENTHAU, 1974.

dant plus proches de l'idéal R.D.A. que de celui des courants adverses.

Parmi ces forces nouvelles, l'U.G.E.C.I. joua un rôle important. Mais, ce rôle, elle le joua surtout en tant que laboratoire d'idées, car ses membres étaient à l'étranger et, sauf les vacances d'été, ne participaient que de loin à la vie politique ivoirienne. On le leur a assez reproché en oubliant qu'à la même époque, c'est depuis Paris que F. Houphouët agissait.

C'est en 1956 que cette organisation fut formée par la fusion de l'Association des Étudiants ivoiriens de Dakar avec l'Association des Étudiants de Côte-d'Ivoire en France (A.E.C.I.F.) à l'issue d'un congrès qui se tint à Treichville, salle des *« Anciens combattants »*.

Le premier congrès des étudiants fut un succès considérable. Cela s'explique par le thème principal de ces débats : l'U.G.E.C.I. avait inclu l'indépendance parmi ses objectifs prioritaires immédiats ; mais aussi par l'ouverture du mouvement étudiant sur les forces populaires auxquelles son congrès en appela directement par-dessus la tête des caciques de la politique qui faisaient les morts.

De ce congrès datent les premières difficultés du mouvement étudiant avec les autorités coloniales, puis « nationales », difficultés qui culminèrent entre les années 1957 et 1961 correspondant dans l'ordre aux mandats annuels de Harris Mémel Fotê, Abdoulaye Fadiga, Marcel Anoma et Désiré Amon-Tanoë.

La période suivante, qui englobe les années 1958 et 1959, fut celle où s'opéra un début de convergence sans lendemain entre les différents secteurs opposés à l'orientation néocolonialiste prônée par F. Houphouët. Cette période fut marquée par les événements d'octobre 1958 qui, malheureusement, endeuillèrent les communautés dahoméenne et togolaise de la Côte-d'Ivoire [21].

Les mois précédents avaient été occupés par la campagne contre le projet gaullien de *« Communauté »*, dont l'avocat Camille Assi Adam [22] fut le principal animateur en tant que leader de la section ivoirienne du Parti du Regroupement africain (P.R.A.) fondé la même année à Cotonou.

La rumeur publique avait baptisé ce projet : *« Communauté frapper nègres »* ou encore : *« Combine bien notée... par De*

---

[21] M. AMONDJI, 1984.
[22] C. Assi Adam fut le fondateur et le premier président de l'A.E.C.I.F., la première association d'étudiants ivoiriens.

Gaulle. » C'est dire la répulsion du peuple pour ce projet, ses promoteurs parisiens et ses défenseurs locaux !

C'est dans ces circonstances que le 3ᵉ congrès de l'U.G.E.C.I. se tint en 1958 dans une propriété suburbaine appartenant à l'avocat, les autorités ayant voulu l'empêcher en refusant aux organisateurs l'accès des salles du centre-ville. Une foule nombreuse d'Abidjanais se déplaça tout de même à « *La Poudrière* » pour soutenir les étudiants. Ce fut encore un triomphe.

Plus que jamais la propagande pour l'indépendance paraissait justifiée. Et, surtout, les masses ivoiriennes se passionnaient à nouveau pour les projets concernant leur avenir. Elles ne suivaient pas les replis frileux du P.D.C.I. dont l'hibernation se prolongeait, mais ceux qui réclamaient l'indépendance.

Malgré cela, le soir du référendum, le « *Oui* » l'emporta « *très largement* ». Il est facile, paraît-il, de savoir pourquoi : depuis les premières élections marquées par un taux impressionnant d'abstentions [23], les autorités ne comptaient plus tellement sur les électeurs ; elles faisaient bourrer les urnes par leurs agents dans les bureaux de vote à l'approche de l'heure de la clôture du scrutin [24].

Le lendemain du référendum, C. Assi Adam fut prié de s'exiler. C'était, très logiquement, appliquer au principal propagandiste du « *Non* » en Côte-d'Ivoire, l'ostracisme prononcé contre l'ensemble des Guinéens. Logeant plus bas que Charles De Gaulle en matière de patriotisme, le futur maître de la Côte-d'Ivoire fit cette chose, aussi, en plus petit.

Le coup de l'expulsion fut réédité en 1959 contre le principal dirigeant de la jeune et pugnace U.G.T.A.N. [25] ivoirienne, Blaise Yao Ngo [26]. Peu de temps auparavant, la direction du P.D.C.I. issue du 3ᵉ congrès (mars 1959), le Conseil de gouvernement et les services de Sécurité avaient été profondément remaniés.

L'année 1959 fut celle où le pouvoir se mua en un régime de pur arbitraire en passant des mains du Haut-Commissaire re-

---

[23] A. ZOLBERG, 1964.
[24] B. YAO NGO, 1961.
[25] *Union générale des Travailleurs d'Afrique Noire*, fondée à Cotonou en janvier 1957 et dont le secrétaire général était le Guinéen Sékou Touré.
[26] Fondateur et dirigeant de l'U.G.T.A.N. « *orthodoxe* » en Côte-d'Ivoire. Exilé à Conakry en 1959.

présentant le gouvernement de Paris entre celles de F. Houphouët, Premier ministre à Abidjan.

L'affaire fut conduite avec un savoir-faire digne d'un bon élève de Machiavel. Dans un premier temps, F. Houphouët suivit avec une apparente docilité le courant dominant en n'y résistant que juste ce qu'il fallait pour ne pas se laisser emporter ni s'échouer. La J.R.D.A.C.I. [27] put ainsi voir le jour ; le IIIe Congrès du P.D.C.I. se tint dans le même mouvement et J.-B. Mockey, candidat de la convergence anticolonialiste [28], devint le secrétaire général du parti, en remplacement de Auguste Denise qui n'était à ce poste depuis 1950 surtout, qu'un prête-nom de F. Houphouët ; les dirigeants de la J.R.D.A.C.I. entrèrent au gouvernement ; etc.

En somme, tout paraissait aller dans le sens voulu par la majorité des Ivoiriens, celui du renouveau du mouvement anticolonialiste. Les immobilistes en profitèrent pour se refaire une réputation ; puis ils passèrent à l'offensive.

Le deuxième temps fut l'élimination de J.-B. Mockey, faisant place nette pour l'établissement du pouvoir personnel.

Il est important de bien comprendre le sens de cette opération. Ce n'était pas une reprise en main du P.D.C.I. ressuscité, ce qui voudrait dire qu'il demeurait une « *machine politique* » [29] apte à fonctionner, mais sa paralysie par le blocage des rouages nécessaires à son fonctionnement démocratique.

Dès ce moment, quatre ans donc avant sa liquidation définitive à travers l'entreprise des pseudo-complots (de janvier et août 1963 et d'avril 1964) il était devenu incapable de jouer le rôle que certains avaient espéré.

Disposant désormais d'un pouvoir à peu près sans limites, F. Houphouët allait s'attaquer au dernier carré des indépendantistes : le mouvement syndical et le mouvement étudiant.

L'holocauste du syndicalisme indépendant suivit de peu l'arrestation et l'expulsion de B. Yao Ngo.

La grève de protestation avec manifestation [30] qui en donna l'occasion fut dirigée par le secrétaire général de la Confédération

---

[27] *Jeunesse du R.D.A. de Côte-d'Ivoire* dont le Congrès constitutif se tint le 14 mars 1959.
[28] A. ZOLBERG, 1964 ; P.-H. SIRIEX, 1975.
[29] A. ZOLBERG, 1964.
[30] A. ZOLBERG ; J. MEYNAUD et A. SALAH-BEY ; G. MARTENS ; B. YAO NGO ; G. ESPÉRET, 1967.

africaine des Travailleurs croyants de la Côte-d'Ivoire (C.A.T.C.-C.I.), Joseph Coffie [31]. Signe des temps !

C'était, en effet, un événement considérable que la *« collusion »* de cet homme profondément conservateur et même réactionnaire, aux antécédents procolonialistes et anti-R.D.A. notoires, avec les jeunes militants indépendantistes qui animaient l'U.G.T.A.N. taxée de marxiste.

Pourtant il ne s'agissait pas d'un accident. Les deux formations étaient membres de l'Intersyndicale de la Fonction publique créée dans le cadre du Conseil de l'Entente pour faire échec aux politiques anti-sociales concertées des gouvernements associés [32] et appuyées en Côte-d'Ivoire par les pionniers du syndicalisme désormais ralliés au néocolonialisme.

Il s'agissait bien d'une convergence, mais d'une convergence un peu particulière quand on envisage la totalité du contexte historique.

Bien entendu cette alliance était utile à l'U.G.T.A.N. qui venait de naître et qui était encore à la recherche de sa substance tandis qu'elle devait déjà faire face à toutes sortes de manœuvres visant à la détruire.

Mais elle était bien plus profitable à la C.A.T.C.-C.I. qui était alors, semble-t-il, à l'affût d'un destin national.

En 1959, elle était en effet la plus importante organisation syndicale indépendante. Elle pouvait donc avoir des espérances tandis que ses adversaires s'entre-déchiraient et que leurs troupes désespérées se débandaient.

Belle revanche sur les années de vaches maigres du mouvement anticolonialiste ascendant ! Son dirigeant était le seul des anciens *« progressistes »* à avoir su garder ses distances avec F. Houphouët et le P.D.C.I., quoiqu'il cultivât discrètement des amitiés utiles parmi ses dirigeants.

D'ailleurs rien de politique ne les opposait plus depuis longtemps, mais, suivant assez obstinément une position traditionnelle de la C.F.T.C. à laquelle les syndicalistes croyants [33] ivoiriens

---

[31] L'un des fondateurs du Parti progressiste de la Côte d'Ivoire (P.P.C.I.). En 1947, il fut l'un des briseurs de la grève des cheminots. A cet effet, il fonda la section ivoirienne de la C.F.T.C. A partir de 1960, il se rallia définitivement et très logiquement à F. Houphouët.

[32] G. MARTENS ; J. MEYNAUD et A. SALAH-BEY.

[33] Croyants parce qu'il y avait chez eux des fidèles de Mahomet et des fidèles de Jésus enfin réconciliés et coalisés à la fois contre « *le libéralisme économique* » de F. Houphouët et le « *matérialisme athée* » de ses adversaires anticolonialistes.

restaient organiquement et spirituellement très attachés [34], le président de la C.A.T.C.-C.I. soutenait officiellement l'incompatibilité des mandats syndical et politique.

Mais on se trouve certainement plus près de la vérité en supposant que, habilement conseillé jusqu'à la grève fatale [35], il visait autre chose ; peut-être la situation de seule force d'opposition populaire en face d'un pouvoir contesté et qui pouvait fort bien échouer après avoir éliminé le syndicalisme de lutte et les autres secteurs contestataires [36].

Ce rêve, s'il fut effectivement rêvé, ne se réalisa pas. Du moins, pas de cette manière. Arrêté après l'échec de sa grève ainsi que sa jeune femme, J. Coffie fit huit mois de prison et puis, assagi, il finit par intégrer le système avec une place de député, ayant abandonné pour toujours son préjugé absurde.

C'est seulement alors que le pouvoir le jugea digne de jouer le rôle convoité, car il ne pouvait plus le jouer que pour le compte de F. Houphouët.

Devenu après 1963 le principal dirigeant des syndicats unifiés malgré le désaveu de ses propres syndicats de base [37], il y transporta sans aucune mise-à-jour, hormis le vocabulaire pour se conformer au rituel du parti unique, les idées et les méthodes du syndicalisme jaune dans lequel il avait commencé sa carrière en 1947 [38].

---

[34] Gérard Espéret chargé à la C.F.T.C. de l'époque des questions intéressant le syndicalisme dans les pays d'Afrique, suivait de près les activités de la C.A.T.C.-C.I. et il jouait le rôle d'un conseiller actif de son principal dirigeant. Sur place, en Côte-d'Ivoire même, les missions catholiques apportaient une aide appréciable à cette organisation (J.-N. LOUCOU, 1977).

[35] En octobre 1959, quand la nouvelle de l'arrestation de J. Coffie fut connue au siège de la C.F.T.C., square Montholon, on y fut fort surpris et on parla d'imprudence pour qualifier sa participation au mouvement de protestation des travailleurs ivoiriens unanimes !

[36] Dans cette stratégie de l'araignée, J. Coffie ne pouvait être, bien évidemment, qu'une simple amorce, les véritables pêcheurs en cette eau trouble étant à rechercher dans les milieux traditionnellement hostiles au chef de la France libre. La période envisagée est précisément celle où ils voyaient venir la menace de perdre leur bastion de la Côte-d'Ivoire au profit des gaullistes avec l'institution de la « *Communauté* » et les vastes pouvoirs accordés à Jacques Foccart. Mais c'était aussi l'époque où les centrales rivales de la C.G.T. cherchaient une revanche à prendre en profitant d'une conjoncture locale fort défavorable à cette dernière. Voir à ce sujet J. MEYNAUD et A. SALAH-BEY, 1963.

[37] Il n'est pas sans importance de noter qu'il ne réussit même pas à y entraîner ses propres syndicats de base (G. ESPÉRET, 1967, p. 30).

[38] I. TOURÉ, *Le syndicalisme de participation à l'épreuve* — Revue ivoirienne d'anthropologie et de sociologie, n° 2, octobre-novembre-décembre 1982-janvier 1983, pp. 50-92 ; J.-N. LOUCOU, s.d. et 1976, pp. 50-92.

Dans la dernière période, l'une des curiosités les plus étonnantes des réunions solennelles du parti unique, c'était quand J. Coffie ou quelqu'autre ennemi du R.D.A. se déclarait « *mobilisé pour sauvegarder et défendre les valeurs pour lesquelles le P.D.C.I.-R.D.A. (...) a été crée* » [39] et que cela ne paraissait pas du tout extraordinaire aux autres congressistes !

Après avoir domestiqué le syndicalisme, le pouvoir s'attaqua à l'U.G.E.C.I.

A la suite de son congrès de 1959, qu'elle fut obligée de tenir à Paris faute d'avoir été autorisée à le faire à Abidjan, elle se vit retirer la subvention de l'État pour ses œuvres sociales qui fut transférée à un groupuscule crapuleux suscité par F. Houphouët et téléguidé par Robert Léon [40].

L'U.G.E.C.I. réussit néanmoins à maintenir son unité et son audience parmi les étudiants en résistant avec fermeté pendant les quatre ou cinq années suivantes.

Après 1963, dans l'atmosphère malsaine des suites de l'affaire des pseudo-complots, ses dirigeants glissèrent dans la cascade des compromis liquidateurs en sacrifiant son sigle avec ses principes d'organisation.

Cependant l'esprit même de la première organisation des étudiants ivoiriens ne s'est pas éteint alors, ni même après 1968, malgré l'enrégimentement forcé des étudiants dans le parti unique par le truchement du M.E.E.C.I. dont les promoteurs ne cachaient pas leur intention d'en finir définitivement avec la contestation étudiante.

Certes, le but poursuivi dans ces opérations n'était pas d'organiser ou d'encourager la participation responsable des Ivoiriens à la vie politique. Et, qu'elles fussent conduites bruyamment

---

[39] Actes du VIe Congrès, 1975, p. 56.

[40] R. Léon était un planteur européen originaire de Bayonne. Rallié dès le début au R.D.A., il fut élu sous cette étiquette au Conseil général de la Côte-d'Ivoire et à l'Assemblée de l'Union Française. En France, il se fit le protecteur des étudiants et lycéens ivoiriens. En 1950, il démissionna du R.D.A. auquel il reprochait son alliance parlementaire avec le P.C.F. A ce propos, il n'est pas inintéressant de relire ce que le gouverneur Orselli dit de lui devant la Commission d'enquête parlementaire : « *Je pense que M. Léon a agi comme un agent double et un agent provocateur. Officiellement R.D.A., le résultat de ses intrigues a été de faire croire à la collusion du parti R.D.A. et du parti communiste. Comme la politique en France était alors à l'anti-communisme, cela permettrait de justifier toute solution de force* » (DAMAS, 1) (Audition du gouverneur Orselli, pp. 102-103).

au nom du P.D.C.I. ne signifie pas que ce parti avait une existence et un rôle réels.

On usait seulement de ce sigle comme d'un leurre pour tromper la vigilance des masses au moment même où il s'agissait de rejeter tout ce en quoi elles croyaient encore ; tout ce qui, en somme, les avait constituées comme sujets de leur propre histoire.

Cela est tout à fait clair aujourd'hui, quand on voit que ce sont les anciens progressistes et leur descendance spirituelle qui donnent le ton dans ce parti. Mais à l'époque de ces faits, c'était tout aussi clair pour ceux qui étaient normalement en bonne place pour savoir ce qui se passait.

Les premiers qui furent domestiqués, ce furent un certain nombre de dirigeants du mouvement anticolonialiste que F. Houphouët avait réussi à convaincre avec des arguments de nature diverse.

4

Illusions et déceptions dans le camp des patriotes

Tandis que les Ivoiriens cherchaient désespérément à recouvrer leur dignité, la direction du P.D.C.I. replié et les adversaires du R.D.A. coopéraient sous le haut patronage du gouverneur. C'est l'époque où le discours de F. Houphouët était devenu un simple calque des prises de position de ses anciens adversaires quelques années plus tôt.

Ainsi, lorsqu'il affirmait avec une étrange conviction : *« Il n'y a pas, et il ne peut y avoir d'action utile en dehors de la coopération avec l'administration »* [41], il ne faisait en somme que répéter un point de la résolution finale du premier congrès fédéral du Parti progressiste de la Côte-d'Ivoire (P.P.C.I.) qui s'est tenu au plein milieu des événements de 1949-1950 :

> *« Considérant que le parti a axé sa politique sur la coopération étroite avec le gouvernement local, que l'administration trouvera à ses côtés pour ses réalisations constructives »...* [42].

Cependant, comme ni les uns ni les autres n'étaient les véritables maîtres de ce jeu et comme ils mesuraient, en outre, les risques réels d'un débordement par le mouvement anticolonialiste résurgent, c'est dans un attentisme inquiet qu'ils convergeaient.

A l'inverse, les nouvelles forces patriotes étaient à l'offensive. Et elles avaient tendance à regarder du côté de l'exemple ghanéen et même plus loin encore.

---

[41] F. Houphouët au Comité de coordination du R.D.A. à Conakry, 8-11 juillet 1955.
[42] B. DADIÉ, 1981, pp. 143-145. Voir aussi A. ZOLBERG qui note que pour justifier le « *désapparentement* », F. Houphouët employa les mêmes arguments qu'E. Djaument quand il quitta le R.D.A.

Après Dien Bien Phu et le début de l'insurrection algérienne ; après Bandöeng ; après l'échec de la lamentable aventure de Suez, chacun sentait que les jours du système colonial étaient comptés.

En 1956, à la fin du congrès constitutif de l'U.G.E.C.I., devant une *« Salle des Anciens combattants »* archi-comble, les derniers mots du porte-parole des étudiants avaient été en substance : *« Il ne faut plus avoir peur ! Derrière nous, il y a un milliard et demi d'hommes en marche ! »* (43).

F. Houphouët était alors bien loin d'exercer sur les Ivoiriens la même fascination qu'au début de sa carrière. Beaucoup de gens avaient percé son jeu. Aux yeux de beaucoup d'autres, surtout les jeunes, son image était desservie par l'environnement historique très riche de cette époque. Enfin, dans le camp même des partisans du néocolonialisme, il n'est pas impossible que certains, observant avec une joie secrète ses difficultés avec ses anciens supporters, aient pu croire qu'il ne s'en relèverait pas et que, si tout venait à recommencer sans lui, heureux celui qui se trouverait alors, comme il le fut en son temps, juste dans la ligne de mire de l'ange du destin.

C'est une simple hypothèse, mais assez plausible. Après tout, le futur maître de la Côte-d'Ivoire n'était que député ici-même, c'est-à-dire un homme dont la fortune politique dépendait du nombre de suffrages qui se portaient sur son nom au moment des scrutins. Bien qu'il occupât déjà toutes les fonctions électives de premier plan (44) et qu'il fût ministre d'État à Paris, il n'était pas encore *« le Patron »* au sens où on l'entend aujourd'hui.

Pour donner une idée de l'apparente précarité de sa position, le fondateur de l'impertinent *« Attoumgblan »* (45) (sans qu'on veuille l'accuser de cette ambition), fut en 1956 assez populaire dans certains milieux pour faire de l'ombre à ce qui subsistait du P.D.C.I. et le décider à se manifester lui aussi dans le domaine de la presse qu'il avait abandonné aux porte-plume du parti colonial.

---

(43) Si ma mémoire ne me trahit pas, ce porte-parole n'était autre que Lamine Diabaté, qu'une récente affaire vient de pousser à l'avant-scène de l'actualité dans un rôle d'accusateur jugé trouble par certains observateurs, et noble par d'autres.

(44) F. Houphouët était maire d'Abidjan, président de l'Assemblée territoriale et député de la Côte-d'Ivoire au Palais-Bourbon à Paris.

(45) Publication anti-houphouëtiste paraissant vers 1956, du nom du tambour « parleur » en usage chez plusieurs peuples du sud-est de la Côte-d'Ivoire.

On sait qu'en 1951, lorsqu'il épousa les intérêts colonialistes, F. Houphouët leur apporta en dot, entre beaucoup d'autres renoncements, celui de laisser poursuivre la publication du *Démocrate* que son directeur, O. Coulibaly, maintenait courageusement dans sa ligne anticolonialiste originelle [46].

« Il a fallu attendre 1956 et le déchaînement de six organes de presse anti-R.D.A. (Attoumgblan *notamment) pour que cessent le silence et les réticences du parti. Alors, dans l'hebdomadaire* Concorde *qu'éditait Du Prey, on trouva les signatures de Ouezzin Coulibaly, Jacques Aka, Jean Delafosse, Philippe Yacé, Mamadou Coulibaly, Camille Alliali, Ahmadou Bocoum et autres, pour situer la position du parti sur les problèmes de l'heure... »* (47).

On peut observer, d'une part, que F. Houphouët lui-même poursuivait son mutisme [48] et, d'autre part, que le *« parti »* n'a pas créé sa propre presse, mais qu'il profita seulement de l'hospitalité d'un Français qui sans doute ne brilla pas beaucoup par sa compréhension du mouvement anticolonialiste dans sa phase ascendante ; autrement, ce n'est pas dans son journal que M. Ekra aurait écrit !

Il faut voir dans ces faits un effet pour l'un, des incertitudes de sa position dont il avait parfaitement conscience ainsi que ses nouveaux alliés et pour l'autre, de l'inconsistance à laquelle l'avaient réduit la trahison de ses chefs et la désaffection des masses.

Tandis que le *« repli tactique »* se poursuivait à perdre haleine, les anciens patriotes s'en étaient détachés et les nouveaux cherchaient à s'organiser contre l'un et en dehors de l'autre.

Cependant, les forces nouvelles apparues au milieu des années cinquante étaient elles aussi travaillées par les mêmes processus de différenciation à l'œuvre dans la société globale.

En outre, en ce qui les concerne il faut encore tenir compte d'un facteur nouveau et inconnu jusqu'alors et qui était appelé à un rôle considérable : le *diplôme de l'enseignement supérieur.*

Comme toute chose rarissime, le diplôme eut à cette époque une valeur en soi considérable. Il faut savoir que longtemps les

---

[46] A. ZOLBERG, 1964.
[47] M. EKRA, cité dans *Revue française d'études politiques africaines*, n° 96, décembre 1973, p. 66.
[48] C'est pourtant dans *Concorde* que parut la réponse de F. Houphouët à la première lettre ouverte de G. d'Arboussier. Mais ce texte de pure désinformation n'infirme pas cette opinion, bien au contraire !

parents ivoiriens brimés par le système de « *l'indigénat* » firent le rêve d'une « *libération par l'école.* » La force des Blancs ne tenait-elle pas à ce qu'ils possédaient les connaissances et le savoir-faire ? On croyait donc qu'il suffisait que les enfants scolarisés parviennent au même niveau de connaissance que les Blancs pour que le sort des Noirs soit changé.

Si des Ivoiriens devenaient administrateurs, par exemple, ils remplaceraient les Blancs occupant cette fonction et ils traiteraient leurs vieux parents et les autres Noirs avec plus de respect qu'eux [49]. Les jeunes diplômés qui arrivaient étaient donc comme une fontaine d'eau fraîche aux yeux de l'assoiffé.

Mais cela pouvait être aussi bien un mirage. En tant que source assurée de hauts revenus, le diplôme situait d'emblée son propriétaire au sommet de la hiérarchie sociale, avec tout ce que cela comporte de « légitimes » ambitions. Cependant, et c'est le fait important, au contraire de ce que permet une fortune déjà faite, il n'offre d'abord au débutant sans héritage (et c'était le lot général) que des espérances, belles assurément, mais qui restent à réaliser.

Dans les conditions d'une concurrence impitoyable tant avec les politiciens déjà en place qu'avec ceux qui ne s'appelaient pas encore les *« expatriés »*, ce n'est pas un viatique bien consistant pour qui aurait, en plus, rêvé d'une carrière poursuivie en toute liberté de conscience. Or, tous les diplômés qui arrivaient sur ce marché n'avaient pas des intentions aussi pures ni un courage politique à toute épreuve.

De sorte que le prestige qui s'attachait au diplôme universitaire et les illusions qu'il avait ravivées parmi les simples gens fut une cause supplémentaire de confusion dans cette période qui en était déjà pleine.

C'est ce que traduit, en particulier, la brève histoire de la J.R.D.A.C.I. dont l'apparition fit naître quelques illusions contradictoires : les uns voyant en elle l'occasion d'un véritable renouveau démocratique de la vie politique ; les autres, une barrière contre cette éventualité. En définitive, ce sont ces derniers qui avaient raison.

Les promoteurs de la J.R.D.A.C.I. en conviendront sans doute aujourd'hui : leur projet, même s'il avait été des plus cohé-

---

[49] Aujourd'hui, la même sorte d'illusion persiste et s'exprime en des termes à peine différents, constituant une bonne part des fausses espérances qui soutiennent le régime houphouëtiste.

rents, ne pouvait réussir que si F. Houphouët avait décidé de se suicider politiquement − F. Houphouët et, cela va sans dire, les voraces appétits étrangers, à l'époque déjà solidement agrippés à la Côte-d'Ivoire.

Mais il est vrai aussi que, du côté ivoirien, une certaine atmosphère favorisait cette sorte d'illusions. Les simples gens ne pouvaient pas croire qu'au moment où il était possible de choisir la liberté, il y aurait des politiciens assez désespérés pour préférer rester esclaves ! Du reste, les partisans du système du « *repli tactique* » se gardaient bien de présenter cette alternative sous son vrai jour.

Tout se passait en fait comme si, de part et d'autre, on cherchait avec la même sincérité à rassembler, à nouveau, les forces de la Côte-d'Ivoire afin de la rendre plus apte à affronter les tâches nationales qui se posaient avec toujours plus de netteté. Il va sans dire que « rassembler » ne signifiait pas la même chose pour tous.

En haut, on rejetait *a priori* la lutte positive ayant les masses organisées comme principaux acteurs. A l'origine de cette attitude et en ce qui concerne les « *élites* » modernes, il y avait certainement une connaissance insuffisante, pour ne pas dire une totale méconnaissance, du terrain politique et social ivoirien tel qu'il s'était constitué à la suite des bouleversements de la décennie précédente.

En bas, par contre, une impatience toujours plus vive se manifestait contre ceux qui prônaient la collaboration avec les colonialistes.

Ces dispositions contradictoires rendaient illusoires tous les espoirs de conciliation. Pourtant, ce n'est pas cette différence pour ainsi dire essentielle qui se trouvait au premier plan du décor psychologique des uns et des autres, mais toutes les illusions « concordistes » engendrées par le bouillonnement nationaliste extraordinaire de cette époque.

Finalement, tout ceci se termina dans l'épreuve de force de 1963 qui en surprit plus d'un en plein songe.

Si bien qu'on pourrait dire que c'est presqu'à leur insu qu'à travers les turbulences confuses des années 1956, 1957, 1958 et 1959, les forces politiques ivoiriennes se divisèrent une autre fois en *réformistes* qui allaient aussitôt s'aligner derrière F. Houphouët avec ou sans arrière-pensées, et en *radicaux* qui évoluaient sans cesse vers un anticolonialisme sans concession, mais aussi sans pouvoir s'organiser vraiment.

La cause principale de ce piétinement, on l'a dit, c'est qu'un acteur important manquait à cette pièce : les masses villageoises, évacuées de la scène politique après la liquidation du mouvement de 1949-1950 [50].

Les luttes politiques et syndicales de cette époque se déroulaient entre gens de la ville, à l'intérieur d'une fraction minoritaire de la société.

Mais l'apparente inertie des masses villageoises n'avait pas la même conséquence pour les deux groupes adverses. Le pouvoir pouvait s'en prévaloir et il ne s'en privait pas. Pour les forces anticolonialistes renaissantes, elle constituait une double faiblesse, par elle-même et par l'avantage que le pouvoir en tirait pour sa propagande.

En outre, il fallait compter avec une condition psychologique très particulière qui favorisa éminement les plans du camp colonialiste :

Dans le temps où se faisait cette évolution vers un conflit inéluctable, le pouvoir colonial était intact et, par rapport aux très faibles capacités intrinsèques des nouvelles forces qui se présentaient en ordre dispersé pour l'affronter, le ralliement ou la soumission à ce pouvoir colonial intact de la plupart des anciennes *« élites »* politiques et syndicales avait singulièrement accru sa puissance en donnant à l'arbitraire colonial qui se pratiquait encore couramment, une apparence de légitime *« raison d'État »*.

Alors qu'il s'agissait toujours d'un appareil fonctionnant pour des intérêts étrangers, beaucoup le percevaient déjà comme un État national [51].

Peut-être doit-on en chercher l'explication dans le fait, si important pour l'évolution politique de la Côte-d'Ivoire dans les années suivantes et jusqu'à ce jour, que le *« glorieux passé du R.D.A. »* considéré hors de toute discrimination des rôles, des responsabilités et des perspectives, masquait assez bien ce que la ligne du *« repli tactique »* portait de périls contre les intérêts de la Côte-d'Ivoire et des Ivoiriens.

Ainsi, quoiqu'inconsciemment sans doute, les patriotes de 1958-1959 continuaient les luttes brutalement interrompues en 1950 avec le même esprit naïvement chevaleresque qui caractérisait les masses ivoiriennes avant la trahison de septembre 1950.

---

[50] Cf. F. FANON, 1961, p. 136.
[51] Cf. A. CABRAL, 1975, p. 295.

C'est pourquoi il paraît possible d'avancer l'opinion que la pensée même de se démarquer une bonne fois pour toutes du régime asservi des anciens dirigeants du R.D.A. maintenant « *repliés* » sur les positions de l'ennemi, était inconsciemment ressentie comme sacrilège.

Dans ces conditions, tout ce qui pouvait apparaître comme une action patriote ou dans la tradition du P.D.C.I.-R.D.A. était reçu favorablement par les plus radicaux et leur faisait perdre de vue le caractère fondamentalement de principe de leur résistance.

F. Houphouët sut toujours profiter de cette faiblesse des oppositions qui se levèrent à un moment ou à un autre contre sa politique.

Avant de s'adonner aux méthodes répressives les plus rigoureuses et les plus directes comme en 1963 et même après, il sut saisir toutes les occasions que lui offraient les opposants pour affaiblir l'élan de leurs mouvements.

On a pu observer, par exemple, que la création de la J.R.D.-A.C.I. et la tenue du IIIe Congrès du P.D.C.I. en 1959 puis, en 1960, la résignation de F. Houphouët à l'indépendance, ont fait naître chez beaucoup l'espoir que le régime allait pouvoir s'orienter vers la définition et l'application d'une politique vraiment nationale à l'intérieur comme à l'extérieur ; illusion qui explique la relative accalmie attestée par tous les observateurs depuis 1960 jusqu'au mois de janvier 1963.

La conséquence d'un tel état d'esprit, c'est que toutes les turbulences de cette époque n'ont pas pu donner lieu à une prise de conscience d'elles-mêmes suffisante pour cristalliser autour d'elles un parti pris politique ou seulement syndical clairement fondé et surtout constant.

5

Le pouvoir de la corruption

Si l'argent joua un rôle certain dans l'histoire du mouvement R.D.A., c'est à rebours de ce qu'on croit généralement à la suite de F. Houphouët qui a pris la manie de se considérer comme le créancier de la Côte-d'Ivoire [52]. A l'argent, le pays ne doit aucun bienfait spécial mais, au contraire, beaucoup de malheurs.

La prétention de F. Houphouët s'appuie sur les facilités de trésorerie que la caisse de la *Coopérative des Planteurs*, création du Syndicat Agricole Africain, a rendu en son temps au R.D.A. tant en Côte-d'Ivoire que dans le reste de l'Afrique Noire française.

Ces services, il serait absurde de les nier. Mais ce n'est pas une raison de croire que cet argent provenait des coffres du président du R.D.A., car, en Côte-d'Ivoire au moins, le R.D.A. tirait sa puissance avant tout de l'importance de la contribution financière des masses de simples gens qui, on le sait, en constituaient la substance [53].

Quant à la contribution des gros, si elle ne fut pas négligeable, sa valeur doit cependant être estimée à proportion inverse des avantages qu'ils en tirèrent dans l'immédiat et de la rente de situation dont ils jouissent à présent, eux et leurs rejetons.

Le 26 avril 1983, le chef de l'État ivoirien semble avoir pris beaucoup de plaisir à faire étalage de sa fortune. Il s'agit sans aucun doute de la plus grosse fortune ivoirienne. Pour l'essentiel, elle a été amassée ou, plus exactement, fortement augmentée grâce à sa position dans l'État.

---

[52] Discours du 26/4/1983.
[53] J.-N. LOUCOU, s.d., p. 35.

Ce n'est pas la seule fortune acquise ou fabuleusement augmentée de cette façon. C'est d'ailleurs ce que F. Houphouët voulait faire entendre à ses auditeurs, sachant bien l'origine de chaque centime de toutes les fortunes représentées dans cette circonstance.

Il est malheureusement vrai que du bas en haut de ce système la politique est un fabuleux moyen d'enrichissement. A cet égard, la classe politique s'est montrée excellente élève de son maître qui semble avoir assigné un rôle très particulier à l'argent dès le début de son engagement politique pour croire aujourd'hui que sa fortune a mieux servi sa carrière que ne l'ont fait les sacrifices du peuple.

C'est là une facette de sa personnalité qui a pesé comme un boulet sur le destin du pays tout au long de ces années.

Très tôt, en effet, les premiers succès de sa carrière, dus surtout au P.D.C.I.-R.D.A. et à ses alliés, mais aussi à une fortune personnelle déjà considérable pour l'époque, lui ont donné un grand ascendant sur les autres dirigeants, tant qu'il semble bien qu'un certain nombre d'entre eux aimèrent en lui jusqu'à ses faiblesses.

Cet avantage lui valut, dès le début, une grande indépendance dans le mouvement. Mais cette indépendance avait une contrepartie. La force de sa position dans le P.D.C.I., du moment qu'elle reposait sur une telle base, n'était pas obligatoirement une garantie de sa liberté politique vis-à-vis de l'administration coloniale.

Étant donné la nature du mouvement d'une part et l'attachement fétichiste de son leader à l'or [54], d'autre part, l'égotisme de F. Houphouët confinant à l'indiscipline (autrement dit son penchant monarchique déjà déclaré) ne pouvait que le désigner comme la cible privilégiée des manipulateurs.

L'épisode de son entretien avec Georges Monnet [55], qui fournit à ce dernier la matière de son discours provocateur à l'Assemblée de l'Union Française, en est la plus belle preuve. Le risque en était d'ailleurs d'autant plus grand que, seul de tous les fondateurs du Syndicat Agricole Africain [56] et seul parmi les dirigeants du mouvement politique, il était un auxiliaire important de l'administration coloniale au moment où la crise éclata en 1944 [57].

Dans ses fonctions de chef de canton, qui expliquent une bonne part de sa fortune, il donnait toute satisfaction à ses su-

---

[54] Discours du 26/4/1983.

[55] G. MONNET, 1982.

[56] Après son élection à la première Constituante, Houphouët fut remplacé à ce poste par Joseph Anoma.

[57] Cf. en partie I de cet ouvrage, le rôle du S.A.A.

périeurs hiérarchiques. L'un d'eux, l'administrateur André Soucadaux qui commandait le cercle de Dimbokro [58] sous Boisson et Pétain, a décrit le président du Syndicat agricole africain à sa fondation comme un chef de canton bien dans sa peau pendant ces années où ses collègues et lui ne pouvaient être que des rabatteurs d'esclaves pour les plantations des colons.

Un homme ayant de tels antécédents reste-t-il capable de nourrir de hautes ambitions pour la collectivité au point, par exemple, d'y comprendre le sacrifice de lui-même ? Qui est « *né dans l'argent* » et n'a d'autre aspiration, à ce qu'il semble, que de « *rester dans l'argent* » ne risquera pas sa fortune dans une insurrection populaire à laquelle il n'est pas assuré de survivre même si elle devait triompher.

Aussi bien, n'y a-t-il pas un élément de réponse dans la confidence qu'il fit aux membres de la commission d'enquête parlementaire sur les événements de 1949-1950 : « *Demain quand je ne serai plus dans cette assemblée, je retournerai à Yamoussoukro comme chef de canton* » [59].

Ainsi, quand les plus graves dangers guettaient le peuple insurgé, son leader conservait, quant à lui, la possibilité de réintégrer son ancienne fonction d'agent stipendié des colonialistes !

Voilà de quelle manière l'argent influença le cours de l'histoire contemporaine de la Côte-d'Ivoire. Mais ce n'était qu'un début.

Depuis le retournement de 1950 jusqu'à ce jour, la corruption par l'argent s'est installée dans le pays comme moyen privilégié de gouvernement.

A. Zolberg a rapporté comment l'achat des consciences fut astucieusement pratiqué dès le milieu des années 1950 en direction des membres de l'Assemblée territoriale par le grand commerce colonial [60]. Ce que cet auteur ne pouvait pas savoir, c'est que ce sont les pouvoirs publics qui ont fait ce lit.

C'était à l'époque où les élus, généralement peu fortunés, devaient obligatoirement vivre sur un grand pied. Et c'est pour leur permettre de s'offrir les luxes attachés à leurs fonctions que les maisons de commerce leur ont ouvert des crédits non remboursables.

Pour augmenter leur aisance, on leur accordait gratuitement des terrains à bâtir. Quand ils bâtissaient, ils louaient à l'administration pour loger les fonctionnaires. C'est l'origine des « *baux*

---

[58] A. SOUCADEAUX, 1982.
[59] DAMAS 1, p. 10-11.
[60] A. ZOLBERG, 1964, p. 193, note 30.

administratifs » qui ont favorisé un colossal pillage du Trésor public pendant des années [61] ; scandale que la grève des enseignants a révélé au grand jour en 1983.

Beaucoup d'aspects de la vie ivoirienne seraient absolument incompréhensibles si on ignore le rôle de cet important facteur : l'Argent, si intimement lié à la politique que certains en dépensent d'énormes quantités pour une simple campagne électorale en vue d'acquérir un fauteuil de maire ou un siège de député ou, encore, pour placer leurs hommes à ces postes.

La politique est un si bon placement qu'on accepte sans hésiter les risques d'un échec possible. Mais il est vrai que contre l'échec dans les conditions de ce régime, une bonne surface financière est une assurance à toute épreuve.

Les élections de 1979, qui furent annulées, et celles de 1980 ont fait voir que le débat politique entre candidats du parti unique s'apparente à une vente aux enchères où les marchandises sont les consciences des citoyens.

Mais, si les candidats sont bien des Ivoiriens, il n'est pas du tout certain que l'argent qu'ils dépensent le soit tout à fait. Il faudrait que les sociétés étrangères qui sont si bien implantées dans le pays soient absolument désintéressées pour ne pas chercher à constituer et entretenir leurs *lobbies* dans les conseils municipaux et à l'Assemblée nationale.

L'un des enseignements de l'« *affaire Emmanuel Dioulo* », (du nom de ce personnage inconsistant, fils d'Antonin Dioulo [62] qui tira au fusil de chasse sur les militants du R.D.A. pendant la fameuse journée du 6 février 1949, que la faveur du couple présidentiel et certains intérêts étrangers ont gonflé pour en faire peut-être un candidat crédible à la succession de l'actuel chef de l'État), c'est la lumière crue qu'elle a jetée sur le rôle de l'argent dans cette course.

---

[61] « *Il s'agissait de 40 000 baux que l'État payait pour loger ses fonctionnaires (...). Certains disposaient ainsi de villas ou d'appartements dont le prix de location était plus élevé que leur traitement (...). Des maisons étaient « baillées » (louées) pour des gens qui n'y avaient pas droit. L'État payait des locations même pour des appartements inachevés et des terrains encore nus...* » (H. VULLIEZ, *Croissance des jeunes nations*, n° 265, octobre 1984).

[62] Ancien « Roi des lagunes », doublement imposé aux Ebrié et aux Attié, « peuples acéphales », qui, en outre, contestèrent ce choix pour d'autres raisons. Dès le lendemain du 6 février 1949 il cessa pratiquement de l'être aux yeux de ses « sujets » dégoûtés. Faut-il préciser que ce rappel de la filiation de l'ancien maire d'Abidjan ne vise qu'à restituer une vérité malmenée par les assertions ridicules qu'on a pu lire ici ou là et qui le présentaient comme le fils d'un « roi des Ebrié » qui n'a jamais existé !

A cette occasion, certains journalistes devenus miraculeusement clairvoyants ont écrit que le député-maire d'Abidjan a constitué en vue de cette brigue

> « une *"clientèle"* fidélisée par les espèces sonnantes et trébuchantes qu'il distribuait généreusement, ou par des fonctions électives que les heureux bénéficiaires de 1980 assuraient à la faveur de *"campagnes électorales à l'américaine"*, au cours desquelles les CFA (63) furent déversés à flots » (64).

Si E. Dioulo avait ses hommes dans l'Assemblée nationale, d'autres aussi y ont les leurs. Mais ce qui est vraiment grave, c'est seulement − est-on tenté de dire − que les patrons visibles de ces coteries de clientèle ne sont très vraisemblablement que des prête-nom à la botte d'intérêts étrangers qui payent grassement leurs services après avoir puissamment contribué à les hisser au sommet de l'État.

Par ce biais aussi, l'étranger influence le fonctionnement du parti unique et de la vie politique dans son ensemble.

E. Dioulo n'était pas seulement maire et député. Il était a Abidjan, le dirigeant le plus en vue du P.D.C.I. Ainsi, l'affaire Dioulo ne serait rien en elle-même si elle n'avait pas révélé que dans ce système l'argent fait plus pour une carrière politique que le militantisme.

Or, cela ne peut pas être sans conséquence sur les rapports entre les citoyens ; les rapports des dirigeants entre eux et les rapports entre les dirigeants et les « *militants de base* », c'est-à-dire, dans leur conception du parti unique, l'ensemble du peuple.

Pour ceux qui s'appellent les « *cadres de la nation* » − par quoi il faut entendre vraiment une sorte d'aristocratie d'autant plus avide qu'elle n'est, au départ, qu'une promesse que seuls des revenus substantiels permettent d'assurer et de dorer − c'est chose normale que d'accaparer les terres des villageois de leur région d'origine.

En ce domaine aussi le président a prêché l'exemple avec Yamoussoukro.

Dans le langage officiel repris des colonialistes, cela s'appelle

---

[63] Ce sigle désigne familièrement la monnaie des anciennes colonies rattachées à la zone franc (100 F CFA valent 2 FF).
[64] A. MIREMONT, *Fraternité-Matin*, 28/3/1985. Voir aussi l'article de J.-P. Ayé (*Fraternité-Matin*, 25/3/1985) : « *Voilà, donc, pour les prochains jours, M. Emmanuel Dioulo devant les tribunaux, via l'Assemblée nationale où il rencontrera ce matin une ambiance qui ne ressemblera en rien à celle des grandes discussions qu'il a pris l'habitude de vivre depuis quatre ans, dans cet hémicycle où il a fait arriver nombre de députés...* »

« *mettre en valeur* ». En réalité, c'est une mise en coupe réglée par quoi, avec l'aval de l'État et des banques, des citoyens chanceux s'octroient des terres de rapport au détriment des populations rurales. Car cela ne va pas sans le détournement à ces fins individuelles privées des moyens de développement prévus par le Plan et le Budget pour les régions agricoles [65].

Chose extraordinaire, plus les « *cadres de la nation* » sont nombreux à « *retourner à la terre* » et plus nombreux sont les jeunes ruraux qui l'abandonnent pour venir dans les villes grossir les rangs des chômeurs et des délinquants en puissance.

Et, cependant, ceux qui font des discours sur l'exode rural et l'insécurité ne semblent pas capables d'apercevoir la relation qui existe entre ces deux ordres de faits. Car il y en a certainement une.

Bien entendu, ce n'est pas parce que tel dignitaire du régime a « *mis en valeur* » à son profit des terres dans son village ou dans sa région qu'ils se vident. Mais, les citadins qui « *retournent à la terre* » tout en occupant des fonctions lucratives dans l'administration publique et les villageois qui affluent vers les villes ont le même mobile : l'argent facile ; encore que les chances de réalisation soient fort inégales des deux côtés.

Ce chassé-croisé et cette inégalité des chances sont significatifs. Ils révèlent les tendances anarchiques et immorales, d'ailleurs essentielles, de ce système où il est normal de prêcher une doctrine incertaine et dangereuse, pourvu que, dans l'immédiat, elle avantage ceux qui la prêchent.

Il existe parmi les Ivoiriens, et pas seulement dans la classe politique, un réel engouement pour la doctrine du « *retour à la terre* ». C'est qu'ils y voient l'occasion d'agir par eux-mêmes et c'est le seul domaine qui leur soit laissé. Aussi bien, il ne serait pas juste de dire que tous ont les mêmes motivations bassement égoïstes. On trouverait probablement une région où quelqu'idéaliste a mis réellement son temps et son crédit au service des populations.

Mais, en général, la mise en application de cette doctrine ne peut qu'accentuer les inégalités sociales dans les conditions d'un régime fondé sur la loi du chacun pour soi, loi fondamentale du soi-disant libéralisme économique.

Aujourd'hui, cette doctrine est, sans doute, aussi « *conjoncturée* » [66] que la Côte-d'Ivoire elle-même. Mais, en supposant que sa mise en

---

[65] J. BAULIN, 1982, pp. 149 et suivantes.
[66] Dans le parler populaire : lié à la conjoncture.

application pouvait permettre le développement des régions, son succès éventuel dépendait à la fois des qualités morales des fameux « *cadres* » des régions et de la qualité de la vie civique en général.

Si le « *cadre* » est un homme qui pense d'abord à lui ; ou bien, s'il n'a pas la force morale suffisante pour être indépendant des financiers qui lui prêtent leur aval, tous les efforts n'auront d'autre résultat que de mettre ses concitoyens à son propre service et au service de ces commanditaires. Dans le cas contraire, la vie civique étant ce qu'elle est sous ce régime, il serait perçu comme un « bienfaiteur » et ses « bienfaits » ainsi que son abnégation le placeraient forcément au-dessus de ses concitoyens.

Dans un cas comme dans l'autre, le « *retour à la terre* » n'aurait servi qu'à créer une sorte de « noblesse » par la fortune ou par le renom ; fortune et renom acquis au frais des contribuables.

Il est d'ailleurs certain que le but poursuivi avec cette doctrine est de créer la fameuse « *bourgeoisie nationale* » et de la compromettre au maximum dès son berceau afin qu'elle ne puisse vouloir que continuer le système actuel quand son fondateur aura disparu. En ce sens, c'est une forme « douce » de corruption qui a permis de généraliser le phénomène en l'étendant jusqu'à ceux qui pouvaient résister à la corruption directe, mais qui, dans l'état d'indigence actuel de la pensée politique en Côte-d'Ivoire, ont été incapables d'apercevoir ce piège.

S'il ne s'agissait que du développement des régions, des administrateurs intègres et compétents et une organisation du parti unique capable de susciter la participation responsable des populations auraient certainement mieux fait l'affaire que des amateurs intéressés par l'argent ou par la gloire, et parfaitement irresponsables.

Et, surtout, le développement des régions ne serait pas une loterie où le gain dépend du nombre, de la qualité et du crédit de leurs ressortissants.

D'autre part, étant donné les différences considérables entre les régions, dues à une conception très utilitaires de la « *mise en valeur* » coloniale, les actions de développement qui reposent sur le crédit des « *cadres* », qui sont loin d'être en nombre équivalent dans toutes les régions, même à supposer qu'ils soient tous également capables, ne peut que perpétuer les disparités déjà existantes et, même, les accentuer.

Ainsi, cette doctrine n'offre aucune chance supplémentaire au pays ; mais, au contraire, son application le conduit tout droit vers une impasse qui pourrait s'avérer tragique.

Un hebdomadaire parisien a publié récemment cette nouvelle :

« *La famille du président Houphouët-Boigny renonce à ses intérêts privés* » [67]. En 1974, déjà, F. Houphouët avait fait annoncer qu'il donnait ses plantations à la nation.

On dirait qu'à mesure que sa popularité faiblit, la terrible famille régnante de Yamoussoukro se dépouille de ses biens mal acquis comme l'aérostier en perte d'altitude jette son lest.

Cela devrait inciter à réfléchir à une certaine leçon de l'histoire. Quand la noblesse française fit sa « *Nuit du 4 août* », il était déjà trop tard pour qu'elle pût se sauver.

Avant le « *repli tactique* », les militants du P.D.C.I.-R.D.A. se distinguaient aussi de leurs adversaires par leur probité. Tandis que les adversaires du R.D.A. se recrutaient principalement parmi les personnes les plus corrompues, c'est en vain que Péchoux tenta d'acheter la conscience des J.-B. Mockey, des Anne-Marie Raggi [68] et des Alphonse Gbé [69], trois noms entre beaucoup d'autres, choisis parce qu'ils symbolisent les diverses composantes du mouvement anticolonialiste : la direction, les masses citadines, les femmes, les masses villageoises et la jeunesse.

A présent, ce sont les hautes sphères mêmes du parti unique et de l'État qui sont gangrenées.

Et, depuis le discours du 26 avril 1983, on ne peut plus douter que c'est le résultat d'une politique délibérée. En ce sens, il s'agit bien d'une forme de violence, puisqu'elle vise et atteint les mêmes résultats que les moyens d'intimidation classiques.

Sans doute la Côte-d'Ivoire n'est pas encore, comme le Gabon ou le Zaïre par exemple, un pays où la violence se répand à flots continus. Mais il n'y en a pas moins en Côte-d'Ivoire des foules de citoyens réduits au silence et condamnés à la paralysie civique, civilement morts.

La cause en est l'argent qui favorise les fripons ; l'argent qui

---

[67] *Afrique-Asie*, n° 339, 14/1/1985.

[68] Secrétaire générale de la sous-section de Grand-Bassam en 1950, A.-M. Raggi joua un grand rôle dans le développement du mouvement de soutien aux prisonniers. C'est elle qui lança le mot d'ordre de grève des achats. En vain le gouverneur Péchoux essaya-t-il de l'acheter (voir B. DADIÉ, 1983). Arrêtée en 1963 et amenée au Boxing Club avec d'autres prisonniers, elle seule refusa de s'humilier et, même, elle eut le mérite d'accuser publiquement F. Houphouët de forfaiture.

[69] Vétéran du P.D.C.I.-R.D.A. encore en activité à Man. L'un de ceux qui perdirent leur emploi parce qu'ils ont résisté aux offres de Péchoux. Voir Partie II, chapitre 8, p. 115.

ravale l'activité civique au rang d'un commerce sordide ; le culte de l'argent comme religion d'État.

La dictature de l'argent exerce cette violence à l'abri des critiques sélectives des défenseurs patentés des droits de l'homme, mais avec la même terrible efficacité que les gibets et que les bandes de tueurs à gages.

Il est facile de comprendre que ce pouvoir si complètement fondé sur la corruption ne peut vouloir s'appuyer que sur ceux qui pour de l'argent sont prêts à tout. C'est parmi eux qu'il choisit ses agents de confiance. C'est à eux qu'il ouvre toutes grandes ses avenues.

Quant à ceux qui, par principe, ont voulu se contenter des revenus tirés d'un honnête travail, ceux-là sont tenus en perpétuelle suspicion. Étrange hommage à la vertu !

Il se pourrait que les *« fauteurs de troubles »* et les *« adeptes d'idéologies étrangères »* contre lesquels les orateurs du parti unique se déchaînent de plus en plus fréquemment ne soient que ces Ivoiriens qui vivent modestement de leur maigre salaire malgré la valeur des services qu'ils rendent au pays dans leur domaine professionnel. La *suspicion* à leur encontre, véritable épée dont Damoclès aurait su la présence au-dessus de sa tête, les oblige à joindre une grande prudence à leur intégrité morale. Aussi, ils ne constituent pas vraiment un danger pressant ; mais, par l'exemple édifiant qu'ils donnent à la jeunesse, ils sont la mauvaise conscience des trafiquants de la dignité nationale.

Un journaliste écrivait récemment :

« Une certaine corruption, touchant notamment la famille ou l'entourage du président, avait accompagné la croissance des années passées... Cette corruption (...) avait pour une part contribué à la stabilité politique du pays depuis plus de vingt ans » [70].

Cette contribution doit s'entendre de deux manières, car, à côté du parti de l'argent qui se vautre dans les avenues du pouvoir et qui donne ainsi à l'observateur superficiel de la Côte-d'Ivoire l'image d'un pays et d'un peuple tout entier dévoués à F. Houphouët, il y a ce parti du silence, beaucoup plus nombreux, mais impuissant, quoique par sa seule existence il ne manque pas d'influencer d'une certaine manière les évolutions politiques actuelles.

---

[70] DESFOREST, *Croissance des Jeunes nations*. n° 260, avril 1984.

6

La montée des hommes du Président

Dans le processus de la transformation du P.D.C.I. en ce qu'il est aujourd'hui, les facteurs les plus décisifs, ce ne sont pas les violences sanglantes qu'on a fait subir au peuple en 1958, en 1959, entre 1962 et 1965 et en 1970. Les phases de violence manifeste ou ouverte correspondent seulement aux moments où, à la faveur d'événements révélateurs, la nation a pris conscience de l'érosion qui la minait insidieusement et a tenté d'y remédier.

Mais il y a des formes de violence insidieuses qui ne causent pas moins de dommages aux peuples que les emprisonnements massifs et les fusillades. Parmis ces formes de violence, outre l'argent, il y a la tromperie.

La dégradation de la vie politique ivoirienne fut avant tout un processus imperceptible dû à des causes dont peu d'Ivoiriens sans doute ont eu conscience de façon constante. Sinon, il serait impossible d'expliquer la facilité avec laquelle F. Houphouët a mené tout un peuple "en bateau" pendant plus de vingt ans en se servant presqu'uniquement des seules ressources du verbe.

Car, si, contrairement à une légende aussi absurde que tenace, la force ouverte n'est jamais absente des relations du pouvoir et de la société, il est vrai aussi que le pouvoir n'a que rarement eu besoin d'en user contre toutes les parties de la société à la fois, ou contre une seule de manière permanente.

Ce n'est d'ailleurs pas un fait de hasard ni une preuve de libéralisme délibéré à mettre au crédit de F. Houphouët comme on le suggère parfois [71], mais la pratique la plus avantageuse pour l'image qu'on a voulu donner du régime, tant à l'extérieur qu'à l'intérieur.

---

[71] Y.-A. FAURÉ, J.-F. MÉDARD et coll., 1982, p. 71.

Donner à l'un des pays où l'exploitation du peuple et le pillage de ses ressources par les monopoles impérialistes sont les plus intenses et impitoyables la façade bénigne d'une démocratie patriarcale débonnaire, est l'ambition que le chef de l'État ivoirien a toujours poursuivie.

Pas tout seul, on s'en doute. Les centres impérialistes aussi avaient besoin d'une telle vitrine pour appâter les peuples de la région qu'ils cherchaient à prendre à leurs pièges. La Côte-d'Ivoire devait ressembler à ces personnages des réclames dont la beauté et le charme équivoques font vendre les eaux de toilette françaises et les cigarettes américaines.

Tel était la fonction du prétendu *« miracle économique »* qui défraya la chronique dans les années 1970. Les premiers, les Ivoiriens furent victimes de cette illusion qui les empêcha d'apercevoir le cancer qui rongeait leur société.

L'organisation du P.D.C.I. fut corrompue non seulement par l'argent, mais aussi et surtout par l'introduction dans ses directions d'hommes et de femmes qui l'avaient combattu, pour faire contrepoids à ceux de ses fondateurs et militants de la première heure qui ne suivaient pas avec assez d'empressement la ligne du *« repli tactique »*.

L'ascension de l'ancien député de la Côte-d'Ivoire jusqu'à la haute estrade qu'il occupe est inséparable de la dégradation de l'organisation du P.D.C.I.

Si avant 1951, F. Houphouët n'était qu'un dirigeant politique parmi d'autres, aujourd'hui, c'est un monarque. Son ascension ne doit pas tout à des causes extérieures à la société ivoirienne, mais elle leur doit l'essentiel.

Sa victoire aux élections d'octobre-novembre 1945 l'avait élevé au-dessus de ses pairs, mais, jusqu'en 1951, il continua à dépendre d'eux pour sa réélection. En outre, jusqu'à cette date, il y eut deux députés R.D.A. en Côte-d'Ivoire et le deuxième, O. Coulibaly, homme désintéressé et proche des patriotes les plus déterminés, jouissait d'un égal prestige dans toute les régions et dans tous les milieux.

C'est d'ailleurs pour cette raison que les milieux réactionnaires français firent de sa défaite programmée aux législatives de 1951 [72] un symbole de leur victoire définitive sur le R.D.A.

Ce n'est qu'à partir de 1951 que l'élévation de F. Houphouët devint irrésistible et irréversible, étant désormais garantie de

---

[72] Voir P.-H. SIRIEX, 1975 et G. CHAFFARD, 1965.

l'extérieur par la bienveillance et la protection de l'administration coloniale et de l'intérieur, par les hommes qu'il y avait introduits.

Alors, en dépit de la résistance multiforme des patriotes, commença la transformation du P.D.C.I. pour le mettre au service de ses intérêts.

Dès le début des années 1950, F. Houphouët a ouvert l'accès des fonctions politiques à des personnalités anti-R.D.A. notoires, tant Africains qu'Européens. Cependant, l'intégration systématique au sein des directions du P.D.C.I. de personnalités étrangères à son histoire ne commença vraiment qu'après l'indépendance.

Les pics de ce mouvement correspondent assez bien avec les phases les plus critiques de l'histoire de la Côte-d'Ivoire depuis 1951 et, selon les caractéristiques propres à chacune de ces phases, le phénomène revêt une signification particulière.

Jusqu'en 1960, si depuis longtemps les instances régulières du P.D.C.I. n'avaient déjà rien à y voir, la promotion des personnels politiques dépendait cependant non de la seule volonté de F. Houphouët, mais du rapport des forces en présence et de son évolution.

Deux sortes de facteurs y concouraient : l'influence du parti colonial et des autorités françaises, d'une part ; les mouvements politiques et sociaux internes de la communauté ivoirienne, d'autre part.

La réconciliation avec Étienne Djaument, Kakou Aoulou, Alphonse Boni et Tidiane Dem [73], par exemple, relèvent des premiers facteurs.

En revanche, c'est sous la pression de l'opinion publique ivoirienne que F. Houphouët a dû faire leur place à des personnalités issues du mouvement anticolonialiste qui avaient été mises au rencart, au fur et à mesure que les ressacs de ce mouvement les ramenaient en avant de la scène politique ; contre son gré bien souvent, quoique tous ne lui fussent pas opposés de manière irréductible. Il en fut ainsi, notamment, d'hommes comme Germain Coffi Gadeau [74] et J.-B. Mockey.

---

[73] Kakou Aoulou — l'un des dirigeants du P.P.C.I. — s'illustra le 6 février 1949 en tirant contre les militants R.D.A. Quand à Tidiane Dem, il créa un syndicat fantoche d'éleveurs, puis un Parti des Indépendants régionalistes anti-R.D.A. Kakou Aoulou, A. Boni et T. Dem devinrent ministres. E. Djaument qui servit d'amorce pour la provocation du 6 février termina ses jours comme ambassadeur au Nigéria.

[74] Secrétaire de la réunion constitutive du P.D.C.I. le 9 avril 1946 et

En 1959 encore, l'intégration des dirigeants de la J.R.D.A.C.I., parmi lesquels se trouvaient d'anciens animateurs de la Ligue des Originaires de la Côte-d'Ivoire (L.O.C.I.) [75] et de l'Union générale des Étudiants, fut imposée par une reviviscence des sentiments anticolonialistes parmi la jeunesse ivoirienne.

A partir de 1960, la survenue de l'événement tant espéré et le « concordisme » consécutif à l'euphorie de l'indépendance permirent à F. Houphouët de réussir l'opération qui le libéra définitivement des contraintes de la démocratie partisane : il recruta dans tous les milieux des gens dont il pouvait obtenir qu'ils s'engagent préalablement et personnellement envers lui.

La chose est connue de tous les Ivoiriens et ce n'est pas seulement de la « petite histoire ». On s'est, à ce qu'il semble, inspiré de la légende de Faust dans laquelle un vieillard échange son âme contre la Jeunesse et la Beauté. Plusieurs personnalités connues auraient ainsi accepté de livrer à F. Houphouët leur honneur et leur liberté de citoyen en échange des avantages escomptés d'une carrière politique promise. Cette méthode, le gouvernement Péchoux l'avait utilisée en son temps contre les patriotes qu'il voulait compromettre [76].

C'est le coup le plus cynique délibérément porté à la dignité de l'ensemble des Ivoiriens. Il est d'autant plus nécessaire d'en rendre compte comme d'un fait historique de toute première importance que beaucoup des personnalités sélectionnées de la sorte ont fait ce qu'il est convenu d'appeler une grande carrière tant dans la politique et le syndicalisme que dans les affaires et qu'elles ont continuellement joui de la confiance de F. Houphouët ou de celle de son cabinet.

Ce n'est pas, évidemment, de ce type de politiciens ou de syndicalistes qu'on peut attendre qu'ils soient à l'écoute du peuple !

Autant que les méthodes, les antécédents des hommes pro-

---

signataire de son procès-verbal. L'autre signature, celle du président de séance étant illisible, G. Coffi Gadeau aura seul gagné l'immortalité ce jour-là et on peut dire qu'il l'a bien méritée depuis même s'il fut empêché de donner toute la mesure de son honnêteté politique. Secrétaire à l'organisation jusqu'en 1963. Emprisonné en 1951, puis en 1963. Membre du gouvernement de 1961 à 1963, puis de 1971 à 1976. Actuel Grand Chancelier de l'Ordre national, c'est aussi un dramaturge de talent qui ne dédaignait pas de monter sur les planches. Il est le fondateur de la troupe théâtrale et folklorique de la Côte-d'Ivoire.

[75] La L.O.C.I. fut à l'origine des journées d'octobre 1958.
[76] Voir DAMAS, 3, p. 1112.

mus de la sorte montrent que le but de telles opérations était bien d'abaisser la Côte-d'Ivoire pour mieux la dominer.

Pendant de longues années, le magistrat A. Boni fut ministre de la Justice. A ce titre, il prépara les lois répressives de 1959 et 1962 dirigées en priorité contre les secteurs patriotes de la société (77). Mais, le plus fort, c'est que ce « béni oui-oui » du parti colonial, ennemi opiniâtre du R.D.A. jusqu'en 1951 fut, en tant que ministre de la Justice, le principal rédacteur de la Constitution de la République ivoirienne et qu'il en est aujourd'hui le gardien en tant que président de la Cour Suprême !

Dans un autre domaine, la volonté qui hissa Joseph Coffie, lui aussi du Parti Progressiste de la Côte-d'Ivoire (78), à la tête des syndicats ivoiriens ne pouvait pas viser à favoriser leur perfectionnement comme instruments de la défense des exploités. Elle savait que rien n'aurait pu transformer le pionnier du parti anti-R.D.A. et le briseur de grève de 1947 en un *« dangereux démagogue »*, ainsi que ce régime désigne ses vrais adversaires. On ne pouvait donc pas rêver d'un remède plus sûr contre le militantisme syndical.

L'unité du mouvement syndical n'a jamais été une réalité malgré l'existence de l'Union générale des Travailleurs de la Côte-d'Ivoire (U.G.T.C.I.) (79) car son président était évidemment incapable d'entraîner l'ensemble du syndicalisme ivoirien dans

---

(77) Voir J.-B. BLAISE et J. MOURGEON, 1970.

(78) Le P.P.C.I. fut le premier des partis anti-R.D.A. C'était, à l'origine, le comité électoral de l'avocat Kouamé Benzème, principal rival du candidat F. Houphouët en Basse-Côte-d'Ivoire. Parti élitiste, il n'entraîna qu'une infime partie des citadins « *évolués* » et cette faiblesse en fit rapidement le jouet de l'administration. En constatant ce que F. Houphouët a fait du P.D.C.I.-R.D.A. dans lequel aujourd'hui maints anciens « *progressistes* » se sentent parfaitement à l'aise, on doit rendre justice aux jeunes Ivoiriens qui, en 1945, s'engagèrent dans le P.P.C.I. sur la foi de son programme plus élaboré et plus attrayant que celui du P.D.C.I. qui ne faisait que reprendre la profession de foi du candidat F. Houphouët (voir M. AMONDJI, 1984, p. 125). Au moment du « *péchoutage* », quand le P.P.C.I. truffé de traitres patentés participait à tous les mauvais coups montés contre les patriotes, ces jeunes cessèrent de se reconnaître en lui pour rallier massivement le R.D.A. (voir B. DADIÉ, 1983), avant d'être à nouveau trahis.

(79) Fondé en 1964 par la fusion par le haut des anciens syndicats : *« sur pression du gouvernement, une unité par la tête des centrales existantes fut décidée. Elle ne fut jamais faite à la base. Joseph Coffie, ancien président du C.N.T.C.-C.I. devait devenir secrétaire général de la U.N.T.C.I. Cependant, des syndicats de base de la C.N.T.C.-C.I. refusaient cette unité et se reconstituaient. La situation en est là, avec pas mal de difficultés au sein de la centrale gouvernementale »* (G. ESPÉRET, 1967, p. 30).

la politique de collaboration des exploiteurs et des exploités, autrement dit le « *syndicalisme de participation* », qu'il a toujours prônée [80]. Considéré sous cet angle, on pourrait dire que son long règne n'a servi à rien.

Mais il faut songer à ce que signifie la promotion d'un homme avec un tel passé, à la tête du syndicalisme ivoirien durant vingt ans. C'était le triomphe et la revanche des briseurs de grève ; l'avilissement et la dégradation du syndicalisme, dans l'acceptation ivoirienne de ce mot, reprise au vocabulaire militaire par lequel la langue française fut introduite dans le pays.

A défaut de pouvoir empêcher l'exercice du droit syndical, on a placé à sa tête un homme connu pour son hostilité invétérée au mouvement de libération nationale et sociale. On savait qu'il n'ambitionnerait jamais d'être le fidèle porte-parole des travailleurs, mais qu'il parlerait toujours le langage qui plaît aux patrons.

Au moins, les travailleurs ivoiriens ne furent jamais ses dupes :

« *Les ouvriers et les manœuvres syndiqués estiment que non seulement l'U.G.T.C.I. est inefficace mais qu'en outre elle étouffe les revendications, limite l'action des travailleurs qui ne peuvent s'exprimer, contribue à créer des dissensions au sein du personnel et ne fait que servir les intérêts du patronat* » [81].

La question étudiante fut réglée de la même façon que celle des syndicats. Jacques Baulin, qui fut l'exécuteur de cette basse œuvre dans les années 1960 [82], s'en est vanté avec un joyeux cynisme dans un de ses livres [83]. On a peine à croire que parmi ceux qui participent à quelque titre et à quelque niveau que ce soit à la noble tâche de gouverner et d'administrer d'autres hommes, il y en ait de si désespérés qu'ils trouvent leurs mérites dans l'abaissement de leurs semblables.

Parmi toutes les générations d'étudiants, ce pouvoir a toujours récompensé et encouragé ceux qui sont prêts à tout pour de l'argent.

Récemment, l'un des fossoyeurs du syndicalisme indépendant en milieu étudiant protestait dans une interview de son désintéressement en ces termes : « *S'il a pu se trouver des jeunes que*

---

[80] Voir I. Touré, 1982-1983, pp. 50 à 92 et J.-N. Loucou, s.d.
[81] « *Besoins culturels...* », 1975.
[82] « *Conseiller* » de F. Houphouët de 1963 à 1966.
[83] J. Baulin, 1980.

l'on aurait sollicités, je fais, quant à moi, partie d'un certain nombre à qui on n'a rien imposé » [84].

Soit ; c'est l'exception qui confirme la règle selon laquelle, ainsi que le note J. Baulin :

« Les partisans du M.E.O.C.A.M. [85] *font, dans leur quasi totalité, preuve d'un solide bon sens et s'intéressent de façon prioritaire aux problèmes financiers ou plutôt à leurs problèmes financiers personnels »* [86].

C'est d'ailleurs cette qualité qui les rendait si précieux au gré de F. Houphouët. Ayant voulu appeler son attention sur la cupidité des *« méocamistes »*, J. Baulin s'attira cette réplique qui se passe de commentaires : *« Et après ? Vous croyez que je me fie à leur honnêteté ? Mais je préfère qu'ils prennent mon argent, plutôt que celui des autres Comprenez, ils nous font gagner du temps, ils nous sont utiles »* [87].

Alphonse Djedjé Mady [88] fut le chef de cette troupe de mercenaires et il la mit au service de son idéal sans que sa belle conscience en souffrît.

Cet idéal, quel est-il ? On peut le déduire de ce raisonnement tiré de la même interview. Soit dit à propos, c'est une paraphrase de la devise de l'État français de Philippe Pétain : *« Travail, Famille, Patrie »*. On verra tantôt que cela s'explique très bien malgré que ce jeune homme soit né après la guerre. Voici ce raisonnement :

« L'État, tout compte fait, c'est l'ensemble de toutes les familles. Et les problèmes qui se posent au niveau de l'État devraient être discutés comme dans le cadre d'une famille, en ayant le courage et l'honnêteté d'écouter d'abord ceux qui sont à la tâche, avec la conviction que, de toute façon, l'action humaine n'est jamais parfaite, que soi-même, à leur place, on aurait commis bien des erreurs.

« On doit donc avoir suffisamment de modestie et de pondération pour écouter les aînés, pour d'abord apprendre d'eux avant de leur proposer sa propre contribution (...). C'est cette formation que j'ai reçue tout jeune pendant dix ans parmi mes camarades du CP-1 à la 1re... » [89].

---

[84] *Fraternité-Hebdo* du 8/12/1983.

[85] *Mouvement des Étudiants de l'Organisation Commune Africaine et Malgache* (ou mauricienne) récemment dissoute, fondé par J. Baulin en vue de l'opposer à la *Fédération des Étudiants d'Afrique noire en France* (F.E.A.N.F.). Voir J. BAULIN, 1980.

[86] *Ibidem*, p. 170.

[87] *Ibidem*, p. 171.

[88] L'un des fondateurs du M.E.E.C.I. à la fin des années 1960. En 1980, il devint membre du Comité exécutif du parti unique et ministre de la Santé.

[89] *Fraternité-Hebdo*, 8/12/1983.

Cette formation, l'auteur de ces fortes pensées l'a reçue dans le milieu des missions catholiques [90]. Or, les missions catholiques n'étaient pas, au temps où le R.D.A. était persécuté par l'administration coloniale, des jardins où l'on cultivait le soutien à son idéal ! Repères des derniers pétainistes de la colonie après la défaite des leurs en France, elles furent naturellement les plus acharnés adversaires du P.D.C.I.-R.D.A. [91].

C'est donc un homme abreuvé aux sources du corporatisme et du paternalisme qui, « *spontanément* », aurait rencontré le P.D.C.I. vers 1968 [92] et s'y serait reconnu au point de consacrer, dès lors, toutes les ressources de sa jeunesse à s'y faire une place !

Il est, pour le moins, réjouissant de savoir qu'il n'y réussit tout de même que grâce à une intervention spéciale de F. Houphouët qu'il alla solliciter à Genève, tandis que d'autres, plus regardants, répugnaient à l'accueillir [93].

*
* *

L'une des pages les plus héroïques de l'histoire du mouvement anticolonialiste ivoirien fut écrite par les Femmes.

C'est en 1949 et 1950, dans la suite de la provocation réussie du 6 février 1949, autrement dit, les incidents de Treichville, que les femmes ivoiriennes firent leur entrée dans le mouvement historique en tant que telles. Jusqu'alors elles y participaient déjà partout et très activement, mais c'était d'une façon anonyme et auxiliaire, comme une sorte d'intendance. Après le 6 février, elles prirent toute leur place sur la ligne et elles s'exposèrent directement au feu.

Fait en tous points remarquable, non seulement les femmes s'imposèrent d'elles-mêmes à leurs compagnons incompréhensible-

---

[90] Ce serait évidemment un fait banal s'il était isolé. Mais on retrouve d'autres anciens élèves des pères missionnaires dans cette génération nouvellement parvenue aux plus hautes fonctions de l'État et du parti unique. Tous ont commencé de la même façon et à la même époque (1968), comme casseurs du syndicalisme étudiant indépendant.

[91] Voir G. CHAFFARD, 1965 et J. SURET-CANALE, 1972.

[92] Date évidemment très importante, comme le reconnaît A. Djédjé Mady lui-même lorsqu'il fait allusion à l'effervescence des milieux étudiants à cette époque : « *N'oubliez pas que 1968 fut l'année internationale de la contestation estudiantine à travers le monde entier : agitation qui a même provoqué le départ de grands hommes politiques de l'époque...* » (p. 6).

[93] *Fraternité-Hebdo*, 8/12/1983.

ment sceptiques mais, encore, elles inventèrent tout de suite des formes spécifiques de participation inspirées des traditions ancestrales [94].

Aux heures les plus difficiles, en particulier pendant les premiers mois de 1950, quand la répression était presque parvenue à paralyser l'organisation officielle du P.D.C.I.-R.D.A., le Mouvement des Femmes joua pleinement le rôle d'un corps de bataille intrépide et indomptable et son importance fut justement reconnue et sanctionnée par la désignation de deux de ses animatrices pour siéger au plus haut degré de la direction centrale du P.D.C.I., le Comité directeur [95].

Les comités féminins des sous-sections du P.D.C.I.-R.D.A. sont nés à l'initiative des épouses de prisonniers. Marguerite Sacoum, qui en fut le maître-d'œuvre, était la femme de Jacob Williams [96].

Toutefois, la portée de cet événement dépasse largement cet aspect particulier, car il ne s'agissait pas, dans l'esprit de ces femmes, de se constituer en comités de pleureuses, mais bien d'assumer la relève de leurs époux en poursuivant leur combat.

Et c'est pourquoi surmontant leur propre malheur elles acceptèrent des risques inouïs au service de la cause générale : des femmes furent tuées, blessées ou estropiées pour la vie, battues, emprisonnées. C'est principalement grâce à elles si la répression impitoyable conduite par Péchoux n'a pas atteint tous ses résultats. Et c'est aussi grâce à elles si, après les tueries de 1950, le mouvement restait dans son ensemble encore suffisamment imposant pour que son chef pût être considéré par les responsables français comme un pion intéressant et un interlocuteur valable.

Dans l'annuaire du P.D.C.I.-R.D.A. publié en 1978 on peut lire un témoignage édifiant sur la capacité d'initiative dont les femmes ivoiriennes firent preuve jusqu'au bout.

En 1951, alors que les chefs du mouvement, désormais soumis au gouverneur Péchoux, trônaient à ses côtés sur l'estrade officielle au moment de l'inauguration du port d'Abidjan et alors que toute manifestation du R.D.A. était interdite avec leur consentement, les femmes tinrent à démontrer la vitalité du mouvement anticolonialiste par leur présence colorée :

---

[94] Voir H. DIABATÉ, 1975.
[95] Voir H. DIABATÉ, 1975 (p. 25) et 1978.
[96] L'un des sept membres du Comité directeur du P.D.C.I.-R.D.A. arrêtés après les incidents de Treichville. Ministre de l'économie dans le premier gouvernement de la Loi-cadre.

« ...Notre uniforme était un pagne avec un disque et des rayons blancs sur fond rouge. Il y avait aussi des écussons et des cravates à l'effigie de Ouezzin qu'on faisait venir (...) du Mali (97).

Cette ultime sortie des femmes R.D.A. est l'un des faits qui expliquent que l'une des premières conséquences du *« repli tactique »* fut le rejet immédiat des femmes patriotes dans une sorte de purgatoire.

A partir de 1951, exception faite des travaux d'Henriette Diabaté, l'historiographie officielle ne fait pas plus de place aux comités féminins que s'ils n'avaient jamais été une composante de toute première grandeur du mouvement anticolonialiste ivoirien.

Pour comble, vers 1959, qui voulait prendre contact avec l'organisation des femmes ivoiriennes d'alors devait obligatoirement passer par l'intermédiaire de l'ancien *« progressiste »* Amon d'Aby. Autrement dit, le système issu du *« repli tactique »* avait placé le symbole héroïque de la participation des femmes ivoiriennes au mouvement anticolonialiste sous la tutelle de l'un des hommes qui ont combattu le R.D.A. avec le plus d'acharnement au moment de sa fondation !

En 1963, le pouvoir fit une tentative pour supprimer purement et simplement les comités féminins en promouvant une soi-disant *« Association des Femmes ivoiriennes »* (A.F.I.) patronnée par l'épouse du chef de l'État.

La date de naissance d'une organisation de ce type est un bon indice de ses objectifs, autant que la réputation de ses fondateurs. Les comités féminins sont nés en 1950 quand le mouvement anticolonialiste était à son apogée. Au contraire, l'A.F.I. a vu le jour en octobre 1963 au moment où, en la personne d'Anne-Marie Raggi notamment, les héroïnes de 1950 connaissaient à nouveau la prison et les humiliations.

Une organisation née dans ces circonstances ne pouvait viser qu'à rassembler les épouses, les filles et les égéries de ceux qui terrorisaient le pays.

L'A.F.I. ne parvint jamais à faire oublier les comités féminins. Et les politiciens les plus acharnés à gommer cette page de l'histoire de la Côte-d'Ivoire semblent avoir éprouvé une certaine gêne à assumer ouvertement ce sacrilège.

Ainsi, pendant près de vingt ans, alors que l'A.F.I. était la seule organisation féminine reconnue et encouragée ; qu'elle était seule représentée au congrès et même au gouvernement, on put entendre

---

(97) Mme Ouezzin Macoucou, citée par H. DIABATÉ, 1978, p. 101.

Ph. Yacé répéter invariablement à chaque congrès du parti unique qu'elle n'avait pas vocation à ne substituer aux comités féminins... [98].

*
* *

Tout au long de l'histoire de ce régime, l'entreprise d'avilissement du mouvement anticolonialiste a été menée avec un rare cynisme ; mais elle a sans cesse rencontré un obstacle difficilement contournable qui peut être défini comme une répugnance instinctive des Ivoiriens à rejeter les symboles et les traditions constitués au lendemain de la Deuxième Guerre mondiale.

Les organisations montées de toutes pièces pour servir les desseins du pouvoir dominé, telles l'U.G.T.C.I., le M.E.E.C.I. et l'A.F.I. n'ont jamais eu et ne pouvaient pas avoir une réelle influence. Mais cela importait peu à leurs commanditaires qui leur demandaient seulement de faire obstacle à l'éclosion de formes d'organisation qu'ils jugeaient indésirables.

---

[98] « *Il n'y a aucune incompatibilité, ni aucune rivalité entre l'A.F.I. récemment créée et les comités féminins du P.D.C.I.* », Ph. YACÉ au IV⁰ Congrès du P.D.C.I.-R.D.A. (1965).

7

Le sens caché du *« Grand dialogue »*

A la fin des années 1960, la méthode de recrutement des hommes du président changea encore sensiblement pour s'adapter aux conditions nées de la crise de 1963-1964 à laquelle il faut associer celle qui eut pour cause immédiate la question de la double nationalité promise aux résidents de certains pays voisins au cours du rassemblement du 28 septembre 1963 [99].

Ces affaires avaient profondément troublé la conscience des Ivoiriens. L'affaire de la double nationalité, en particulier, avait opposé F. Houphouët à des milieux qui l'avaient jusqu'alors fidèlement soutenu, ne serait-ce que par leur inertie qui freinait toujours opportunément le développement des mouvements sociaux et politiques internes.

Fin 1969, de retour d'un long séjour privé en Europe, F. Houphouët provoqua un grand débat entre les Ivoiriens et lui. A cette époque, le pays se trouvait encore sous l'effet de la commotion de 1963. Les derniers prisonniers faits à cette occasion avaient été libérés quelques mois auparavant. Cependant, la population vivait toujours dans les angoisses de la terreur aveugle qui s'était abattue sur le pays six ans plus tôt.

Le pouvoir, de son côté, ressentait probablement son isolement consécutif à cette affaire un peu douteuse. Bref, l'intérêt de tous était d'en finir avec cette incertitude.

Le *« Grand dialogue »* fut, en ce sens, une manière d'états généraux de la société ivoirienne ; mais aucune révolution ne s'en suivit et, si une Bastille fut démolie, elle le fut par son bâtisseur lui-même [100].

---

[99] Bulletin spécial de l'Agence ivoirienne de presse (A.I.P.), 28/9/1963.

[100] F. Houphouët fit raser la prison de Yamoussoukro au début des années 1970.

Les Ivoiriens y vinrent par le truchement de leurs représentants, exposer leurs doléances avec la plus grande franchise comme F. Houphouët lui-même les y invitait :

> « *Notre rencontre doit se placer sous le signe de la confiance, de la franchise et de la tolérance : franchise sans restriction aucune, confiance totale les uns dans les autres. Dites nous tout ce que vous pouvez reprocher à notre action politique ; faites-nous vos suggestions dans tous les domaines. Nous en tiendrons compte* » (101).

Après quoi, ils furent délivrés de la peur. C'est tout ce qu'ils obtinrent, qui était beaucoup à ce moment-là, mais qui ne pouvait pas combler tous les espoirs qu'ils avaient placés dans cette occasion.

Les effets du dialogue, note J.-F. Médard, furent relativement limités en ce qui concerne la réponse aux aspirations populaires et la solution des problèmes fondamentaux comme ceux du logement ou du chômage. En d'autres termes, « *le "dialogue" a permis de résoudre le conflit, mais non les problèmes et il s'agit plus d'un calmant que d'une solution* » (102).

Pouvait-il en être autrement ? Dans le contexte de l'époque, ce premier débat auquel les Ivoiriens étaient conviés comme membres soit d'un groupe ethnique, soit d'une organisation sociale, soit d'une corporation professionnelle, ne pouvait raisonnablement viser qu'à dégeler une situation bloquée.

Les autres avantages que la majorité des Ivoiriens en attendaient ne pouvaient en découler que si les séances verticales et solennelles avaient connu des prolongements horizontaux systématiques au niveau des groupes et des catégories représentés. Il n'en fut rien et le dégel qui se produisit fut au seul avantage du pouvoir. Dans ce sens, le « *Grand dialogue* » est à ranger parmi les faits qui ont concouru à dégrader la vie politique.

Ce n'était pas, d'ailleurs, une innovation. F. Houphouët avait adopté depuis longtemps une forme de relation avec la société qui consistait à convoquer dans son bureau des représentants de groupes ou de communautés à problèmes pour leur tirer les vers du nez ou pour leur suggérer les conduites qu'il voulait leur voir adopter. Cela pouvait être des villageois comme des étudiants.

Différent de ces séances discrètes et restreintes, le dialogue tient son originalité du caractère public donné au procédé, à son universalité et à une relative formalisation inspirée du « *Conseil national* »,

---

(101) P.-H. SIRIEX, 1975, p. 209.
(102) J.-F. MÉDARD, 1982, p. 79.

instance statutaire du parti unique qui fonctionne plus ou moins régulièrement pendant l'intervalle séparant deux congrès [103].

Mais, si on peut comparer le « *dialogue* » et le « *conseil national* », on ne doit pas les confondre. Quoiqu'on pense de ses résultats les plus certains, jamais plus un débat politique aussi vaste ne connaîtra sous ce régime la richesse du « *dialogue* » de 1969 ; mais c'est une richesse qui doit moins à une volonté concertée du pouvoir qu'aux espérances légitimes que le « *dialogue* » avait suscitées chez tous les Ivoiriens.

Il n'est pas exagéré de dire que les Ivoiriens ont cru voir dans cet événement une espèce de Constituante. Ils ont cru que F. Houphouët voulait sincèrement reconstruire son régime après le dérapage de 1963 et que pour cela il tiendrait compte des critiques et des doléances du peuple. Or, c'était bien le dernier de ses soucis.

Le « *dialogue* » n'avait pas besoin de résoudre immédiatement tous les problèmes du moment pour être un événement révolutionnaire. Il aurait suffi, par exemple, qu'on prévoie d'en conserver les minutes pour des archives immédiatement accessibles aux participants et à leurs mandants.

Mais, quoiqu'il eût paru normal que les nombreuses idées formulées à cette occasion et dont les auteurs ont souvent recueilli l'approbation chaleureuse du meneur de jeu fussent réunies en volumes et publiées pour servir à la réflexion des membres du parti unique ou, au moins, de ses dirigeants, il n'en fut rien.

Le « *dialogue* » n'eut aucune postérité dans ce sens. En revanche, et tous les observateurs en conviennent, le pouvoir en tira de grands avantages [104].

Le « *dialogue* » a permis, par exemple, d'intégrer dans les directions du parti unique des gens que des motifs politiques connus avaient jusqu'alors tenus en marge de la vie politique officielle [105]. Le sang neuf apporté de la sorte ne pouvait évidemment pas modifier le nature de ce parti dans le sens d'une restauration des traditions forgées dans les luttes politiques et sociales des années 1940.

Mais le pouvoir visait d'autres avantages : en premier lieu, se dégager encore plus de la tradition anticolonialiste en noyant défini-

---

[103] Cette instance fut instituée par le congrès de 1965. A l'origine ce devait être « *la réunion des membres du Bureau Politique, du Comité directeur et des secrétaires généraux des sous-sections* » (Actes du IVe Congrès, 1965, p. 34).
[104] J.-F. MÉDARD, 1982, p. 79.
[105] *Ibidem.*

tivement les fossiles de cette époque qui subsistaient dans son entourage ou qu'il avait dû (ou qu'il s'apprêtait à) repêcher après la parenthèse tragique de 1963-1964 ; en deuxième lieu, s'attacher les secteurs de l'opinion qui lui étaient hostiles par nature, pourrait-on dire, comme les diplômés de l'enseignement supérieur qui subissaient directement l'implacable concurrence des *« expatriés »* et qui, de ce fait, était alors moins tolérants au néocolonialisme que leurs aînés formés sous le régime de *« l'indigénat »*.

Dans ce dernier cas, l'habileté suprême consista à faire indirectement désigner ces recrues par les fractions d'opposants elles-mêmes.

Ce n'est pas trahir un grand secret que de rappeler qu'il existait à cette époque des groupuscules plus ou moins structurés autour d'une hostilité de principe au régime [106]. Leurs membres se sont nécessairement manifestés à l'occasion du *« dialogue »*, victimes des mêmes illusions que l'ensemble des Ivoiriens. Les interventions les mieux préparées furent probablement les leurs, puisqu'aussi bien ils pratiquaient depuis longtemps ce genre d'exercice.

En effet, l'essentiel de leur activité militante consistait à élaborer et à discuter entre eux des analyses de la situation intérieure, travaux académiques qui, à l'occasion, pouvaient inspirer des organisations officiellement déclarées, telles que l'Association des Étudiants et les syndicats, dont ils étaient une sorte d'avant-garde « secrète », sans qu'il s'agisse d'un noyautage d'ailleurs.

C'était une avant-garde d'idées, qui se rêvait plutôt qu'elle n'agissait. En tout cas, elle n'appelait point à agir.

Ils ne désignèrent pas, on s'en doute, les plus « marqués » d'entre eux pour participer au *« dialogue »*, mais ceux qui n'avaient pas été notoirement mêlés à aucun des mouvements que le pays avait connus depuis 1958.

Autant dire que cette qualité ne s'attachait pas précisément à ceux qui étaient les plus fermes dans leurs convictions. La confiance dont ces « hommes tranquilles » jouissaient parmi leurs amis malgré leur inertie et, parfois même, en dépit de comportements carriéristes avérés, était le talon d'Achille de ces groupes.

En appelant ces porte-parole dont il ne pouvait pas ignorer l'histoire, les relations, les idées et les besoins personnels, F. Houphouet put non seulement s'offrir d'excellents spécialistes pour ses minis-

---

[106] *Ibidem*, voir aussi : *Aujourd'hui l'Afrique*, Dossier « *Côte-d'Ivoire* ».

tères, mais encore, faisant d'une pierre deux coups, il neutralisa en même temps les groupuscules qui les avaient mis en avant [107].

Quant à la nécessité de se dégager du système des « compagnons », elle découle des démêlés qui ont abouti à la deuxième affaire de 1963, quand un groupe comprenant des vétérans du P.D.C.I.-R.D.A. avait tenté de faire libérer les premiers condamnés de Yamoussoukro [108].

A quoi il faut ajouter la responsabilité de certains compagnons dans l'échec du projet de double nationalité.

En choisissant, à la faveur du *« dialogue »*, un entourage qui n'avait rien à voir avec la tradition du R.D.A., F. Houphouët a aussi voulu punir ses *« compagnons »* qui ne l'ont pas suffisamment soutenu à l'occasion de ces deux affaires.

Pour bien apercevoir toutes les implications du *« dialogue »*, il est indispensable de le resituer par rapport au cycle des activités normatives ordinaires du parti unique à la même époque.

Ces séances extraordinaires se sont tenues fin 1969, soit quatre ans après le premier congrès du P.D.C.I. depuis l'affaire des *« complots »*.

Ce congrès avait été celui d'un parti malade des suites des violents traumatismes subis au cours de chacune des deux années précédentes. Sa tenue même apparaissait dès lors comme une tentative de normalisation de la vie politique.

Mais, au lieu de la normalisation souhaitée de part et d'autre, il semble qu'au contraire le congrès de 1965 envenima les rapports déjà tendus entre le pouvoir et la société, sans compter les conflits de personne au plus haut niveau qu'il eut à connaître [109].

Dans ses résultats officiels, la presse privilégia les résolutions sur la question de l'enseignement, mais elle ne parvint pas à dissimuler le fait que l'insatisfaction qui se manifesta à ce sujet s'étendait à beaucoup d'autres domaines.

Il y avait, par exemple, le projet de double nationalité qui sou-

---

[107] Cf. Y-A. FAURÉ et J.-F. MÉDARD, 1982.

[108] *« Afrique nouvelle »* 21-27 novembre 1963.

[109] Notamment, l'hypothèse d'une rivalité entre A. Denise et Ph. Yacé, pour la place de Secrétaire général, paraît assez plausible, quand on entend un délégué décerner de « *Vives félicitations à M. le Président Denise dont le geste d'union fraternelle de militant convaincu, aura permis à nos assises de se dérouler dans une atmosphère détendue et enthousiaste* ». In Actes du IVe Congrès du P.D.C.I.-R.D.A., 1965, p. 270.

levait l'unanimité des Ivoiriens contre lui, mais que F. Houphouët se faisait fort de leur imposer.

Il paraît certain que c'est le ralliement de la plupart des « compagnons » à cette unanimité qui le décida finalement à renoncer à son projet non sans avoir exhalé toute sa rancœur contre ceux qui le faisaient échouer [110].

Quoi qu'il en soit, cette affaire avait montré que le fonctionnement normal du parti unique, même réduit à ce qu'il était devenu, pouvait faire obstacle à la toute-puissance de F. Houphouët quand la chose à décider était de nature à mobiliser l'hostilité vigilante des Ivoiriens [111].

Le « dialogue » a sur un congrès l'avantage de ne nécessiter ni votes, ni motions, tout en proposant au monde l'image retrouvée de la concorde nationale autour du leader « charismatique ».

Sa principale fonction était de restaurer le prestige du chef qui avait été très sérieusement entaché par la crise de 1963-1964, l'échec de la politique sociale incompréhensible aux citoyens en plein « miracle économique », et le rejet du projet de double nationalité, sans oublier les suites peu glorieuses de l'engagement des moyens de l'État ivoirien en faveur de la rébellion biafraise du général Ojukwu.

Ainsi, bien loin d'être comme on le voit sous la plume des griots du régime et de certains spécialistes étrangers, « un recours aux traditions pour servir de base, de soutien à nos institutions » [112], ou bien « un moyen de pallier les insuffisances de la communication [au sein du parti] » [113] le « dialogue » fut avant tout une habile manipulation de l'opinion publique ivoirienne en vue de surmonter aux moindres coûts les difficultés politiques de cette période.

On peut observer, en effet, que juste avant le « dialogue », F. Houphouët avait pris sous son bonnet la gravissime décision de reconnaître le Biafra et que, moins de deux ans après, il fit exactement de même quand il annonça urbi et orbi son désir de nouer des relations d'État avec le régime honteux de l'apartheid.

---

[110] U.P., 43/A-60, janvier 1966.
[111] Voir V. Méïté, 1980.
[112] L. Coulibaly, Fraternité-Hebdo du 24 novembre 1983.
[113] Cf. Y-A. Fauré et J.-F. Médard, 1982, p. 77.

8

L'acte de naissance du parti unique

L'avènement du parti unique tel qu'il existe s'étend sur environ sept ans, de 1963 à 1969. La période la plus importante de cette difficile gestation se situe en 1963 [114]. Le 14 janvier 1963, quand le monde apprit l'arrestation du Docteur Ahmadou Koné, président de la J.R.D.A.C.I. [115], et de plusieurs autres dirigeants de ce mouvement de jeunesse du P.D.C.I.-R.D.A. [116], les observateurs de la scène politique ivoirienne ne mirent pas longtemps à découvrir la vraie signification de ce qui devait être présenté, à la suite d'un véritable miracle désinformateur, comme un « *complot communiste* », mais qui n'était qu'une « *épreuve de force entre le parti et son président* » [117].

Aujourd'hui cette manière de comprendre les événements des années soixante est tout à fait sûre et cela, pour deux sortes de raisons :

D'une part, en 1965, alors que le meilleur de la Côte-d'Ivoire était enchaîné depuis deux ans, les orateurs du IVe Congrès du P.D.C.I.-R.D.A. en ont fait clairement l'aveu quoiqu'en usant de mots couverts et de leur langue de bois coutumière.

Il y a, par exemple, cette phrase un peu sybilline dans laquelle à travers une critique des résultats du IIIe Congrès du P.D.C.I.

---

[114] Voir M. AMONDJI, 1984, pp. 184 et sq.
[115] Ancien président de l'U.G.E.C.I., ministre de la Santé à l'époque, A. Koné est, à ma connaissance, le seul dirigeant de cette époque qui s'est totalement retiré de la scène politique dès sa libération.
[116] Il y eut des centaines d'arrestations dans tout le pays et dans tous les milieux.
[117] Ph. DECRAENE, *Le Monde* des 20-21 janvier 1963.

(1959). F. Houphouët relie les « *complots* » aux avanies que lui avait fait subir le troisième et dernier congrès du R.D.A. [118].

> « *...qui*, disait-il, *venant après le congrès du R.D.A. à Bamako en 1957 où une certaine improvisation génératrice de confusion avait failli briser l'idéal de compréhension et de fraternité de notre mouvement, s'était déroulé dans la précipitation et les intrigues* (...) *Les résolutions aussi bien que les décisions qui émanèrent du congrès du P.D.C.I. de 1959 amenèrent pendant quelque temps des actions sinon néfastes du moins contraires aux véritables intérêts du pays, en laissant libre cours aux intrigues, à la corruption et aux menées subversives...* » [119].

Il y a dans cette phrase, outre la référence significative au congrès de Bamako, une hésitation dans l'affirmation du caractère subversif des actions qui avaient coûté de lourdes condamnations à des centaines d'Ivoiriens.

La référence à Bamako 1957 confirme le caractère essentiellement politique de la crise de 1963. Ce congrès a vu, écrit E. Milcent, « *la montée des cadres qui ne se contentent plus d'applaudir aux décisions des leaders, mais qui veulent comprendre ces décisions, et, de plus en plus, y participer* » [120] ; mais, surtout, il a vu de profondes lézardes se creuser dans le plâtre de la statue du « rassembleur » de Bamako 1946.

Si F. Houphouët avait été reconduit unanimement à la présidence du mouvement, la ligne politique à laquelle il s'était déjà définitivement voué corps et âme avait été non moins unanimement condamnée.

Cette ambiguïté du dernier congrès du R.D.A. est justement ce qui l'apparente à la crise ivoirienne de 1963 si on considère l'ensemble de son développement. Commencés l'un et l'autre par une mise en cause du leader, ils se sont apparemment achevés dans un acte de soumission à ce même leader.

Un secret épais entoure les circonstances des affaires de 1963 et 1964. Il est d'autant plus opaque que les victimes de cette terrible répression contribuent activement à sa protection par leur silence.

---

[118] Il y eut bien encore un « *congrès extraordinaire du R.D.A.* » à Abidjan du 4 au 7 septembre 1959, mais ce fut une réunion fractionniste où ne vinrent que les tenants du néocolonialisme, bien peu représentatifs de ce qui se passait alors en Afrique ! La tenue même de ce congrès, sans même évoquer les propos honteux qu'on y fit entendre, consacrait la fin irrémédiable du mouvement né à Bamako en 1946.

[119] *Actes du IV*ᵉ *Congrès du P.D.C.I.-R.D.A.*, 1965.

[120] E. MILCENT, 1958, p. 145.

A ce jour, il n'existe aucun témoignage émanant directement ou indirectement des anciens prisonniers.

On ne sait de cette crise que la version forcément partielle des vainqueurs. Néanmoins, cette version, dans ce qu'elle dit et dans ce qu'elle ne dit pas mais que cependant on devine entre les lignes, contient suffisamment d'indices du caractère politique de ces affaires.

L'autre sorte de raisons tient dans le fait que, alors qu'il était au faîte d'une puissance acquise et entretenue par la terreur, devant le congrès du P.D.C.I. enfin réuni, F. Houphouët paraissait si peu sûr de lui qu'il dissimulait ses motivations et minimisait ses griefs. C'est que le coup tordu de Yamoussoukro n'avait rien réglé, au contraire !

Tout le résultat du processus de mise au pas du mouvement anticolonialiste commencé par le coup d'État contre J.-B. Mockey et continué par le premier coup de Yamoussoukro, c'est cette grande inquiétude au sommet du régime qu'on voit se développer pendant l'année 1965 et qui persistera jusqu'à la fin de l'année 1969.

Pendant cette période, F. Houphouët a dû renoncer à son projet de double nationalité. Il a dû céder devant les mouvements revendicatifs des travailleurs salariés agissant parfois en dehors du syndicat officiel [121]. Il a dû libérer les prisonniers politiques et, un peu plus tard, détruire jusqu'aux traces de la geôle privée [122] de Yamoussoukro. Enfin, il a dû organiser le simulâcre de concertation connu sous le nom de *« Grand dialogue »*.

Encore cette tension ne s'est-elle relâchée sensiblement qu'avec la cérémonie de réconciliation de mai 1971 et le retour de la plupart des anciens prisonniers dans les directions de l'Etat et du parti au pouvoir.

Finalement, on aboutit à une solution politique sous la forme d'un compromis qui, pour être très favorable à F. Houphouët, n'en indique pas moins une certaine limite de sa puissance.

Pour comprendre le sens de cette longue crise et celui de sa solution, il faut connaître les tendances du pouvoir à partir du moment où F. Houphouët a formé son premier gouvernement en 1959 [123]. Son retour définitif en Côte-d'Ivoire était déjà motivé par

---

[121] I. TOURÉ, 1982-1983, p. 77.

[122] Cf. P.-H. SIRIEX, 1975, p. 212 : « *Ils se retrouvaient à Yamoussoukro, là même où il les avait "gardés" chez lui pendant quatre ans, allant régulièrement voir ses "petits pervertis".* »

[123] F. Houphouët était jusqu'alors, et depuis 1956, ministre du gouvernement français. Il en démissionna pour remplacer A. Denise a la tête du gouvernement de la Loi-cadre. Mais il restait encore ministre-conseiller du président de la Communauté.

une crise profonde de la société qui se répercuta nécessairement dans le P.D.C.I. alors en état d'hibernation.

Après les tempêtes de la fin des années cinquante, ce parti moribond ne pouvait survivre qu'en s'ouvrant aux forces nouvelles impatientes de jouer un rôle politique (les mêmes qui sont évoquées par E. Milcent) et dont la motivation principale était leur anticolonialisme.

Cette ouverture se fit sur le mode démocratique, au moins formellement ; c'est-à-dire que les nouveaux venus sont arrivés avec leurs propres idées et le sentiment qu'ils allaient pouvoir les faire entendre, sinon les imposer.

Venus avec l'auréole d'une popularité qui, à vrai dire, restait largement à mériter, leurs représentants occupèrent d'emblée des positions importantes au sommet du P.D.C.I. à côté et à la hauteur des vétérans du mouvement anticolonialiste dont beaucoup n'étaient d'ailleurs guère plus âgés qu'eux.

De sorte que, lorsqu'on ne fait que survoler cette situation, on croit voir un authentique renouvellement de la nature et du fonctionnement du P.D.C.I. ; qui plus est, ce renouvellement paraît devoir se faire dans le sens d'une restauration de la tradition du mouvement anticolonialiste radical de 1950 avec l'élévation de J.-B. Mockey au poste de secrétaire général du parti en remplacement d'A. Denise[124].

En réalité, les choses ne sont pas aussi simples. Deux circonstances frappaient cette belle construction d'un vice rédhibitoire.

– Premièrement, l'intégration des nouvelles forces s'est opérée à travers la J.R.D.A.C.I. qui était, par nature, à la fois un compromis et un malentendu. C'était un compromis en ce sens qu'il symbolisait d'une part, la reconnaissance officielle des mouvements qui se faisaient dans la jeunesse ivoirienne et qui tendaient vers la constitution d'une organisation indépendante et que, d'autre part, son intégration renforçait la position du P.D.C.I. par l'apport de tout ce sang neuf, renforcement qui marquait ses propres limites dès ce point de départ.

La J.R.D.A.C.I. n'était pas un parti différent et indépendant, mais une organisation annexe du P.D.C.I.

Et c'était un malentendu parce que, cette petite révolution tranquille ne fut pas imposée à force ouverte à F. Houphouët et à ses partisans inconditionnels, mais consentie et même, contrôlée par eux, pour faire la part du feu dans un moment difficile, et en atten-

---

[124] Pour la signification de ce fait, voir A. ZOLBERG, 1964.

dant la plus prochaine occasion de la détourner, ce qu'ils firent bientôt d'autant plus facilement que la J.R.D.A.C.I. est née divisée.

En elle, coexistaient en effet les jeunes sortis du rang, qui y représentaient les couches populaires des villes, et les jeunes diplômés tout récemment rentrés de France. Les uns et les autres avaient certes des affinités politiques, mais ils ne pouvaient pas avoir les mêmes objectifs sociaux.

— Deuxièmement, dans l'appareil politique ainsi formé, F. Houphouët occupait une place toute spéciale. Il n'était que le président d'honneur du P.D.C.I., sans pouvoirs statutaires réels ; mais il était déjà le maître du pays, successeur des gouverneurs les plus puissants, c'est-à-dire les mieux acceptés par le parti colonial local et métropolitain parce qu'ils faisaient leur volonté.

Par conséquent, la révolution dans le P.D.C.I. ne le concernait pas tout à fait. D'ailleurs il le montra bien vite en se débarrassant dès le mois d'août du secrétaire général élu par le IIIe Congrès en mars de la même année ; et encore quand, en octobre, il fit expulser un syndicaliste et réprimer sauvagement la grève de solidarité avec la manifestation décidée à la suite de cet acte.

Ainsi en l'espace de quelques mois, il avait rétabli et renforcé sa position tant dans le P.D.C.I. que dans l'État.

Après le rejet des nouvelles forces populaires dans une opposition désespérée à la suite de l'affaire d'octobre 1959, les ministres J.R.D.A.C.I. étaient isolés. N'ayant plus guère de base sociale, ils étaient désormais à la merci de F. Houphouët.

Les choses en étaient là quand l'indépendance vint accentuer ce déséquilibre. La Constitution du 3 novembre 1960 a établi une forme de régime présidentiel dans lequel le chef de l'État et du gouvernement n'est responsable devant aucune autre instance [125]. Tous les pouvoirs sont remis entre ses mains. Littéralement, il n'a besoin pour gouverner que de savoir se faire obéir.

Les raisons de choisir un régime de cette nature pour un pays où le désir de participation est si vif ne sont pas marquées dans le texte de la Constitution, mais elles sont faciles à deviner : les intérêts financiers qui dominent le pays et son gouvernement n'aiment pas quand les peuples ont leur mot à dire dans la politique.

Le chef du régime constitué en 1960 n'avait rien à faire d'un parti

---

[125] « *Ni le président de la République ni les ministres qu'il choisit ne peuvent être écartés du pouvoir par le Parlement au moyen d'un vote de défiance. Par ce moyen, on assure la force de l'exécutif vis-à-vis du législatif.* » Propos d'A. Boni, ministre de la Justice, cités par M. Le Guillerme, 1962.

qui pût être, de quelque manière, un moyen d'organiser la participation responsable des citoyens à la vie politique. Et c'est pourquoi la Constitution ignore le parti unique. Dans son Article 7, elle mentionne : « *Les partis et groupements politiques* ». Ce pluriel est souvent interprété comme une ouverture sur le « *pluralisme* ». A tort.

Au moment où ce texte était rédigé, le P.D.C.I. était le seul parti existant officiellement. Les anciens adversaires du R.D.A. (l'un d'eux est justement le principal rédacteur du texte) participaient au gouvernement aux côtés des dirigeants du P.D.C.I.-R.D.A. et, s'ils avaient conservé leurs propres partis, ceux-ci ne se manifestaient guère en public.

Tous les nouveaux partis ou mouvements qui se présentaient à l'enregistrement étaient systématiquement refusés par le pouvoir. Par conséquent, outre la nécessité de présenter de ce régime une image qui ne choque pas trop les experts en démocratie formelle, la prétendue ouverture ne vise qu'à marquer l'indépendance de F. Houphouët vis-à-vis de son propre parti afin de prévenir des situations comme celle qu'il accusera le congrès de 1959 d'avoir favorisée[126].

Ce qui est important dans cette Constitution ce n'est pas qu'elle n'institue pas un système de parti unique, c'est qu'elle ne mentionne pas le P.D.C.I.

Au moment où la crise vint au grand jour après plusieurs mois de couvaison, les directions du P.D.C.I. issues du IIIe Congrès et épurées par F. Houphouët ne jouaient plus aucun rôle. Ce qui peut vouloir dire que ceux des ministres J.R.D.A.C.I. qui avaient pu rêver d'établir le contrôle du parti sur la politique du gouvernement ne jouaient non plus aucun rôle, sauf celui d'être des alibis.

Pourtant ils ne quittèrent pas le gouvernement, soit parce que, comme on le croit assez généralement dans le pays, F. Houphouët n'admet pas les démissions volontaires, ce qui voudrait dire qu'ils étaient ses otages ; soit parce qu'ils s'étaient inconditionnellement ralliés à ses propres vues en abandonnant les leurs ; soit, enfin, parce qu'ils voulaient garder leur position comme observatoire pour guetter la meilleure occasion d'agir.

Toutes les hypothèses sont plausibles quand on connaît la grande diversité des sensibilités individuelles dans la J.R.D.A.C.I. Cependant la seule chose vraiment sûre, c'est qu'ils ne contestaient pas le droit de F. Houphouët à diriger l'État comme un propriétaire administre son bien.

---

(126) Voir supra : note (109), p. 113.

De ce fait, la crise des années soixante n'était pas, quoiqu'on ait dit, une lutte pour le pouvoir, mais une lutte autour de la manière d'exercer le pouvoir. C'est une grande différence et il faut bien la marquer pour apprécier chaque conséquence de cette affaire.

S'il est vrai qu'il n'y a pas eu de complot en 1963 ni en 1964, on sait aussi que plusieurs mois avant les premières arrestations une situation dangereuse se développait au plus haut niveau. Ce n'était pas, à l'origine, une crise dans le P.D.C.I. ou entre le P.D.C.I. et la J.R.D.A.C.I., mais une question qui, dans le gouvernement, opposait un courant *« néo-nationaliste »* aux tenants du *« repli tactique »* à durée indéterminée.

La crise n'est devenue crise du parti qu'à partir du moment où les premiers ont cru pouvoir en appeler au congrès du P.D.C.I. pour un arbitrage décisif. Cette transformation s'est faite assez vite, sans doute avant la fin de l'année 1961, pendant la préparation du plan décennal qui devait être lancé en janvier 1962. Mais ce conflit au sein du P.D.C.I. est un fait secondaire, même s'il était inévitable et même s'il s'avéra déterminant puisque c'est parce qu'ils ont cru trop naïvement à la possibilité de décider de la convocation d'un congrès du P.D.C.I. en période de crise que les tenants du courant « néo-nationaliste » se sont faits piéger à Yamoussoukro, le 14 janvier 1963.

Ce qui fait la différence entre une lutte pour le pouvoir et une lutte autour de la manière d'exercer le pouvoir, c'est que ceux qui ont posé le problème qui devait dégénérer en épreuve de force n'avaient pas en vue l'exclusion de leurs adversaires, mais seulement d'augmenter la part des Ivoiriens dans l'exercice du pouvoir au moment où il était évident que l'entourage étranger de F. Houphouët favorisait les intérêts français au détriment des intérêts nationaux.

Cela pouvait se faire sans exclusion si le parti jouait son rôle normal dans la définition de la politique et dans le contrôle de son application [127]. Et cela ne nécessitait pas un déplacement des rapports entre les dirigeants ivoiriens de l'État, mais seulement le respect de ces rapports par tous, y compris F. Houphouët bien sûr, tels qu'ils étaient définis par la Constitution du P.D.C.I.

La difficulté, c'est que cela revenait à corriger le présidentialisme à la mode ivoirienne qui n'admet aucune limitation des pouvoirs et prérogatives du chef de l'État.

Le règlement imaginé par les *« néo-nationalistes »* était inacceptable parce qu'il menaçait directement le pouvoir de l'entourage

---

[127] Cf. Ph. YACÉ, 1975, p. 72.

étranger du président de la République et, indirectement, la position très privilégiée des intérêts néocolonialistes.

Cette menace fut conjurée en deux temps : le premier temps fut la neutralisation du courant « *néo-nationaliste* » en janvier et août 1963 et en avril 1964 [128]. Le deuxième temps fut l'intégration des prérogatives du P.D.C.I. au domaine réservé du chef de l'État à la suite du compromis déséquilibré définitivement scellé en mai 1971.

A première vue, il n'y avait ni vainqueur ni vaincus à l'issue de la crise des années soixante. Cette impression est renforcée par l'amnistie « à l'africaine » convenue en mai 1971. En forçant un peu l'image dans ce sens, on pourrait dire que l'Histoire avait seulement renvoyé F. Houphouët et ses victimes à leur case de départ. Il est vrai que, à défaut d'une véritable stabilité, le jeu politique en Côte-d'Ivoire se distingue par la grande capacité de récupération de ses protagonistes. Et qu'on l'entende dans le sens qu'on voudra !

Ce n'était évidemment qu'une illusion, car nul ne revient indemne de telles batailles. Si la plupart des prisonniers revinrent persuadés qu'ils avaient encore un rôle indépendant à jouer dans ce régime, ils ne pouvaient pas ignorer que la situation politique intérieure était profondément changée, ainsi que la situation du pays par rapport aux centres impérialistes et, en particulier, par rapport à la France dont les services officiels et parallèles avaient littéralement pris en charge la sécurité du régime [129].

Le pillage néocolonialiste n'a jamais connu des rendements aussi forts qu'entre 1963 et 1965 [130], quand la Côte-d'Ivoire était enchaînée dans les prisons ou paralysée par la terreur. Le plus triste exemple de ce dangereux parasitisme, c'est le sort de la forêt ivoirienne ; c'est pendant cette période qu'elle fut ruinée.

Dans ces circonstances, en venant tranquillement reprendre leur place dans ce système, les anciens prisonniers venaient cautionner une évolution à laquelle ils avaient apparemment essayé de s'opposer en 1963, et se placer en même temps sous la suzeraineté de leur ancien geôlier.

De sorte que la crise de 1963 et surtout la manière dont elle s'est résolue a eu pour résultat d'élargir et de consolider le domaine ré-

---

[128] J. BAULIN, 1982.

[129] J. BAULIN, 1980.

[130] Contre les solides avantages que ses ressortissants tiraient de l'exploitation des ressources du pays et du travail de ses habitants, la France gaulliste prêtait un appui vigilant et musclé à F. Houphouët (voir J. BAULIN, 1980 ; M. AMONDJI, 1984.

servé du président de la République. Sa conséquence la plus grave fut certainement l'intégration du P.D.C.I. dans ledit domaine.

*
* *

Voilà par quelles méthodes le mouvement anticolonialiste ivoirien fut transformé en ce qu'il est aujourd'hui : une simple référence verbale, nostalgique pour quelques-uns, hypocrite pour beaucoup d'autres.

Revenant à l'amer constat de F. Houphouët, on ne voit guère comment il eût été possible, en empêchant le libre jeu démocratique dans le parti unique, d'y cultiver les vertus qui n'apparurent ou qui ne se développèrent parmi les Ivoiriens pendant les dernières années 1940 que grâce à cette liberté. Liberté d'ailleurs inséparable de la responsabilité de chacun, quel que fût sa position et quel que fût son rôle.

A cette époque, les dirigeants et les simples militants du R.D.A. affrontaient avec courage et désintéressement des dangers inouïs parce qu'ils étaient convaincus que le pays avait impérativement besoin de chacun d'eux.

Aujourd'hui, le parti unique s'organise et fonctionne comme si la Côte-d'Ivoire n'a vraiment besoin que d'un seul homme. Pour comble, cet homme prétend à un droit de propriété sur le symbole même du soulèvement du peuple contre ses oppresseurs !

Cela suggère une pensée un peu cruelle peut-être ; mais, si en 1945 il ne s'agissait que d'envoyer un homme riche à Paris, Jean Rose n'eût-il pas aussi bien fait l'affaire ? N'était-il pas lui aussi président d'un syndicat de planteurs et, sans aucun doute, riche ? De plus il était Blanc...

Pour parler comme certains spécialistes, si Jean Rose fût devenu par la suite président de la Côte-d'Ivoire, appliquant cette même politique dont il fut le premier prophète dans le pays, n'eût-il pas été encore plus digne de la confiance des investisseurs ?

III

LE PARTI UNIQUE ET LA VIE POLITIQUE AUJOURD'HUI

« *Je sais que c'est le parti qui a lutté pour nous, pour notre indépendance, mais en ce moment je ne vois pas son importance, son utilité en Côte-d'Ivoire. On nous prend de l'argent pour rien.* »

Un manœuvre ivoirien en 1975

1

Coopération et colonisation idéologique

La grande conséquence de la succession désordonnée des évènements qui ont marqué la fin des années 1950 et le début de la décennie suivante, c'est une tendance toujours plus marquée à la marginalisation des Ivoiriens par rapport à l'administration et au gouvernement de leur propre pays. La principale raison en est que l'absence de projet est ce qui caractérise le mieux la vie politique de ce temps, malgré son intensité indéniable.

En face de F. Houphouët qui n'avait pas vraiment un projet politique qui lui fût propre et qui n'était que le tirailleur de l'impérialisme français en mutation, les tentatives désespérées des anticolonialistes et indépendantistes ivoiriens n'avaient ni la force ni la cohésion suffisantes pour contrecarrer efficacement les plans de l'avenir néocolonialiste mijoté à Paris à leur intention.

Quand vint l'indépendance, ils étaient dessaisis depuis belle lurette des clés de leur destin et ils furent incapables d'en profiter pour parfaire la libération du pays.

De sorte que ce qui contribua le plus à façonner la physionomie de l'ensemble des institutions ivoiriennes, c'est l'influence du pouvoir d'intervention des facteurs de domination étrangère qui ont non seulement maintenu leurs positions dans le pays par-delà l'indépendance, mais encore, n'ont pas cessé de les renforcer au fil des années. Influence qui pèse d'autant plus sur le système politique, que les *« expatriés »* occupent une situation qui leur permet de jouer un rôle important tout en étant totalement indépendants des règles du parti unique auxquelles les Ivoiriens eux sont obligatoirement tenus de se conformer.

Dans sa thèse sur *« La succession d'État en Côte-d'Ivoire »*, René Degni-Segui a montré l'influence des accords de coopération, par exemple, sur la formation des caractères fondamentaux du régime houphouëtiste :

« La coopération tend (...) à conserver sous une forme nouvelle le statut quo ante colonial. Si, formellement, le rapport politique et juridique institué est nouveau, eu égard à l'indépendance nominale de l'État successeur et à l'égalité souveraine des deux partenaires, substantiellement, le rapport demeure le même que celui de la colonisation. La succession dans ce cadre se trouve assurée et garantie, constituant l'expression juridique de cette reconduction du statu quo ante colonial. L'État successeur se pose en continuateur de son prédécesseur colonial et assume pleinement les droits et les obligations de ce dernier. Et comme la coopération entre la France et la Côte-d'Ivoire est intense, la succession a des chances d'être la plus complète possible » [1].

En pratique, l'efficacité des accords de coopération est renforcée par la possibilité laissée aux agents de la puissance coloniale d'agir en toute indépendance, pour ainsi dire, et en toute irresponsabilité de l'intérieur du système ; et aussi, grâce à une colonisation idéologique très intense, de l'intérieur de la tête des Ivoiriens eux-mêmes !

Si F. Houphouët tire théoriquement sa légitimité du parti unique, ainsi que tous les autres dirigeants et responsables ivoiriens, aucun *« expatrié »*, si influent soit-il dans les organes de direction politiques, économiques et financiers, n'est encore obligé de s'inscrire à une section du P.D.C.I.

On peut être le directeur de cabinet du président de la République, ou le secrétaire général du gouvernement, ou même le *« conseiller-représentant personnel du président Houphouët-Boigny »*, sans être notoirement un responsable, ou seulement un adhérent du parti dont F. Houphouët lui-même est sensé tenir sa propre fonction [2] !

Compte tenu de la concentration du pouvoir, cela veut dire que trois des quatre hommes qui exercent ou représentent la part la plus importante de la souveraineté nationale n'ont à justifier d'aucune légitimité politique au sens que Ph. Yacé donnait à ce mot dans les années 1970.

Autre fait tout aussi lourd de conséquences : la plupart des personnalités ivoiriennes, qu'il s'agisse d'hommes politiques, de hauts-fonctionnaires ou de dirigeants et cadres d'entreprises publiques ou privées (qui sont obligatoirement des membres importants du parti unique), se partagent entre un grand nombre d'associations secrètes

---

[1] R. DEGNI-SEGUI, 1979, p. 45. A. Mabileau et J. Meyriat expriment la même opinion : *« Ce sont les dauphins du colonisateur qui assurent eux-mêmes la décolonisation, ce qui favorise encore la continuité avec le passé colonial »* (*Cahiers de la Fondation nationale des Sciences politiques*, n° 161, de 1967).

[2] Il existe un moyen simple de vérifier cette affirmation, c'est de consulter la liste officielle avec photographies publiées après chaque congrès du parti unique depuis 1975. Aucun de ces trois personnages n'y figure...

et élitaires à vocation supranationale et basées à l'étranger, comme les deux franc-maçonneries françaises, la *« Rose-Croix »*, le *« Lyons' Club »*, le *« Rotary International »*, la *« Jeune Chambre économique »*, le *« Club de Dakar »*, les *« Mahi Kari »* et les *« Rotaractiens* [3], pour s'en tenir seulement à celles qui recherchent leurs adhérents dans les plus hautes sphères de la société.

Ces associations ont en commun d'être les centres où s'élaborent les grands thèmes de l'idéologie et de la propagande impérialistes. Leur implantation assez vaste permet ainsi de mesurer l'hypocrisie des appels incessants des dirigeants du parti unique au rejet des idéologies étrangères !

En adhérant à de telles associations les responsables ivoiriens ne deviennent pas les égaux des agents étrangers qu'ils côtoient, ils se placent sous leur influence.

C'est la conséquence inévitable de cette double allégeance à un parti politique national unanimiste, et à des associations internationales secrètes, élitaires et particularistes, en ce qui concerne l'indépendance et l'unité d'orientation idéologique du parti gouvernemental.

Croyant augmenter leur capacité à jouer le rôle national qu'ils ambitionnent légitimement par ailleurs, les responsables ivoiriens livrent à leurs concurrents *« expatriés »* le seul domaine qui aurait pu, sans cela, échapper à leur contrôle.

Auguste Denise parlait d'or devant le IVᵉ Congrès :

« Le mal devient un sérieux danger lorsque la collusion s'établit avec les ennemis de l'Afrique. A partir de cette collusion, se font alors les inséminations idéologiques... »

Cependant, l'honnêteté oblige à préciser que ce moraliste croyait parler de tout autre chose ! [4].

Ces réalités, qui comptent parmi les traits originaux du système politique houphouëtiste sont généralement ignorées par les historiens et les politologues spécialisés dans les études ivoiriennes. Mais on ne peut pas les nier, ni prétendre qu'elles ne constituent pas un élément d'éclairage indispensable pour qui recherche la place et l'influence réelles du parti unique dans ce système.

La colonisation idéologique ne sévit pas seulement dans les

---

[3] Les *« Mahi Kari »*, ou *« Ceux qui donnent la lumière »*, seraient basés au Japon. Les *« Rotaractiens »* recrutent eux parmi les dix-huit - vingt-quatre ans, c'est-à-dire qu'ils « s'intéressent » tout particulièrement aux étudiants.

[4] *Actes du IVᵉ Congrès*, 1965, p. 71.

hautes sphères de la société et ce n'est pas seulement là qu'elle prouve ses effets les plus pernicieux.

Est-il juste, d'ailleurs, de parler de *colonisation* ? Ce mot avait à l'origine un sens positif qu'il a conservé dans certaines régions du monde contemporain. Dans le cas qui nous occupe, il serait beaucoup plus juste de parler de *désertification,* car le but n'est pas de féconder l'intelligence civique des Ivoiriens, mais bien de la stériliser.

Un des effets de la guerre idéologique qui sévit en Côte-d'Ivoire, c'est l'implantation systématique et massive dans le pays de tout ce que le monde compte de sectes et de religions schismatiques ou non. Les entreprises de diversion à couverture religieuse ou spirituelle quadrillent littéralement la société et la jeunesse citadine en particulier, mettant à profit le désespoir de ceux à qui on dit sans cesse que *« la mission qui attend le parti* (est de) *faire participer au développement de notre pays toutes les couches de la nation... »* [5], et qui voient toujours que ce sont les étrangers qui *« ont tout le pouvoir »* [6].

Dans la dernière période on a vu apparaître chaque année un ou plusieurs habiles escrocs blancs ou noirs qui, sous l'œil débonnaire de la police, dépouillaient les simples gens de leurs maigres économies sous prétexte de guérisons miraculeuses par exemple et s'en retournaient tranquillement d'où ils étaient venus.

L'apparition de tels gens n'est évidemment pas sans rapports avec l'état de désespérance où est rendu le pays. Et leur impunité s'explique par la démission des autorités prises au piège de leur prétendu *« libéralisme économique »* et qui, trop occupées par la chasse qu'elles livrent aux *« idéologies étrangères »*, nom dont elles affublent les idées généreuses qui fécondèrent si heureusement le patriotisme ivoirien en 1946, ne voient pas qu'elles font, contre elles-mêmes, le lit des plus pernicieuses d'entre elles.

Ph. Yacé disait en 1975 : *« Le P.D.C.I. (...) évite de façon systématique d'enfermer ses cadres dans une école dite de formation politique qui risquerait de créer des clivages »* [7].

Cette curieuse attitude a produit de beaux résultats. Les clivages se sont multipliés à proportion de leurs vraies causes, et ils se sont consolidés au point de nécessiter, pour que le parti pût continuer son existence fantomatique, la chirurgie radicale qui coûta ses fonctions et ses espérances à Ph. Yacé lui-même !

Mais cette chirurgie même n'y fit rien. A preuve, les intermi-

---

[5] Ph. YACÉ (*Actes du V*ᵉ *Congrès*, 1970, p. 51).
[6] U.N.C.I.-I.E.S., 1975.
[7] Ph. YACÉ (*Actes du VI*ᵉ *Congrès*, 1975, p. 67).

nables et vaines querelles de personnes nées à l'occasion des campagnes électorales de 1980 et qui n'ont pas encore fini de diviser toutes les organisations locales du parti unique malgré la répétition des cérémonies de réconciliation. A preuve aussi, l'incapacité où sont les hauts dirigeants de s'entendre sur une définition de leur idéologie [8].

On ne sait, d'ailleurs, par quel miracle on aurait pu resserrer les rangs de ce parti tout en abandonnant sa fonction normative, qui consiste à produire collectivement des idées pour éclairer et harmoniser l'activité de ses membres.

En revanche, on voit très bien que cet abandon facilite les entreprises des obscurantistes experts en manipulation des consciences.

Amilcar Cabral constatait déjà en 1961 que ce qui explique le reflux des luttes anticolonialistes en Afrique, *« loin d'être une crise de croissance, (...) c'est principalement une crise de connaissance »* [9].

La Côte-d'Ivoire est, à cet égard, l'un des pays qui sont tombés le plus bas. La situation politique y est caractérisée par la substitution complète de la volonté étrangère à la volonté nationale.

Pour partie, cette situation entraîne la responsabilité des dirigeants et elle est, en outre, généralement acceptée par beaucoup de citoyens qui croient, à tort ou à raison, que c'est grâce à elle que dans ce pays beaucoup de choses marchent mieux que dans les pays voisins depuis l'indépendance.

Mais, en même temps, on peut constater que cette situation leur est insupportable, ainsi qu'en témoigne l'incessant débat autour de la question de *« l'ivoirisation »* par exemple, mais aussi maintes déclarations publiques et maints écrits de spécialistes ivoiriens, du moins ceux qui n'exercent pas ou n'exercent plus de responsabilités politiques et qui ne se sentent donc pas tenus de pratiquer la langue de bois des autorités politiques [10].

Soit dit à propos, c'est un coup direct porté à un certain courant de pensée qui se développe actuellement en Occident au sujet de la Côte-d'Ivoire notamment et qui semble tenir pour une vérité irréfutable que :

« Le type de développement a été, en grande partie, l'objet d'une décision, qu'il a été un acte de volonté et que les conséquences de cette politique ne

---

[8] Voir en II⁰ partie au chapitre 1.
[9] A. CABRAL, 1975, 1, p. 270.
[10] C.E.A., 1982.

sont pas des *monstruosités indépendantes de la volonté initiale*, (...) *mais les contreparties du choix originaire, originairement présenté à l'esprit des décideurs ivoiriens* (11).

Une telle affirmation ne prouve rien, car il est impossible de savoir si au moment où les « *décideurs ivoiriens* » planchaient sur cette question, leur esprit était vraiment apte à fonctionner sainement et librement et apte aussi à produire des pensées originales. Que « *la dépendance n'explique pas tout* », c'est vrai, hélas, mais ce n'est pas très important. Le plus important, c'est ce qui l'explique, elle.

La substitution de volonté qui caractérise le système politique ivoirien fut permise par l'adhésion passive des « *élites* » ivoiriennes à toutes sortes d'idéologies du désespoir forgées dans les officines étrangères spécialisées pour être ensuite déversées à profusion sur le pays après qu'on eût ôté à ses habitants la liberté de penser par eux-mêmes.

Or, la question vraiment importante, ce n'est pas de savoir s'il s'agit ou non d'un choix volontaire, ni même si ce choix est la seule cause de la croissance miraculeuse de la décennie 1960-1970, mais celle de savoir s'il existera encore des Ivoiriens au bout de cette brillante expérience qui se passe si heureusement de leur participation responsable !

A supposer que quelqu'Ivoirien ait pris en conscience la responsabilité d'une espèce de solution finale à l'encontre de son propre peuple, cela n'en serait pas moins une belle monstruosité, en effet !

---

(11) Y.-A. FAURÉ, 1982, p. 23.

2

La vocation détournée

On peut nommer *parti politique* une organisation formelle, telle que celle dont se réclament les politiciens ivoiriens, qui possède sa « maison », qui tient congrès et dont le nom s'affiche sur les calicots à l'occasion des défilés commémoratifs ; ou bien, une *« organisation à travers laquelle* (le peuple) *exerce en tant que peuple son activité et sa volonté »* [12] ; mais ce qui est vraiment important, c'est de savoir si un parti politique est capable de fonctionner et de jouer le rôle que lui assignent ses statuts ; autrement dit : la question de son existence en tant qu'instrument adapté à son usage théorique.

Le P.D.C.I. est le seul *« parti »* existant en Côte-d'Ivoire ou, tout au moins, c'est le seul *« parti »* déclaré et reconnu et dont se réclament les dirigeants de l'État.

Cependant, si on s'en tient à la lettre de la Constitution de la République, le système politique ivoirien est un système *« pluraliste ».* La Constitution du 3 novembre 1960 stipule en son titre I, article 7 :

« Les partis et groupements politiques concourent à l'expression du suffrage. **Ils se forment et exercent leur activité librement** [13] *sous la condition de respecter les principes de la souveraineté nationale et de la démocratie et les lois de la République. »*

Quant à l'adhésion, rien ne l'impose non plus. En principe, selon l'article 3 des statuts :

« Est membre du P.D.C.I. tout citoyen qui adhère aux présents statuts, s'engage à militer au sein des organes du parti et s'acquitte de sa cotisation » [14].

---

[12] F. Fanon, 1961, p. 138.
[13] Souligné par nous.
[14] *Actes du VIIe Congrès*, 1980.

La liberté de chaque citoyen d'en être ou pas est en outre précisée par l'article 4 qui énonce :

« *La qualité de membre du parti se perd par démission ou exclusion* » (15).

Puisque si on peut la perdre, on peut aussi ne jamais l'acquérir. De cela, les dirigeants du P.D.C.I. conviennent parfois directement ou indirectement (16).

Dans la réalité, cependant, les choses se passent comme si les lois interdisent formellement aux Ivoiriens d'adhérer à tout autre parti que le P.D.C.I. Tous les Ivoiriens adultes côtisent obligatoirement au parti gouvernemental. Le principe énoncé par Ph. Yacé, au Ve Congrès, en 1970, que :

« *La cotisation au parti doit en tout état de cause être versée par le militant de façon libre ; cet acte d'adhésion au parti du militant, chaque année renouvelé, doit être volontaire* » (17).

est en fait ignoré par les statuts dès cette année-là, et de cette lacune résulta définitivement une ambiguïté qui permet de rançonner les citoyens sans en avoir l'air, en appliquant le principe de la retenue « à la source » aux salariés, et en encourageant fortement les non-salariés par la tolérance d'une pratique courante des policiers qui exigent la présentation de la carte d'adhésion au parti gouvernemental lors des contrôles d'identité sur la voie publique ; grâce à quoi la carte du P.D.C.I. est pratiquement devenue un véritable passeport intérieur (18) !

Ainsi, c'est sans la moindre base juridique et sans que ses dirigeants osent l'avouer, que le P.D.C.I. est non seulement en situation de monopole, mais encore qu'il est obligatoire !

Cette ambiguïté comporte au moins deux avantages assez importants pour justifier qu'on la cultive : premièrement, elle permet au P.D.C.I. d'occuper solitairement la scène politique ; deuxièmement, elle protège le régime contre les éventuelles critiques des

---

(15) *Ibidem*.
(16) Ainsi, F. Houphouët déclarait-il le 28/9/1963 : « *Notre Constitution a prévu la pluralité des partis, interdisant seulement ceux qui recevraient leurs mots d'ordre ou leurs subsides de l'étranger* » (Bulletin de l'A.I.P. Spé).
(17) *Actes du Ve Congrès*, 1970, p. 57.
(18) Il est plaisant de rapprocher cette pratique d'une déclaration de R. Léon devant la commission d'enquête : « *Ils achètent la carte S.F.I.O., puisque c'était celle-ci qui avait le meilleur cours, si je puis dire. Ils la mettaient dans leur valise (...) en disant : « Quand on ouvre nos bagages on voit la carte S.F.I.O. et on nous laisse tranquilles* » (DAMAS, 1, p. 789).

politologues formalistes peu regardants, car il peut toujours leur répondre : « *Je suis une démocratie pluraliste, voyez ma Constitution.* »

Mais il y a aussi la rançon qui est la désaffection notoire des populations à son égard. Pour un parti ayant vocation à entraîner tout un peuple derrière lui, c'est évidemment le comble de son inefficacité. Il est douteux qu'on ait à la fois expressément visé ces deux avantages et pris en conscience le risque d'un inconvénient si grave qu'il les annule !

Dans son dernier rapport en tant que secrétaire général du parti unique, Ph. Yacé disait :

« *La vocation du parti de masse du P.D.C.I. suppose (...) que pour mobiliser effectivement les militants autour des nombreux mots d'ordre, il convienne d'assurer leur formation politique* » (19).

Cette phrase signifie beaucoup plus qu'elle ne dit. Au moment où elle est dite, le P.D.C.I. existe depuis vingt-neuf ans dont deux ou trois (les premiers) pendant lesquels, pour dire le vrai, ce sont les masses qui donnaient des leçons d'intelligence politique à certains prépondérants d'aujourd'hui qui, alors, épiaient l'heure de leur destin à l'abri des palissades.

Et Ph. Yacé en était le secrétaire général pratiquement depuis treize ans.

Or, si les mots ont un sens, il a bien dit que le P.D.C.I. n'existait pas encore en tant que parti de masse en 1975 et qu'il avait seulement « *vocation à l'être* », les militants n'ayant pas, selon lui, la formation politique requise !

Et c'est sans doute pourquoi il tenta vers cette époque une reconstruction théorique du rôle du parti unique dans le système [20]. Il s'agissait peut-être de transformer en réalité l'idée vide selon laquelle le P.D.C.I., qui a le même chef que le gouvernement et l'État, est un pôle indépendant du pouvoir et, même, le principe de tous les pouvoirs.

Il va sans dire que la réussite d'un tel projet, s'il était sincère, devait nécessairement passer par la construction d'un véritable parti politique. C'est-à-dire un lieu où les citoyens, en toute égalité de responsabilité, exercent librement une activité civique effective.

La réponse de F. Houphouët fut la « *démocratisation* » que l'on sait, autrement dit l'implosion du parti unique en travail (qui pou-

---

[19] *Actes du VIIe Congrès*, p. 66.
[20] Voir notamment les rapports du secrétaire général du P.D.C.I. aux Congrès de 1970 et 1975.

vait savoir d'avance si le produit de cette parturition serait un éléphant ou une souris ?), et sa transformation immédiate en une nébuleuse dont les noyaux multiples se repoussant sans cesse l'un l'autre, sont désormais et à jamais incapables de se condenser pour constituer un véritable pôle du pouvoir.

La démarche de Ph. Yacé ne comportait pourtant aucun danger pour l'économie générale du système. Il n'envisageait point de changer les règles du jeu politicien traditionnel. C'était, d'ailleurs, au-dessus des moyens du secrétaire général comme de tout autre Ivoirien, compte tenu de la puissance des facteurs de domination étrangère et de leur vigilance bien connue.

Ph. Yacé était bien placé pour savoir qu'il n'était autorisé à faire que ce qui pouvait servir à sauver la crédibilité du système qui commençait à se ressentir de l'impatience des Ivoiriens de toutes conditions envers la dépendance sans cesse accrue de leur pays [21].

Pour comprendre le sens véritable ainsi que les limites de cette démarche, il est important de savoir que le moment où elle a lieu correspond au début des rivalités autour de la succession de F. Houphouët dont on a commencé de parler au début des années 1970 [22]. C'est aussi l'époque où le tissu politique ivoirien avait achevé de se reconstituer après les déchirures de la décennie 1960. L'époque, enfin, où les mirages du succès économique aidant certaines catégories de citoyens jusqu'alors hostiles ou indifférents eurent la tentation de rallier la barque de ceux qui « réussissaient » si bien et qui paraissaient ne pas pouvoir échouer.

Pour le secrétaire général, il s'agissait, dans ces conditions, de relancer le jeu qui avait été interrompu en 1963, en faisant la part du nouveau changement des rapports entre les joueurs et aussi celle de l'augmentation de leur nombre avec l'afflux de nouvelles générations qui, à défaut de traditions, avaient parfois les dents longues.

Un auteur a très correctement analysé l'ambiguïté du système de parti unique à cet égard :

« Ce n'est pas tant le parti que l'on cherche à renforcer – ce qui exigerait d'agir dans un tout autre domaine – que son chef qui n'a en vérité qu'une confiance limitée dans le parti. La fragilité de l'organisation et l'absence d'idéologie entraînent la concentration des pouvoirs aux mains d'un homme dont l'omnipotence est ainsi officialisée. Paradoxalement, c'est la faiblesse du parti qui donne naissance au pouvoir personnel » [23].

---

[21] Voir le rapport du secrétaire général dans *Actes du Ve Congrès*, 1970.
[22] F. Houphouët y fit une allusion un peu amère dans son adresse au Congrès de 1970.
[23] A. MAHIOU, 1969, p. 101.

Si les essais théoriques de l'ancien secrétaire général du parti unique ont un intérêt, c'est parce qu'ils montrent l'impossibilité d'une telle entreprise. La phrase du théoricien volait haut, mais c'est parce qu'elle n'était lestée par aucune idée vraiment consistante.

Ainsi, dans son rapport au Ve Congrès, quand on a lu le développement par lequel il répondait à sa propre question « *Pourquoi un parti unique ?* », on n'en sait guère plus sur les vraies raisons de ce choix, tant le propos est confus et elliptique. De sorte qu'on peut douter si tout ce qu'il avait à dire sur ce sujet n'avait pas été déjà dit avant cette question dramatique, dans une phrase qui hésitait prudemment entre le futur et le présent de l'indicatif et qui exprimait cependant plus un souhait qu'elle ne constatait une réalité :

« *Le P.D.C.I. devra être le creuset à l'intérieur duquel se fondront d'ores et déjà* (sic) *toutes les générations ivoiriennes afin que la méfiance vaincue, jeunes et anciens se retrouvent pour permettre aux uns, d'apporter leur expérience et aux autres, leur culture et leur enthousiasme à l'œuvre de construction* » [24].

Il y a loin de la coupe aux lèvres. S'il n'y a aucune raison de douter que Ph. Yacé menait sa tentative avec sincérité et qu'il avait aussi la capacité intellectuelle de le faire, on voit cependant qu'elle était fatalement vouée à l'échec parce qu'il est impossible de constituer le parti unique en un pouvoir pensant et agissant sans changer de ce seul fait la nature du système politique.

Malgré la pression des citoyens en faveur de ce changement [25], le théoricien du parti unique « à l'ivoirienne » ne pouvait que se jeter dans une fuite en avant éperdue au rythme de la plus vaine des grandiloquences :

« *...Le développement des partis a fait éclater les cadres des vieilles classifications politiques inspirées d'Aristote et de Montesquieu. Ainsi la traditionnelle distinction entre monarchie, aristocratie et démocratie ne correspond plus à la réalité politique actuelle qui trouverait une explication beaucoup plus valable dans une classification des régimes en monopartistes, bipartistes ou pluralistes* » [26].

Mais, au moins, il est impossible de reprocher à l'ancien secrétaire général de n'avoir pas su voir et dénoncer les tendances dan-

---

[24] *Actes du Ve Congrès*, 1970, p. 51.
[25] « *Notre élite a (...) demandé d'adapter les structures de notre parti (...). Cet assouplissement auquel nous allons procéder permettra une plus grande mobilité des cadres du parti et fera encore plus jouer les règles démocratiques* » (Ph. YACÉ, *Actes du Ve Congrès*, 1970, p. 55).
[26] *Actes du Ve Congrès*, 1970, p. 54.

gereuses du « *parti* » à se transformer en un syndicat d'arrivistes plus soucieux de leurs propres intérêts que des intérêts de la collectivité nationale. Il les a perçues et dénoncées, et avec un souci pédagogique qui signe une certaine sincérité, dès 1970, soit dix pleines années avant que F. Houphouët n'en convienne, lui, par pur opportunisme.

Il faut citer les paroles de Ph. Yacé car la comparaison est instructive :

> « (...) *Militer est souvent devenu une routine que l'on considère comme indispensable non pour persuader, convaincre, construire, mais tout simplement pour garantir sa propre situation (...) On se contente de se référer à Untel ou Untel et on dit : "C'est le président qui l'a dit, c'est le bureau politique qui l'a décidé." On ne fait pas l'effort humain nécessaire pour se mettre à la portée des masses ; on ne cherche pas les exemples qui concrétisent la pensée. En définitive, on se conforme à la ligne du parti, on se libère rapidement de ses obligations et on estime être quitte envers le parti. On ne s'identifie pas réellement aux masses et il se manifeste une certaine condescendance à leur égard...* »[27].

Au fond, en reprenant dix ans plus tard et presque mot pour mot ces paroles du secrétaire général qu'il venait d'écarter, c'était encore une façon de rendre hommage à celui qu'il a toujours désigné comme son « *compagnon fidèle* et (son) *collaborateur efficace et dévoué* »[28].

S'il feignait de s'en plaindre au moment de s'en séparer pour des raisons qui ne sont pas tant mystérieuses qu'inavouables, c'est parce que les abus des autorités se prévalant du parti unique étaient devenus insupportables aux populations qui ne craignaient même plus de les dénoncer publiquement.

En effet, tandis que Ph. Yacé s'essayait à faire la « théorie » d'un système idéal qui n'avait que le défaut d'être imaginaire, le doute s'insinuait au plus profond de la société. Les plus simples gens osaient s'interroger sur l'utilité et même sur l'existence du parti qui, selon lui, en était le noyau.

Quand les Ivoiriens parlent du « *parti* » c'est, dans le meilleur des cas, comme s'il s'agissait d'une espérance messianique promise avec l'Age d'or. Tel est le fait étonnant qu'a révélé une série d'en-

---

[27] *Ibidem*, p. 67.
[28] F. Houphouët au congrès de 1970. *Actes du Ve Congrès*, p. 94.

quêtes des sociologues de l'Université d'Abidjan dans les années 1970 [29].

Fait étonnant, parce que dans ce régime où la confusion des pouvoirs est portée à un point que peu de pays connaissent, tout est le « parti » : le président de la République, les ministres, les députés, les membres du Conseil économique et social, les préfets, les secrétaires généraux des sections, les maires, le syndicat, l'Association des Femmes ivoiriennes (A.F.I.), le M.E.E.C.I., etc.

C'est au point que F. Houphouët lui-même a, semble-t-il, quelques difficultés à s'y retrouver, si on en juge par ces propos :

« Tout ce que j'ai construit à Yamoussoukro, précisons-le, ne m'appartient pas. Les hôtels appartiennent au parti, donc à l'État ; la maison du parti, la "Fondation Houphouët-Boigny", etc., sont des édifices appartenant à l'État » [30].

Dans ce pays, toute fonction, qu'elle soit élective, administrative ou sociale, confère automatiquement à celui qui l'exerce l'autorité du parti [31].

En somme, le parti est dans tout et cependant les Ivoiriens le cherchent sans cesse !

On serait tenté d'expliquer cette Quête du Graal par la nostalgie des temps d'avant 1951. Mais, la plus grande partie de la population adulte, sans même compter ceux qui sont nés après 1960, ne savent à peu près rien des luttes du R.D.A.

Le parti dont rêvent les Ivoiriens pourrait porter un autre nom que celui de P.D.C.I. ; il pourrait être la réactivation d'un ancien parti ou une création nouvelle ; ce n'est pas cela qui les intéresse, mais la possibilité qu'il leur donnerait d'intervenir dans la prise des décisions concernant leur existence présente et l'avenir de leurs enfants.

Ils rêvent d'un parti qui, aujourd'hui, protégerait les intérêts nationaux, favoriserait l'intégration nationale et organiserait la participation responsable des citoyens à la vie politique [32]. C'est d'ailleurs, à peu de chose près, ce à quoi les dirigeants du regime s'étaient engagés par l'organe de Ph. Yacé peu après l'indépendance.

Selon celui qui était alors le secrétaire général du P.D.C.I., les principes politiques de base du régime sont les suivants :

---

[29] On reviendra sur ces enquêtes au chapitre 6 de cette même partie.
[30] F. Houphouët, 1983.
[31] Cf. Y. Bénot, 1969.
[32] U.N.C.I.-I.E.S., 1971 et 1975.

« 1° – Assurer le passage de la société traditionnelle et tribale à une société nationale capable de s'engager sans heurts sur la voie de l'évolution.

2° – Permettre la révolution économique et sociale dont la nation a besoin pour assurer son avenir face aux nations développées.

3° – Affirmer l'autorité qui jusqu'alors avait été détournée par la puissance coloniale et ne pouvait de ce fait être acceptée par les masses.

4° – Réaliser une prise de conscience civique et nationale en mobilisant les masses par des tâches déterminées et en instaurant ainsi la valeur du travail » (33).

C'est précisément le décalage flagrant entre ces phrases et la réalité vécue par les Ivoiriens qui explique leur impatience.

Ainsi, dans des conditions où chacun peut voir que le régime n'a pas tenu ce qu'il avait promis, que le pouvoir est dominé et manipulé par de puissants intérêts étrangers et que la souveraineté nationale est hypothéquée, le rêve messianique des Ivoiriens exprime une revendication patriotique évidente qui peut même prendre dans certains milieux un accent étroitement nationaliste, voire xénophobe [34].

Cet état d'esprit est l'une des raisons pour lesquelles le pouvoir a besoin non seulement d'un parti unique, mais surtout, d'un parti qui s'appelle le *P.D.C.I.-R.D.A.*, à cause du symbole.

Il va sans dire que le besoin qu'exprime la société et celui qui motive le pouvoir sont irréductiblement contradictoires. Tandis que la société souhaite un cadre réel de participation, le pouvoir ne peut vouloir que d'un instrument supplémentaire de son exercice absolu.

On a écrit que la première fonction du parti unique ivoirien était d'empêcher l'éclosion d'éventuelles formations politiques rivales. Cependant, il ne serait pas suffisant d'interdire toute activité politique hors du cadre du parti unique si lui-même conservait tant soit peu un potentiel d'activité et de représentativité, étant donné la diversité obligée de sa composition et la persistance des rêves d'indépendance chez la majorité des Ivoiriens.

En réalité, dans le parti unique s'abîment toutes les volontés, toutes les libertés et toutes les indépendances.

En ce sens, si on admet que le parti unique est en soi un idéal, tel qu'il s'est réalisé en Côte-d'Ivoire, c'est un idéal dévoyé.

---

[33] Cité par B. Holas, 1965.
[34] *Fraternité-Matin*, n° 1280 du 1/11/1983.

3

Parti unique,
majorité silencieuse et opinion publique

La principale utilité du parti unique, c'est d'empêcher le régime d'apparaître comme une simple restauration du pouvoir colonial qui commandait d'en haut et fermait ses oreilles à la voix des populations.

C'est une fonction qu'il remplit du seul fait de son existence symbolique et sans qu'il soit nécessaire qu'il démontre une vitalité quelconque.

Son institutionnalisation vise d'abord à renforcer cette fonction en permettant d'entretenir ce symbole.

C'est à quoi servent aussi les invocations aux grands moments et la culture sporadique des vieux rituels.

A côté de cette fonction, il en possède une autre, plus instrumentale et plus matérielle pour ainsi dire, qui résulte du fait qu'il prête théoriquement sa direction à l'État.

Ainsi, il est appelé à fonctionner là où les autres moyens de l'État sont inopérants ou incapables d'atteindre tous les résultats escomptés.

C'est le cas, par exemple, quand il est convoqué comme « *majorité silencieuse* », soit pour justifier *a posteriori* un acte arbitraire (1963), soit pour noyer un conflit social ou un malaise politique sans vouloir s'attaquer au fond du problème (avril 1983).

Dans ces différentes fonctions, le parti unique n'est pas toujours d'un maniement aisé. C'est un instrument à double tranchant. En effet, qui dit « *majorité silencieuse* » dit opinion publique, car il arrive aussi le jour où le sérail se remplit de murmures.

Le parti unique étant ici le parti de tous, il ne peut être dissocié de l'opinion publique dans ses différentes sortes de manifestations, soit comme force vive pouvant opposer un frein efficace au pouvoir, soit comme force inerte, « *majorité silencieuse* » *sur* laquelle le pouvoir s'appuie pour intimider ou pour isoler ses adversaires.

Ainsi, si en 1963, au moment de l'affaire des « *complots* », le pouvoir a joué avec succès du parti unique contre ses adversaires, en 1965 — par contre — il lui a dû son échec dans l'affaire de la « *double nationalité* ».

Le grand rassemblement du 28 septembre 1963, est un bon exemple de manipulation de l'opinion publique qui a donné satisfaction à ses organisateurs en suscitant le phénomène de la « *majorité silencieuse* » si utile à tous les régimes impopulaires mais forts de leurs moyens répressifs et d'intimidation déployés.

En 1965, au contraire, la convergence du petit noyau de ceux dont le pouvoir utilise traditionnellement l'influence pour se couvrir avec la grande masse de la population a fait échouer un projet que F. Houphouët était seul à soutenir [35].

Bien averti de cette difficulté d'emploi, le pouvoir n'en appelle au parti unique que dans les circonstances où il n'existe pas une convergence latente ou évidente entre la « *majorité silencieuse* » et les secteurs de la société traditionnellement hostiles. Lorsque cette convergence existe, ou bien, lorsqu'elle pourrait être favorisée par son propre comportement, soit il recule, soit il s'adresse de préférence aux moyens de l'Etat.

Il y a des exceptions, mais elles n'infirment pas la règle. La contestation estudiantine, par exemple, est généralement réprimée avec une certaine rigueur dans le premier temps parce que, contre elle, le pouvoir a pour lui la « *majorité silencieuse* » qui adhère en confiance à ses arguments de bon papa grondeur. Puis, les fermetures d'écoles, de collèges, de facultés et les traitements brutaux infligés aux « *pauvres gosses* », voire à leurs parents, par les prétoriens du régime commencent à être critiqués et le pouvoir doit céder devant le risque de retourner l'opinion publique contre lui.

On a vu le dernier exemple de cette démarche en 1983 à l'occasion de la grève des enseignants : la rigueur des premières réactions du pouvoir (exclusions de la fonction publique et expulsions) contrastent violemment avec l'attitude plus politique qui a suivi (retrait

---

[35] Fait remarquable, F. Houphouët a dû renoncer au projet de la « *double nationalité* », alors même que le IVe Congrès du parti unique l'avait « *unanimement fait sien* » : « Le congrès approuve sans réserve l'institution de la double nationalité » (*Actes du IVe Congrès*, p. 92). En revanche, le même congrès a condamné « *la pratique honteuse de l'apartheid* » que, six ans plus tard, Houphouët tentera de dédouaner par une manœuvre indigne.

des mesures de renvoi et d'expulsion et promesses de respecter le droit des gens).

De façon plus générale encore, on constate que quand le pouvoir peut agir à l'insu de l'opinion publique, ou sans craindre des réactions hostiles de sa part, il le fait sans prendre de gants, c'est-à-dire sans en appeler préalablement au parti unique.

Ainsi s'explique, par exemple, le traitement différencié des mouvements de grève selon qu'ils ont lieu à Abidjan ou dans la brousse ; ou bien, selon qu'il s'agit de travailleurs nationaux ou immigrés [36] ; ainsi que les grandes tueries qui ont endeuillé les régions du Sanwi et de Gagnoa et qu'on n'a connues que grâce à la gaffe d'un ministre trop bavard et à l'indiscrétion d'une agence de presse britannique.

Cette règle se vérifie encore dans le cas d'actes de politique étrangère, tels que la reconnaissance du Biafra et l'ouverture au régime de l'apartheid, etc. ; affaires lointaines dont les Ivoiriens sont peu ou mal informés et dont ils ne perçoivent pas les rapports avec leur propre existence, à moins qu'une expédition trop massive de riz au Zaïre ne les affame...

Ancien conseiller de F. Houphouët dans les années 60, Jacques Baulin s'est trouvé en bonne place pour observer la scène politique ivoirienne. Les deux livres qu'il a consacrés à la politique africaine et à la politique intérieure de son ancien patron illustrent à leur manière la thèse envisagée ici.

Ces livres ont un caractère commun : c'est l'absence tout à fait remarquable de l'opinion publique et des masses ivoiriennes et même du parti unique proprement dit dans la perspective de leur auteur. A le suivre, on pourrait croire qu'il n'y a même pas un peuple sous F. Houphouët !

Plus remarquable encore est le fait que la scène politique n'est pas occupée par la même sorte de gens ou selon qu'il s'agit de politique étrangère ou africaine, ou selon qu'il s'agisse de politique intérieure.

Hormis Usher Assouan [37], traité d'ailleurs en comparse ridi-

---

[36] Voir J.-F. MÉDARD, 1982, p. 76.

[37] U. Assouan apparut en politique par un coup d'éclat bien involontaire sans doute : élu conseiller territorial de Grand-Lahou contre le candidat de F. Houphouët, il fit rapidement sa soumission à ce dernier. Entré dans la carrière diplomatique, il fut ambassadeur à l'O.N.U. avant de faire son entrée au gouvernement comme ministre des Affaires étrangères. Après la crise dite « *de juillet 1974* », il dut quitter le gouvernement en même temps que K. Bédié, M. Diawara et A. Sawadogo. Voir M. AMONDJI, 1984, pp. 169-170.

cule, mais qui était inévitable parce qu'il était alors nominalement le représentant de la Côte-d'Ivoire à l'O.N.U. ou le ministre des Affaires étrangères, seul le chef de l'État, encadré par ses conseillers français ou « *assimilés* », joue un rôle en politique étrangère.

A l'inverse, et sauf accident, aucun étranger ne joue de rôle en politique intérieure. C'est à croire que le chef de l'État ivoirien dirigerait deux gouvernements séparés, l'un pour sa politique étrangère, avec Guy Nairay et consort ; l'autre pour sa politique intérieure, avec seulement des Ivoiriens pour le seconder ou pour en être les victimes !

Quoiqu'on ne puisse pas laver J. Baulin du péché de complaisance [38], il faut reconnaître qu'il a bien rendu une certaine réalité : le pouvoir ne se sert du parti unique que quand et là où cela est vraiment indispensable, et à condition que cela n'entraîne aucun risque pour le succès de ses entreprises.

C'est ce qui explique l'extrême rareté des références au parti unique en politique étrangère et leur extrême fréquence en politique intérieure, dont les deux livres portent témoignage.

Ainsi, la vision de cet auteur corrobore l'opinion envisagée ici,

---

[38] Cet auteur se présente lui-même comme un anti-Siriex, mais à y regarder de plus près, ses livres ne sont qu'un vague « *remake* » de celui de Siriex, inversé et remis au goût du jour. L'époque de l'admiration béate est révolue. Du moins personne ne peut plus espérer influencer l'opinion avec des contes édifiants du genre « *les Actes des apôtres* ». Notre auteur multiplie donc les clins d'œil en direction des secteurs critiques de l'opinion publique ivoirienne. Cependant, il est évident qu'il ne s'adresse pas à n'importe qui, ni n'importe comment...

Dans le titre de son deuxième ouvrage *La politique* intérieure *d'Houphouët-Boigny*, l'adjectif figure en italique. L'auteur n'explique pas pourquoi. Il abandonne ses lecteurs entre cent supputations toutes également plausibles, et l'anxiété de découvrir sa véritable intention secrète. C'est un jeu dérisoire, comme les « préfaces », comme les confidences faussement réticentes qu'il a semées ici et là, comme la divulgation de documents privés dont on peut se demander d'où il les tient, à quel titre, et pourquoi il les conserve. Les anciennes activités de J. Baulin sont de celles qui se dissimulent le mieux en faisant semblant de les dévoiler. On est donc en droit de se demander si en devenant historiographe l'ancien directeur du C.D.D.I. — Centre d'Information et Documentation Ivoirienne — ne poursuit pas le même travail dans un nouveau genre.

Quoiqu'il en soit, aucun recueil d'insinuations ne peut remplacer la critique des fondements du régime houphouëtiste. Dans le combat nécessaire des Ivoiriens eux-mêmes contre ce monstre politique que J. Baulin a servi pendant six ans sans troubles de conscience majeurs, ses livres ne sont pas des armes bien dangereuses pour le monstre, mais plutôt pour ceux qui voudront s'en servir sans précautions suffisantes. Bien loin de démystifier la réalité houphouëtiste, il y a apporté sa propre part de mythes !

selon laquelle *parti unique* et *opinion publique* se confondent ; le premier couple de mots étant seulement la traduction du second quand la réalité qu'il recouvre se laisse manipuler par le pouvoir et transformer en « *majorité silencieuse* ».

N'est-ce pas justement cette réalité que reflète la méfiance connue du pouvoir vis-à-vis de sa propre presse ?

En l'occurrence, l'attitude des dirigeants ivoiriens ressemble à celle d'un malfaiteur qu'obséderaient à la fois le désir de mal faire et la peur d'être surpris en flagrant délit [39].

---

[39] La presse ivoirienne est une presse domestiquées, elle appartient soit au parti unique soit au gouvernement, au moins nominalement, car, en vérité, elle dépend, comme les autres industries « *ivoiriennes* », des financements des trusts étrangers. (Voir *Le Mois en Afrique*, n° 96, déc. 1973 : V. MÉITÉ, 1980 ; P.H. SIRIEX, 1975). Pour autant, il n'existe pas vraiment de presse du parti unique, mais une presse surveillée sous le couvert du sigle du P.D.C.I., par le pouvoir qui la voudrait à son service exclusif.

La relation de la presse ivoirienne avec le parti se résume à la réunion des directions et des rédactions en chef des quotidiens et des périodiques entre les mains des principaux dirigeants de l'État et du parti unique (*Le Mois en Afrique*, n° 96). Située à ce niveau, il ne peut évidemment s'agir que d'une fonction d'intimidation permanente exercée sur le travail de professionnels qui ne sont membres du parti unique que de la même façon qu'ils sont Ivoiriens, par filiation, ou éventuellement, par naturalisation.

La pensée de ceux qui dirigent cette presse au nom du parti unique ne s'y exprime qu'à l'occasion de leurs activités ordinaires ou extraordinaires en tant que dirigeants de l'État et du parti unique. Ils n'y écrivent jamais directement, et cette abstention, qui n'est que le refus de débattre publiquement des buts et des moyens de la politique comme cela doit se faire en démocratie, relève aussi de la « *voyoucratie* ».

Parmi les journalistes, il y a les « *brosses à reluire* » qui font et refont le même boniment à la gloire du régime ; mais il y a aussi de bons professionnels ambitieux de faire seulement et honnêtement leur métier (V. MÉITÉ, 1980). C'est à ces derniers qu'on doit une certaine qualité de la presse ivoirienne. Grâce à eux, malgré son organisation en service public et sa subordination à trois ou quatre dirigeants de l'État, la presse ivoirienne reflète, pour qui *sait* la lire, la diversité des opinions qui règnent dans le pays, ainsi que leur caractère contradictoire, bien plus qu'elle n'exprime « l'idéologie » du parti unique (si tant est qu'il en a une).

Si elle contribue inévitablement, pour une certaine part, à façonner l'opinion publique, notamment en y infusant le discours dominant de différentes manières, elle est aussi grâce aux qualités de courage et d'intelligence de quelques professionnels, le reflet discret de l'opinion de ceux qui questionnent le pouvoir.

Cela doit être souligné, parce que c'est un aspect de la résistance multiforme des Ivoiriens et de l'incapacité du pouvoir à les plier tout à fait à sa merci. Par contre, il serait absurde et injuste de demander aux journalistes

Telle est, en effet, l'image que suggère une récente prestation de deux d'entre eux devant une assemblée de journalistes passablement rétifs [40]. Le but de cette réunion était apparemment de rassurer les journalistes ivoiriens qui avaient cru s'apercevoir que le pouvoir leur cachait les informations importantes pour les réserver à leurs confrères étrangers. Mais ce ne fut qu'un étalage de la méfiance morbide du pouvoir vis-à-vis de l'opinion publique ivoirienne ici représentée par la presse

Les paroles qui furent prononcées par les deux représentants de la direction du parti unique et, tout spécialement, celles de Jean Konan Banny [41] en disent long sur leur conception de l'information. Selon eux, elle doit seulement viser à conditionner l'opinion publique afin qu'elle soit perpétuellement confinée dans le rôle de *« majorité silencieuse »*.

La presse ivoirienne étant celle de tout le parti, cette conception de l'information traduit en fait la volonté de maintenir la masse des Ivoiriens à distance de la scène politique au moment où ils ont tant de raisons d'inquiétude pour leur avenir.

J. Konan Banny illustra à cette occasion une attitude de gouvernement qu'on a appelé avec beaucoup de justesse « voyoucratie », qui consiste à se prévaloir de la passivité de l'opinion publique tout en s'appliquant à cultiver son ignorance des buts politiciens pour lesquels on s'en sert.

---

d'assumer seuls cette résistance en instituant une espèce de révolution permanente dans les rédactions de journaux dont ils ne sont pas les propriétaires. A-t-on jamais demandé aux juges d'en faire autant dans les tribunaux, aux policiers dans les commissariats, aux enseignants dans les collèges, aux médecins dans les hôpitaux ; lieux de leur travail où tous, *volens nolens*, appliquent contre salaire des directives du pouvoir ?

[40] La présence silencieuse du « *gouverneur* » Guy Nairay, l'éminence ou la matière grise de « *La Présidence* », à cette rencontre ajoute à son mystère ; mais elle permet aussi de supposer qu'il s'agissait d'aplanir un délicat conflit de compétence entre des journalistes jaloux de leurs prérogatives professionnelles, et un « *Clan ivoirien* » aussi envahissant que son homologue du Gabon dont a parlé le journaliste français P. Péan.

[41] J. Konan Banny, qui faillit être victime du système qu'il défend, n'a pas craint de dire à cette occasion : « *Tous les jours, nous entendons à la télévision (...) toute une série d'informations sur ce qui se passe en Pologne, sur les démêlés de Lech Walesa et du gouvernement polonais ; il est bon que les Côtivoiriens soient informés sur ce qui se passe de par le monde ; mais pensez-vous que la diffusion quotidienne d'une telle information soit une opportunité réelle pour notre peuple de Côte-d'Ivoire ? Est-ce que nous pensons que ceci est de nature justement à l'éduquer dans ses rapports avec le gouvernement et le parti ?* » Rapporté par *Peuples noirs, Peuples africains*, n° 41-42, « Spécial Côte-d'Ivoire », pp. 114-115.

C'est d'ailleurs une constante de ce régime. Dans son ouvrage dont la première édition date de 1964, A. Zolberg signalait cette « *tentation d'affranchir le gouvernement du contrôle populaire* » et il l'expliquait par « *l'inadaptation de l'outil à la nature des tâches* », pour une part ; et à « *l'impatience et la frustration* » de la société ivoirienne, pour une autre part. Déjà !

4

Un parti sans fonction

On a défini le parti unique ivoirien, en suivant la typologie de Maurice Duverger, comme « *un parti de cadres immergés dans une organisation massive* »[42], mais, s'il y a des cadres, il n'y a pas vraiment une « *organisation massive* » dans laquelle ils seraient immergés.

Le P.D.C.I. dans son état actuel a pour principale caractéristique que la masse des adhérents présumés n'y jouent pratiquement aucun rôle direct. Son activité se résume aux discours et aux déplacements de quelques prépondérants, ministres ou députés ; au Congrès qui se réunit tous les cinq ans[43] ; au Conseil national[44] qui exclut les représentants authentiques des couches populaires, mais qui peut s'élargir à des hauts-fonctionnaires qui sont rarement des militants politiques organisés.

En dépit d'une véritable pléthore d'organes internes, le parti unique n'est ni vraiment structuré à sa base, ni hiérarchisé. C'est un choix autant qu'un reflet de son histoire tourmentée.

L'inconsistance de l'appareil formel du parti unique n'a d'égale que la prépondérance de F. Houphouët dans ce qui est moins une organisation associative qu'un simple décalque des structures de l'État captif, pour donner aux Ivoiriens l'impression qu'ils ont quand même une part au gouvernement de leur pays.

Du fait de cette prépondérance, le vrai pouvoir demeure là où il

---

[42] SEMI-BI ZAN, 1973.

[43] Cette périodicité n'est statutaire que depuis 1980, mais elle a fait loi depuis le congrès de 1965 alors que les statuts prévoyaient un ou deux ans, à l'époque.

[44] Cette instance fut créée au Congrès de 1965. A l'origine elle devait être « *la réunion des membres du bureau politique, du comité directeur et des secrétaires généraux de sous-sections* ».

doit normalement être dans ce régime où le poids des intérêts financiers, économiques et politiques étrangers prime sur celui des Ivoiriens. De sorte que le domaine laissé à l'activité du P.D.C.I. n'est qu'un domaine ludique qui a peu à voir avec la vraie politique.

La prépondérance de F. Houphouët découle principalement de la façon dont la crise de 1949-1950 fut résolue par la reconnaissance implicite de son hégémonie.

Jusqu'en 1949, dans la confusion inévitable à l'intérieur d'un mouvement qui expérimentait des formes d'action inconnues sous ces latitudes et, qui plus est, dans le foisonnement des initiatives populaires irrésistibles, la direction du P.D.C.I.-R.D.A. était, pourrait-on dire, partout où les masses faisaient quelque chose.

En tout cas, le rôle de la direction centrale n'était pas tant de pousser les masses – elles n'avaient pas besoin de cette incitation pour agir – que de relayer leurs initiatives dans les assemblées et les conseils où s'élaboraient les décisions concernant l'avenir du pays.

Jusqu'au 6 février 1949 [45], quand tous les dirigeants étaient en liberté, ils étaient tous également responsables vis-à-vis des masses qui les avaient librement désignés pour ces fonctions. Ils étaient aussi d'accord sur l'essentiel, ou plutôt, ils n'avaient pas à être d'accord, mais à constater ce fait et y conformer leur conduite : les Ivoiriens et les Ivoiriennes soutenaient massivement les objectifs du P.D.C.I.-R.D.A.

Il ne semble pas, d'autre part, qu'ils aient cru que les divergences qui pouvaient exister entre eux sur la tactique et même sur la stratégie globale du mouvement étaient insolubles par les moyens d'arbitrage élaborés par le P.D.C.I.-R.D.A.

Aussi, et sans vouloir minimiser les tendances déjà évidentes de F. Houphouët à agir à l'encontre des règles démocratiques en vigueur dans le mouvement, on peut dire que, dans l'ensemble, la direction du P.D.C.I.-R.D.A. resta démocratique jusqu'en 1949.

A partir de cette date l'histoire de la direction du P.D.C.I. n'est plus que celle des crises qui l'ont divisée, toujours plus graves les unes que les autres.

La toute première a été déjà évoquée dans un précédent développement [46]. La deuxième eut lieu en 1959, à la suite du congrès qui avait élu J.-B. Mockey au secrétariat général du parti. La première s'était résolue au sein de l'appareil et avec ses propres moyens,

---

[45] Voir à ce propos du même auteur : *Félix Houphouët et la Côte-d'Ivoire*, p. 97 et suiv.
[46] Voir en partie I, ch. 6.

même si le vainqueur n'avait pu l'emporter que parce qu'il bénéficiait déjà de la solidarité des autorités et des intérêts coloniaux français. En 1959, le P.D.C.I. était au pouvoir et F. Houphouët, premier ministre, employa contre ses rivaux les moyens de l'État de préférence à ceux du parti.

J. Baulin a révélé comment le nom du P.D.C.I. ne fut utilisé, dans ces circonstances, que pour couvrir une opération de basse police cousue de fil blanc ; de son côté, A. Zolberg a montré sa signification dans l'évolution du P.D.C.I. [47].

A la faveur de cette deuxième crise, la direction du P.D.C.I. passa définitivement aux mains de F. Houphouët. Le long intérim de Ph. Yacé, qui a pris fin il y a cinq ans, ne change rien à l'affaire. L'ancien président de l'Assemblée nationale n'a jamais fait d'ombre à son maître. Et quand ce dernier s'en est débarrassé, ce n'est pas lui qui l'effrayait, mais ceux qui se massaient autour de lui dans l'attente de la succession qui lui était promise.

Depuis l'éviction de J.-B. Mockey du secrétariat général en 1959, quels que soient les titres que F. Houphouët s'est fait donner tour à tour : *« président d'honneur du P.D.C.I. »* ou *« président »* tout court, il est le seul maître du parti unique et cette position n'a plus jamais été vraiment ni surtout directement contestée par personne.

Les crises suivantes n'ont pas eu pour enjeu la question de la direction à son niveau ; elles n'ont pas mis en cause sa direction personnelle, sinon implicitement.

Tant en 1963-1964 que, plus récemment, pour la question de la vice-présidence vacante, ce n'est pas sa position monarchique qui fut contestée, mais l'opportunité de telle ou telle décision gouvernementale que les Ivoiriens ont ressentie comme une atteinte ou une menace à leurs intérêts immédiats ou à long terme et à l'application de laquelle ils ont tenté de s'opposer avec des résultats variables.

La direction nationale dont s'entoure le président souverain a pour but d'atténuer cette image monarchique, non de la corriger. L'existence d'un *« comité directeur »*, d'un *« bureau politique »* et d'un *« comité exécutif »* qui secondent F. Houphouët comme une sorte de gouvernement de la main gauche, ne diminuent pas les prérogatives du président, bien au contraire.

A quelque niveau que ce soit, personne ne devient dirigeant du parti unique s'il n'est agréé par lui et aussi, vraisemblablement, par les puissances occultes qui l'assiègent. Ce n'est pas par hasard si

---

[47] J. BAULIN, 1982, pp. 118-128, A. ZOLBERG, 1964, p. 317.

les « méécistes » occupent dans le Conseil exécutif élu en 1980, 3 ou 4 places sur 9.

S'il est vrai que certaines personnalités issues de l'histoire du mouvement anticolonialiste des années 1940 ne doivent pas principalement leur maintien à sa faveur mais au prestige qu'ils ont acquis par leurs propres œuvres, leur position actuelle dans le parti n'en est pas moins soigneusement encadrée pour s'en servir comme faire-valoir et alibis du président.

De toute façon l'importance donnée à des hommes nouveaux cooptés sur la base de critères forts éloignés de l'idéal du mouvement anticolonialiste limite et, même, annihile le vieux fonds R.D.A. dans la direction du parti unique.

Ce que le vieillissement et la mort font déjà assez bien, le rajeunissement des cadres (rajeunissement dont il ne faut pas d'ailleurs exagérer la portée)[48], tel que F. Houphouët le conçoit, l'accélère.

Dans ce parti, après la disparition de O. Coulibaly, G. Dadié, J.-B. Mockey, J. Anoma et bien d'autres, A. Denise, G. Coffi-Gadeau, B. Dadié, M. Ekra, Mamadou Coulibaly [49] ne sont que des otages quand on voit la vitesse avec laquelle les Balla Keita, les Bechio et les Djédjé Mady s'élèvent...

Le jour où F. Houphouët congédia Ph. Yacé, après avoir critiqué le fonctionnement du P.D.C.I., il conclut son constat de carence par ces mots :

« *Cette carence des responsables politiques a été en partie atténuée par les qualités des cadres administratifs, économiques et techniques qui ont fait, en général, la preuve d'un grand esprit civique* [50].

Cette phrase établit la confusion définitive entre le parti unique

---

[48] Voir Y.-A. FAURÉ, J.-F. MÉDARD et coll., 1982 ; et P.-F. GONIDEC, 1978.

[49] Trésorier général du P.D.C.I., Mamadou Coulibaly fut Conseiller de l'Union Française. Il a conduit la délégation de la Côte-d'Ivoire nouvellement indépendante à la XVᵉ Assemblée générale de l'O.N.U. en 1960. A l'époque, le bruit courut dans les milieux diplomatiques africains que ses attitudes indépendantes, qui déplaisaient fort aux autorités françaises, lui avaient valu une sévère mise en garde. On trouve dans le livre de M. Le Guillerme une interrogation qui confirme au moins qu'il y eut des bruits, mais qui laisse le mystère entier : « *Que se passa-t-il ensuite, à la XVᵉ session de l'Assemblée générale de l'Organisation des Nations-Unies, en ce qui concerne le rôle de la délégation ivoirienne, dirigée par M. Coulibaly ?* » Toujours est-il qu'après cette mission, il fut question d'envoyer M. Coulibaly à Tunis comme ambassadeur et qu'il n'y alla jamais. Porté à la présidence du Conseil économique et social depuis sa création, il a occupé ce poste effacé jusqu'à sa mort, le 16 novembre 1985.

[50] *Actes du VIIᵉ Congrès*, p. 117.

et l'État. Elle prouve qu'il s'agissait moins de démocratiser le fonctionnement du parti unique que de franchir une nouvelle étape vers une hégémonie plus complète.

Contrairement à ce qu'on a pu écrire [51], ce n'est pas parce que le P.D.C.I. est le parti d'un seul homme qu'il n'a besoin ni d'organisation ni de discipline, ni de participation ; c'est parce qu'en réalité, il se confond avec l'État, ou, pour mieux dire, parce qu'il n'est que le déguisement de l'État.

En sorte que le P.D.C.I. est un parti qui n'a pas de fonction puisque l'État fait mieux que lui. Il n'a pas besoin d'une existence indépendante ni de déployer une activité vivante dans sa base présumée.

L'idée que les dirigeants du parti unique et de l'État confondus se font du rôle des *« militants de base »* peut-elle être différente de celle qu'ils ont du rôle des citoyens dans la nation ? On sait qu'en la matière, leur idéal c'est l'inertie, l'immobilisme, qu'ils appellent la *« stabilité »* parce que le mot paraît plus noble !

Mais il faut redonner à cette notion sa véritable signification dans ce système. La stabilité, cette vertu tant vantée, ne concerne vraiment que trois personnes au tout premier échelon du pouvoir, qui se sont distinguées par leur ancienneté exceptionnelle dans les fonctions qu'ils occupent : le président de la République, le directeur de son cabinet et le secrétaire général de son gouvernement, cités ici peut-être dans le désordre. Deux sur trois sont d'origine ou de nationalité étrangère. Si on excepte ces deux, on peut dire que de tous les Ivoiriens F. Houphouët seul est concerné par la *« stabilité »* de ce système.

Dans son discours du 26 avril 1983, il prit plaisir à faire étalage de sa fortune amassée ou, en tout cas, fortement augmentée grâce à sa position dans l'État ; grâce à la politique qu'il a conduite ; grâce à ce qu'il appelait *« la stabilité de la Côte-d'Ivoire, du régime ivoirien »* [52].

La *« stabilité »* de ce régime est donc une chose qui peut se jauger à la masse des biens personnels acquis par F. Houphouët depuis l'indépendance de la Côte-d'Ivoire. Mais que représente-t-elle pour la majorité des Ivoiriens qui, tous ensemble, produisent, par exemple, moins d'avocats que lui tout seul ? [53]

Tout le bilan des trente-cinq ans de la « vie » du P.D.C.I. depuis

---

[51] Voir notamment R. SCHACHTER-MORGENTHAU, 1974.

[52] *Fraternité-Matin* du 29/4/1983.

[53] *« Il y a même une banque qui gère mes bénéfices sur l'avocat dont, je crois, je suis le premier producteur en Côte-d'Ivoire » (Ibidem).*

1951, c'est l'appauvrissement extrême de la vie politique et son absurdité quand on la compare avec l'époque de la lutte active contre le système colonial.

On écrit parfois que le peuple est « *dépolitisé* » ou « *démobilisé* ». Mais c'est prendre pour de la passivité le mépris des simples gens pour les « kpakpato »[54] qui s'agitent sur le devant de la scène politique.

En réalité, l'attitude actuelle des masses ivoiriennes est leur meilleure défense contre l'entreprise de dépersonnalisation menée par F. Houphouët et son entourage depuis trente ans. Sans elle, on ne peut même pas imaginer le point d'avilissement où cela aurait conduit le pays. Il n'y a qu'à extrapoler l'état actuel de la classe politique pour s'en apercevoir.

Ceux pour qui la politique est une fabuleuse source de revenus [55] seraient bien en peine de dire aujourd'hui qu'elle est la finalité réelle du système qu'ils servent. Noyés dans « *le marécage des intérêts personnels et des ambitions égoïstes* » et pris dans le tourbillon des propagandes impérialistes, aucun d'eux ne peut voir l'avenir du pays plus loin que la hauteur de son nez. Tout ce qu'ils ont à faire, c'est de se placer dans la position où ils seront le mieux assurés d'être remarqués par l'homme qui dispense les faveurs [56].

Pour beaucoup d'entre eux, c'est cela qui s'appelle « *militer* » ! A ce jeu, ils sont les simples pions que les véritables maîtres du jeu manipulent et déplacent à leur guise. Comme on le verra, ils sont parfaitement conscients de cette incapacité.

C'est justement l'un des facteurs qui compliquent la situation politique à la veille des changements que chacun sait inéluctables.

Car, bien évidemment, les Ivoiriens quels qu'ils soient n'acceptent pas de gaité de cœur que la nation soit frustrée de son rôle historique. Eux aussi ambitionnent de maîtriser leur propre destin.

Mais, une chose est de vouloir et autre chose est de savoir ou d'oser faire ce qu'il faut pour l'obtenir.

La grande masse de ceux qu'on appelle les cadres du parti sont suspendus entre leur hantise de perdre les avantages que ce système leur garantit et les risques tout à fait concrets de perdre définiti-

---

[54] Mot « polyglotte » abidjanais qu'on peut rendre en français par « mouche du coche ».
[55] La Côte-d'Ivoire n'est-il pas le pays où on peut soupçonner le secrétaire général d'une importante section du parti gouvernemental, député et maire de la capitale du détournement de *60 millions* de dollars ?
[56] Tels les courtisans à Versailles. Cf. le célèbre et déjà souvent mentionné discours du 26 avril 1983.

vement tout rôle politique dans leur pays au profit du système des conseillers.

Telle est la contradiction qui mine la vie politique ivoirienne et qui la rend si pauvre et si absurde.

En Côte-d'Ivoire, le beau titre de « *citoyen* » tend à être remplacé par celui de « *militant* ». C'est un signe. Etre *citoyen,* c'est vivre et agir comme une parcelle responsable de la nation souveraine. Mais les Ivoiriens ont appris que cela pouvait conduire à la prison ou à la mort.

C'est pourquoi « *militer* » dans les conditions de ce régime c'est souscrire une espèce d'assurance pour faire carrière ou simplement pour vivre un peu mieux à l'aise que d'autres.

Quand on dit appauvrissement et absurdité de la vie politique, c'est donc à eux qu'on pense. Et quand on pense à eux, on en vient nécessairement à cette question : la réalité politique ivoirienne, caractérisée par le fait que le véritable centre du pouvoir est parfaitement dominé par les agents étrangers dont s'entourent le chef de l'exécutif et ses ministres, est-elle compatible avec l'existence d'un parti politique, fût-il de masses ou de cadres, jouant un rôle effectif ? La réponse est évidemment : Non !

5

Parti unique et souveraineté nationale

Le parti unique ivoirien est généralement présenté comme le parti des planteurs. Cette définition permet ensuite de faire de l'État houphouétiste l'instrument des planteurs et des agriculteurs ivoiriens en général.

A partir de ces prémisses, les crises qui ont secoué et qui secouent le régime peuvent facilement s'expliquer comme des phases d'un conflit qui oppose le fond traditionnel de la société ivoirienne, conservateur, à ses franges modernes, plus soucieuses de développement et de progrès. Et, bien entendu, aucune influence étrangère ne s'y rencontrerait !

Il s'agit là d'une pure construction de l'esprit, d'ailleurs en contradiction avec les résultats des travaux les plus récents dans le domaine de la sociologie politique appliquée à la Côte-d'Ivoire [57].

Les planteurs qui ne sont que cela ne jouent pratiquement pas de rôle dans le P.D.C.I. en tant que tels, car « *ils ne se distinguent pas de la population du village* » [58] dans lequel ils vivent.

Il est vrai que les dirigeants du parti unique sont aussi les plus grands propriétaires terriens du pays, à commencer par F. Houphouët lui-même. Ph. Yacé et M. Ekra furent honorés en 1970 parce qu'ils étaient parmi les « *trois premiers planteurs ivoiriens de bananes, tant pour la qualité que pour le tonnage* » et « *des pionniers de la culture de l'avocat et de l'ananas* » [59].

Mais il s'agit là de planteurs absentéistes qui n'ont jamais touché

---

[57] Fauré et Médard, 1982.
[58] J. Gastellu et Affou Yapi, 1982, p. 156.
[59] J. Baulin, 1982, p. 153.

un outil agricole et qui ne doivent leur fortune qu'au seul fait qu'ils sont des dirigeants haut placés de l'État [60].

Encore ne tirent-ils pas leurs revenus de la terre seulement, mais aussi de l'immobilier, de l'exploitation des taxis, de divers autres services et de portefeuilles financiers acquis de la même façon.

Avant de faire fortune grâce à leur position dans l'État, ils s'apparentaient non aux planteurs traditionnels mais aux éléments des franges modernes de la société auxquels ils servent aujourd'hui de modèles.

La question de savoir quelles couches de la société sont représentées *par* ou *dans* le P.D.C.I. est en vérité sans intérêt, du seul fait qu'il s'agit d'un parti obligatoire, même s'il ne l'est que très théoriquement.

En outre, si on regarde non la fiction d'une improbable *« continuité idéologique et politique »*, mais la vérité de l'histoire de ce parti depuis 1951, c'est d'abord et avant tout au pouvoir seul qu'il est utile : le pouvoir colonial avant 1959 et le pouvoir national dominé depuis 1959.

Entre 1950 et 1959, le P.D.C.I. a dormi parce que les colonialistes le voulaient ainsi [61].

Sans doute le congrès de 1959 a-t-il été voulu et s'est-il déroulé contre cet état de choses. Sans doute aussi, ce congrès aurait-il pu déboucher sur une véritable résurrection du P.D.C.I. et un renouveau du mouvement anticolonialiste, même si l'époque n'était plus aux luttes massives mobilisant un peuple unanime et qu'aucun doute n'habitait.

Mais les crises successives qui ont vu la défaite des patriotes qui s'opposaient à la ligne néocolonialiste ont réduit le P.D.C.I. à une existence purement cérémonielle.

Ce « parti de tout le monde » n'est donc, à proprement parler, le parti de personne. A la fin de ses congrès, motions et résolutions peuvent bien refléter les besoins et les aspirations du peuple ou, tout au moins, ceux des milieux où se recrutent les congressistes sachant lire et écrire, qui sont les auteurs et les rédacteurs de ces textes.

Parfois, le reflet est tellement fidèle qu'on pourrait croire que de ce congrès le régime sortira radicalement amendé si on ne sait pas

---

[60] GASTELLU et AFFOU YAPI, 1982, p. 179. Voir aussi J. SURET-CANALE, 1980.

[61] A. ZOLBERG, 1964 ; R. SCHACHTER-MORGENTHAU, 1974 ; M. EKRA, 1978 et 1983.

que les idées directrices de ce régime ne prennent pas corps au sein de son parti mais tout à fait en dehors !

Comme on le sait, aucun des représentants des trusts étrangers, ni aucun des « *conseillers du président* », dont personne ne songe plus à nier l'influence dans la vie politique, n'est membre du parti unique, ni, *a fortiori*, un délégué au congrès.

Mais, si les mots ont un sens, la thèse qui soutient que la dépendance volontaire choisie par F. Houphouët est la condition *sine qua non* du développement économique et du progrès social [62], cette thèse ne signifie-t-elle pas qu'aucune résolution des congrès du parti unique ne peut être appliquée avec sincérité si elle n'est pas conforme à cette condition ?

Ce n'est pas une simple hypothèse. L'impossibilité persistante de réaliser la réforme du système éducatif préparée par une commission spéciale dûment mandatée par un congrès du P.D.C.I. (entre 1970 et 1975) et votée par l'Assemblée nationale (en 1977), et les blocages qui empêchent « *l'ivoirisation* »[63] des emplois, n'illustrent que trop bien cette triste réalité.

Il aura fallu, d'abord, toute l'insistance du Congrès de 1975 et plus de deux ans encore pour que le projet de réforme devienne enfin une loi en 1977. Puis, cette loi est restée lettre morte jusqu'à ce jour malgré tout le bien que le chef de l'État en dit à l'occasion des congrès du P.D.C.I. [64].

On a parlé, à ce propos, de rivalités entre divers personnages du régime, mais ce n'est pas sérieux : s'il y avait un ministre assez puissant pour empêcher par caprice qu'une loi – dont toute la Côte-d'Ivoire y compris F. Houphouët attendait monts et merveilles – soit appliquée, il faudrait admettre que ce ministre était si puissant qu'il en imposait à la « *Présidence* » elle-même, ce qui est simplement absurde.

Cependant, il faut convenir que l'enseignement est un domaine où les causes réelles de cette impossibilité ne se manifestent pas en général avec l'évidence qu'elles ont ailleurs.

Il en va tout autrement de « *l'ivoirisation* ». Pour en juger, il faut

---

[62] Voir Y.-A. Fauré, J.-F. Médard et coll., 1982.

[63] *Afrique-Asie*, n° 337 (17/12/1984) : « ... *Une aide liée à la masse salariale versée aux employés de nationalité ivoirienne, vise à accélérer l'ivoirisation.* » Autrement dit, les Ivoiriens doivent payer pour travailler dans leur propre pays...

[64] Au Congrès de 1975 : « *La réforme, aujourd'hui prête et adoptée, de notre enseignement, doit nous permettre de beaucoup mieux répondre aux besoins de notre appareil de production.* » Actes du VIe Congrès, p. 121.

encore commencer par l'opinion de F. Houphouët sur cette question.

Devant le VIᵉ congrès du P.D.C.I., en 1975, il disait :

« *Si l'histoire nous enseigne qu'un pays peut parfois se développer sans richesses minières et sans terres abondantes et naturellement fertiles, (...) elle ne nous a jamais révélé qu'un pays puisse le faire durablement et harmonieusement sans cadres et sans hommes de qualité.*

« *Or l'ivoirisation des emplois est lente, beaucoup trop lente, les réticences demeurent nombreuses et les freins multiples, le plus important de ces freins se situant au niveau des insuffisances quantitatives d'un système de formation resté trop étranger aux réalités de notre économie* » [65].

Si, de toute évidence, il s'agissait seulement d'égarer la recherche des vraies responsabilités, c'était tout de même reconnaître l'importance de ces réformes pour le pays [66].

Pour sa part, devant le même congrès, Ph. Yacé disait :

« *Ouvrant il y a quelques semaines les journées de réflexion de l'Association des Cadres du secteur privé, j'ai réaffirmé que (...) l'ivoirisation est un impératif qu'il faut absolument réaliser si l'on veut maintenir l'harmonie et le climat de paix sociale seuls capable d'apporter une véritable promotion de l'entreprise.*

« *Mais j'ai ajouté que ce souci d'ivoirisation n'était dirigé contre personne et que le parti souhaite que la solution à ce problème soit trouvée dans un dialogue franc avec les représentants des intérêts concernés* » [67].

Ces paroles indiquent clairement les limites du pouvoir reconnu aux congrès du P.D.C.I. par ses dirigeants eux-mêmes. Elles signifient qu'il n'y a pas, pour certaines matières si importantes soient-elles pour le pays, de décisions souveraines du Congrès et que ses actes les plus unanimes ne sont valables qu'à la condition d'être ratifiés par une instance encore plus élevée, qui n'est pas prévue par la constitution du parti unique, mais qui n'en joue pas moins sérieusement ni moins efficacement son rôle d'arbitre suprême.

Dans la philosophie de ce régime, que même les congressistes les plus avides de réformer l'enseignement et d'ivoiriser les emplois

---

[65] *Ibid.*

[66] Il fallut attendre le Congrès de 1980 et l'opération « anti-Yacé » pour que l'on reconnaisse publiquement ce que tous les Ivoiriens savaient depuis toujours, à savoir que les obstacles qui empêchent l'ivoirisation sont organisés par les « *expatriés* » eux-mêmes : « *Quand à l'ivoirisation qui est un de nos objectifs nationaux, elle est certes freinée par la mauvaise volonté de certains employeurs* » (F. Houphouët, *Actes du VIIᵉ Congrès*, p. 96).

[67] *VIᵉ Congrès du P.D.C.I.*, 1975, p. 72.

ont glorifiée sans réserve, ce n'est pas une anomalie. Dès lors qu'on accepte le système et ses résultats réels ou supposés, on ne peut qu'en accepter les contraintes et, en particulier, sa règle fondamentale qu'un auteur a magistralement ramassée dans cette formule qui, au moins, a le mérite de la clarté :

> « *Il y a probablement une relation solide, dans le secteur public, entre l'appel à l'assistance technique européenne et la bonne marche d'ensemble des administrations, leur efficacité, une autre relation solide dans le secteur privé, entre le succès de la mobilisation des ressources extérieures et le maintien des cadres étrangers contribuant à établir la confiance des investisseurs* » (68).

Dans le langage un peu vulgaire du vieux Massieye qui représente les monopoles à la Chambre de Commerce et qui n'est pas, pour sa décharge, un universitaire probe incapable de soupçonner une affaire de gros sous derrière toutes ces choses, cette formule d'airin deviendrait : « *Réforme de l'enseignement ? Ivoirisation des emplois ? Tout ce que vous voudrez, mais touchez pas au grisbi, ça ferait tout rater !* »

En réalité nul ne sait ce que Massieye pense de ces affaires, mais c'est bien un de ses prédécesseurs, un certain Barthes, qui a dit : « *Il vaut mieux, dans ce territoire, poser quelques kilomètres de rail de plus que de construire des lycées pour les nègres* » (69).

Aujourd'hui, certes, la Chambre de Commerce est « *ivoirisée* ». Mais, constate Vazoumana Méité :

> « *L'Africanisation des chambres consulaires n'est qu'une apparence. La réalité du pouvoir est détenue par le partenaire qui apporte le plus de capitaux et peut compter sur des appuis extérieurs, ceux de l'ancienne métropole, en l'occurrence. Le pouvoir des chambres consulaires est d'autant plus considérable que celles-ci contrôlent, pour ainsi dire, la stabilité économique et sociale du pays...* » (70).

L'impossibilité d'appliquer la réforme du système éducatif malgré le vote de l'Assemblée nationale et celle d'ivoiriser les emplois malgré la volonté unanime des Ivoiriens, sont l'exacte mesure de la dépendance économique et financière de la Côte-d'Ivoire.

Il est clair qu'on ne peut améliorer le système éducatif ni ivoiriser les emplois du secteur privé sans imprimer une orientation sociale et nationale particulière à la structure du budget et sans re-

---

(68) Y.-A. FAURÉ, 1982, p. 38.
(69) Audition de A. Denise, DAMAS, 1, p. 399.
(70) V. MÉITÉ, 1980, p. 56.

mettre en cause le principe du libéralisme sans bornes, autrement dit, le contrôle absolu exercé par les monopoles sur la vie politique, économique et sociale [71].

Ce qui est vrai des deux questions précédentes l'est aussi de la revendication insistante des Ivoiriens en ce qui concerne l'afflux désordonné et incontrôlé des ressortissants des pays voisins.

Dans ce dernier cas, la position des dirigeants, qui consiste à admettre le tout-venant sans aucune restriction ni garantie est aussi absurde et dangereuse que celles des autorités nigérianes qui ont brutalement ordonné l'expulsion de millions de travailleurs étrangers après des décennies d'incurie.

Les deux attitudes s'équivalent, en particulier, parce qu'elles font peu de cas de la dignité humaine.

Dans le discours officiel ivoirien, rien n'indique qu'on s'intéresse aux droits des gens, celui des Ivoiriens comme celui de leurs hôtes. Quand par hasard on évoque l'aspect humain du problème, c'est pour accuser les Ivoiriens de profiter de la présence de nombreux immigrés pour s'adonner à la paresse [72].

En revanche la référence au sacro-saint principe du « *libéralisme économique* » est toujours présente. C'est l'unique justification de la politique des frontières béantes. Ce qui indique assez clairement que cette politique intéresse surtout le patronat « *expatrié* » et que les Ivoiriens auront beau dire, les frontières resteront poreuses et des milliers de migrants continueront sans garantie pour eux ni pour les nationaux à entrer dans le pays chaque année tant que cela sera nécessaire aux employeurs « *expatriés* » et ivoiriens.

Le véritable idéologue collectif du parti unique n'est pas son Congrès ; c'est le capital étranger investi dans le pays qui exerce abondamment cette fonction par la plume de journalistes et d'universitaires étrangers complaisants, ou qui, peut-être, considèrent sérieusement ce régime comme un simple laboratoire d'économie ou de sociologie politiques, et les peuples qui le subissent, comme des cobayes [73].

---

[71] R. LEDDA, 1967.

[72] Ph. YACÉ, *Actes du VIe Congrès*, p. 84. A rapprocher de ce passage du rapport de la Commission de l'Éducation du VIIe Congrès (p. 179) : « *Mais l'éducation et la formation sont des tonneaux des Danaïdes. Au plan national, les sommes immenses dégagées sur le budget ne sont pas toujours perçues avec justesse par les citoyens.* »

[73] L'idée de « *laboratoire* » est de G. Balandier : « *Ces sociétés consti-*

Il s'ensuit que les dirigeants nominaux du parti unique n'ont strictement pas besoin d'exposer leurs propres idées sur la politique qu'ils sont censés inspirer ou conduire.

Ainsi, s'explique le son caverneux que rendent leurs discours, ou bien les contradictions grossières qu'on peut observer de l'un à l'autre ou, chez le même, d'un discours à l'autre !

Dans ce régime, le tribun parle au peuple, mais ce n'est pas de lui qu'il veut être entendu. Il ne veut pas l'informer, l'instruire, l'éduquer ; il fait sa propre réclame pour des oreilles situées à Paris ou à Washington de préférence.

C'est pourquoi, autant les adresses des louanges et des coups d'encensoir sont détaillées et précises, autant celles des critiques ou des remontrances sont anonymes et vagues.

Ce ne sont pas l'opinion et les sentiments des Ivoiriens qui comptent mais ceux des dirigeants américains et ouest-européens.

---

tuent le plus extraordinaire laboratoire de science politique dont puissent rêver les chercheurs attachés à l'élucidation des phénomènes politiques » (cité par A. MAHIOU, 1969).

Les citoyens et le parti unique

La société ivoirienne n'est pas seulement composée de gens de condition égale ayant les mêmes intérêts. Plusieurs groupes d'intérêts opposés coexistent donc au sein du parti unique tels qu'ils existent d'évidence au sein de la société civile avec laquelle on prétend qu'il se confond.

L'obligation faite à tous de cotiser à un seul parti politique n'a pas supprimé comme par magie la diversité des conditions sociales, ni les antagonismes qu'elle engendre, ni les tendances à une différenciation sociale toujours plus grande résultant de l'inégalité de la répartition du revenu national qui caractérise le type de croissance de ces vingt dernières années, au contraire !

En niant ces différences – et c'est l'une des fonctions du parti unique – et en ne faisant rien pour les corriger, on les consacre.

L'acte volontaire et individuel du citoyen qui consiste à choisir librement et personnellement les conditions de son activité civique : l'adhésion, est une chose inconnue dans le parti unique obligatoire.

C'est une raison supplémentaire pour qu'il n'y ait aucun sens à définir ce parti par sa composition sociale.

Mais il n'est pas sans intérêt de savoir comment on est « *membre* » du parti unique selon la position qu'on occupe ou qu'on ambitionne dans la société.

Des sondages effectués sur différents échantillons représentatifs de la diversité de la société ivoirienne par des équipes de sociologues de l'Université d'Abidjan entre 1970 et 1975, permettent une approche intéressante de l'image du parti unique selon la position sociale et les préoccupations des citoyens.

Quand il s'agit des plus humbles, qui sont les favoris de la sollicitude verbale des dirigeants de l'État et du parti unique, l'image qui en résulte n'est pas flatteuse.

Les sociologues constatent :

« *La majorité des personnes interrogées adhèrent au parti sous l'effet de la contrainte pour "pouvoir voyager en paix", pour ne pas être inquiétées par la police* (74), *ou pour faire comme tout le monde. Seuls "les vieux", ceux qui ont connu les travaux forcés (sic) et les vissicitudes de la colonisation voient toujours le parti comme l'organe de la libération du pays, de la suppression de l'impôt* (75) *et des travaux forcés et ont déclaré être membres du parti par conviction personnelle. Les critiques à l'égard du parti viennent surtout de la part des jeunes, des lettrés, mais aussi des analphabètes et plus généralement les personnes économiquement faibles qui ont tendance à rendre le parti responsable de leurs conditions de vie : "Le parti est inefficace" ; "Je me demande où rentre l'argent des cartes"* » (76).

Pour comprendre tout le sens de cette critique, il faut la rapprocher de celle que les simples gens adressent aux organes locaux de l'État. Autant le parti unique est absent de la vie des populations, autant l'administration est envahissante. Souvent elle agit en lieu et place du parti et elle agit à la manière méprisante et violente héritée des commandants de subdivision et de cercle du temps de la coloniale, au su d'ailleurs des autorités suprêmes. Ainsi, au congrès de 1965, Ph. Yacé ironisait : *Bien sûr, héritant des méthodes coloniales d'antan, certains de nos sous-préfets abusent de la force ; ils ont pour eux l'excuse de l'inexpérience* » (77).

« *Nous avons constaté*, rapportent les enquêteurs, *que l'administration intervenait, si besoin est, par la force, pour mener à bien les opérations de développement* » (78). C'est ainsi qu'à Nassian, « *devant la réticence des paysans à abandonner la culture traditionnelle de l'igname pour la culture moderne du coton, la C.F.D.T. (Compagnie française de développement des textiles) fit intervenir l'administration. On employa la contrainte. Les chefs*

---

(74) « *Si tu ne payes pas ta carte, on te prend pour un mauvais citoyen ; on te dégrade (i.e. : on t'humilie en public) en cas de contrôle sur les routes* », « Paysans et ouvriers face au développement », 1971.

(75) Il s'agit de l'impôt de capitation si impopulaire pendant la colonisation et qui fut aboli dès 1959. Il est probable que la perte de ses recettes médiocres a été largement compensée par les nombreux impôts indirects qui l'ont remplacé. Certains enquêtés sont d'ailleurs apparemment convaincus que le prix de la carte du parti unique est un impôt qui a remplacé l'impôt de capitation : « *Avant, on payait l'impôt aux Blancs, actuellement on le paye au parti, pour le développement du pays.* »

(76) U.N.C.I.-I.E.S., 1975.
(77) PHILIPPE YACÉ. *Actes du IVe congrès*, 1965, p. 41.
(78) U.N.C.I.-I.E.S., 1971, p. 23.

de famille furent condamnés à l'emprisonnement temporaire. Les jeunes furent bastonnés »(79).

Parfois il ne s'agit pas de violence, mais de bêtise. A Nassian, toujours, où l'élevage était traditionnellement pratiqué par 95 % de la population dans le village même, un sous-préfet maniaque de l'hygiène a compromis cette vocation en obligeant les paysans à tenir leur bétail dans la brousse.

« *Continuer l'élevage dans ces conditions*, remarquent les sociologues, *impliquait un changement dans la conception de cette activité puisqu'en brousse le bétail ne s'élève plus "seul" et demande des soins et une surveillance accrus auxquels les paysans n'étaient pas habitués. Aucun effort de modernisation de l'élevage n'a été tenté à cette occasion ni par les paysans ni par l'administration et les animaux ont été décimés (morsures de serpents, attaques de fauves)* »(80).

Avec de telles méthodes, peut-on s'étonner que les paysans soient réticents et, même, franchement hostiles à des innovations qui leur apportent pour l'immédiat plus de désagréments que d'avantages, ainsi qu'à ceux qui veulent les leur imposer par la force et sans tenir compte des traditions ni des véritables besoins ?

Ces attitudes négatives des paysans devant le progrès-barbelé concluent les sociologues « *sont les conséquences d'espoirs trompés, bien plus que la manifestation d'un rejet de toute innovation* »(81).

Ce que les simples gens reprochent aux autorités administratives, c'est précisément de s'ingérer sans cesse dans leurs affaires, par-dessus leur tête, et jusque dans ce qu'ils considèrent avec beaucoup de sens civique comme les prérogatives des administrés et de leurs organisations locales du parti unique ou leurs organisations traditionnelles : « *On ne nous consulte pas* » ; « *On ne fait qu'exécuter les ordres* » ; « *Même pour la Fête nationale, c'est le préfet qui a tout pris sur sa tête* »(82).

On ne peut pas douter que ces critiques reposent sur une idée juste quoique spontanée du rôle d'un parti politique, fût-il unique, quand on les entend dire :

« *Le préfet devrait ne jouer qu'un rôle d'intermédiaire entre le peuple et le gouvernement* », ou encore : « *Le pouvoir devrait être laissé aux popu-

---

(79) *Ibidem.*
(80) *Ibidem*, p. 44.
(81) *Ibidem*, p. 26.
(82) U.N.C.I.-I.E.S., 1975.

lations elles-mêmes ; le peuple devrait décider par l'intermédiaire des chefs de quartier car ils connaissent mieux nos problèmes » (83).

A ces critiques si justement fondées, les dirigeants du parti unique répondent comme s'il ne s'agissait que de résoudre un simple conflit de compétence entre différents rouages de l'appareil de l'État. Selon Ph. Yacé :

« L'une des erreurs les plus répandues dans la communication des mots d'ordre du parti réside, semble-t-il, dans l'interprétation abusive que l'on a voulu faire de la primauté politique. Certains en ont conclu qu'en toute occasion à tous les niveaux et pour tous les problèmes, l'organisation politique avait priorité sur l'organisation administrative correspondante. Il n'en est rien (...). La primauté politique n'a jamais signifié le droit pour une organisation politique de se substituer à l'exécutif » (84).

Cette mise au point qui s'adresse seulement aux responsables locaux du parti, dont il semble bien pourtant que les simples gens ignorent l'existence, et aux représentants de l'État, que de fréquents conflits ont toujours opposés, ne pouvait évidemment rien régler puisqu'elle négligeait la véritable racine de ces conflits, qui est l'idée que les simples gens se font communément et avec une grande intelligence des rôles et des responsabilités respectives du parti, c'est-à-dire dans ce système, normalement, du peuple organisé, et de l'administration.

Les dirigeants du parti unique ont toujours eu tendance à penser leurs rapports avec les *« militants de base »* en termes de force plutôt qu'en termes de franche et confiante collaboration, ainsi que A. Mahiou l'a fort justement remarqué [85].

Au IVe Congrès, le même Ph. Yacé interpréta crûment cette conception du parti, à l'intention des responsables des sous-sections du P.D.C.I. :

« Quels moyens (...) avez-vous pour obliger la population à accomplir tel ou tel acte ? Le sous-préfet lui, au moyen de certains textes peut contraindre la population à exécuter tel travail d'utilité publique » (86).

Et c'est ainsi qu'on met le ver dans le fruit. Quand on voit l'état actuel de ce parti, on ne peut éviter de penser que ce sont ses propres

---

[83] *Ibidem.*
[84] *Actes du Ve Congrès,* 1970, pp. 66.67.
[85] A. MAHIOU, 1969, p. 101.
[86] *Actes du IVe Congrès,* 1965, p. 41.

dirigeants qui ont organisé la désaffection des masses à son égard. Que pouvait-on attendre, par exemple, des pouvoirs politiques quasi souverains accordés aux préfets et aux sous-préfets, sinon qu'ils en usent paresseusement pour s'éviter les réelles difficultés d'un patient travail d'explication et d'éducation au service d'un peuple libre et respecté par ses dirigeants ?

Du moins, si on voulait que les populations participent librement aux tâches de développement fixées à leurs mesures et dans leur intérêt d'abord. Avec le temps, les capacités s'améliorant et les intérêts devenant mieux connus, la société deviendrait plus exigeante envers elle-même.

Mais les préfets et les sous-préfets, armés de « *certains textes* » et de la chicote, devaient contraindre et terroriser car ils ne sont pas au service du peuple, mais à celui des Compagnies françaises de développement des textiles, etc.

Or, c'est assez souvent que des administrateurs zélés en difficultés avec leurs administrés ont été à leur tour les victimes de la duplicité et de la démagogie de leurs supérieurs hiérarchiques, même si la règle veut que ces conflits de compétence sont en général tranchés en leur faveur [87].

C'est que, malgré l'abondance des textes, les relations entre l'autorité administrative et le parti unique n'obéissent pas à des règles fixes et connues de tous, mais elles dépendent de ce que les dirigeants de l'État croient être leur intérêt du moment. C'est pourquoi leurs actions ont si souvent l'apparence d'impromptus fantasques aux conséquences aussi imprévisibles que dangereuses.

Un sous-préfet matamore qui se prend pour un « *commandant* » et un peuple qui a appris sévèrement à haïr les « *commandants* », c'est un double risque pour la représentation de l'autorité. Et c'est un risque que ce pouvoir qui, à la fois, court sans cesse après un consensus et s'obstine à ne pas le mériter, est parfaitement incapable d'assumer.

Ainsi s'explique que la compétence des uns et des autres n'ait jamais été définie en toute clarté à partir du moment où on a dû recourir aux autorités administratives pour suppléer des secrétaires généraux devenus trop impopulaires.

Une telle clarification eût exigé du courage ; le double langage n'en demande pas.

Au début des années 1970, une envie de réformes travaillait la

---

[87] J.-F. MÉDARD, 1982, p. 70.

société ivoirienne et le P.D.C.I. renaissant après les drames de 1963-1964.

Dans certaines régions des secrétaires de sous-section avaient été remplacés par les populations elles-mêmes dans des scrutins publics organisés d'ailleurs avec la supervision de représentants de la direction nationale dûment mandatés à cet effet. Cela ne fit pas longtemps l'affaire de F. Houphouët et, bientôt il destitua les nouveaux secrétaires élus dans ces conditions, prenant inconsidérément le risque de discréditer encore plus cette fonction.

Et c'est pourquoi il fut nécessaire d'attribuer des fonctions politiques aux autorités administratives [88], ce qui permettait de ne pas dépenser un excès d'imagination pour préserver *« une des fonctions du parti* [qui] *est justement de faciliter le contrôle présidentiel par un dédoublement structurel quadrillant l'ensemble du territoire »*[89].

Dès lors Ph. Yacé dut, pendant les dix années suivantes, se charger d'une nouvelle tâche : justifier par sa seule éloquence cette nouvelle atteinte au principe démocratique du P.D.C.I. qui subsistait vaille que vaille dans ses franges villageoises.

Mais, même sans la suzeraineté ainsi conférée aux autorités préfectorales, l'autoritarisme est le seul mode d'exercice de l'autorité qui se pratique dans le parti unique. C'est une conséquence du blocage du fonctionnement démocratique au sommet du P.D.C.I.-R.D.A. en 1950.

Dans leur section, qui sont les unités de base du parti unique[90], les secrétaires généraux sont de véritables potentats à l'image de leur chef, du moins quand il n'y a pas un sous-préfet pour les surclasser.

Jusqu'en 1980, ils étaient plus ou moins directement imposés par F. Houphouët et ils étaient, de ce fait, totalement indépendants des *« adhérents »* dont ils étaient sensés émaner. Depuis 1980 ils sont élus dans un scrutin ouvert comme le député de leur circonscription et le maire de leur commune.

Du coup, on s'aperçoit qu'ils n'existent pas vraiment, sauf quand ils cumulent cette fonction avec les deux autres, peut-être parce qu'elles sont moins liées aux aspects les plus troubles de l'histoire du parti unique.

En effet, pour avoir été longtemps revêtue par des hommes de

---

[88] Préfets et sous-préfets devinrent membres de droit des directions locales du parti unique.

[89] J.-F. MÉDARD, 1982, p. 64.

[90] Jusqu'au VIIe Congrès (1980), elles s'appelaient des *« sous-sections »* comme au temps où le P.D.C.I. lui-même était une section du R.D.A.

main et des délateurs [91], la fonction de secrétaire général de section continue à souffrir de cette indignité après être devenue élective.

En ce qui concerne les plus favorisés, leurs idées sur le parti unique n'apparaissent pas aussi clairement. Plus souvent instruits et même cultivés, ils savent évidemment ce qu'ils peuvent en attendre vraiment. Autant la conscience de leurs besoins matériels individuels et catégoriels s'exprime avec précision, autant leur opinion sur les institutions est vague ou conformiste.

Si on ne trouve pas chez eux la même confusion entre les rôles du parti unique et du gouvernement ou de l'État, en revanche ils les amalgament tout de même en tant que composantes des *« structures nouvelles »* du pays, qu'ils considèrent comme les clés du progrès, par opposition avec les *« structures traditionnelles susceptibles d'entraver le développement économique et social »*. Cette attitude révèle l'une des ambiguïtés de ces catégories, car, en même temps, elles aussi vivent dans la nostalgie des traditions villageoises [92].

En effet, on peut voir d'après une autre enquête (H. Bourgouin, 1984) que malgré toutes les vertus qu'elle attribuent aux cadres institutionnels modernes, les *« cadres »* ivoiriens placent le chef de village et le chef coutumier bien plus haut dans leur estime et dans leur confiance que le préfet, le directeur ivoirien d'entreprise et le ministre, dans l'ordre d'estime décroissant. Nous y reviendrons.

Les Ivoiriens appartenant à ces catégories sont, dans l'ensemble, conservateurs, en ce sens qu'ils apprécient la capacité du régime à empêcher les convulsions sociales et politiques (la fameuse *« stabilité »*) et donc à assurer leur tranquillité et leur prospérité.

Mais ils sont inconséquents dans la mesure où ils continuent à rêver d'indépendance nationale et d'égalité des chances dans un système dont la raison d'être est si évidemment de perpétuer la dépendance du pays à l'égard des centres impérialistes et d'assurer aux affairistes étrangers opérant en Côte-d'Ivoire toutes les facilités et préférences qu'ils veulent.

Ce sont eux aussi qui fournissent les contingents d'adhérents aux associations *« multinationales »*, ces moules qui servent à conformer les consciences *« en voie de développement »* selon les canons occidentaux.

Cette sorte de contradiction s'exprime, par exemple, à la fois

---

[91] Notamment pendant les événements de 1963-1964. Voir à ce sujet L. GBAGBO, 1984, pp. 212-223.

[92] R. LEDDA, 1967 ; H. BOURGOIN, 1984.

dans la permanente actualité de la revendication de « *l'ivoirisation* » et dans son impossibilité ; tant il vrai que

> « *la caractéristique principale des groupes privilégiés africains (bourgeoisie commerçante, bureaucratique et rurale) est de croître et de se développer à l'abri du marché impérialiste et de la pénétration néocoloniale et d'en dépendre* » (93).

Cette contradiction se révèle encore mieux dans le commentaire qu'Henri Bourgoin [94] a consacré à un sondage d'opinions effectué spécialement dans la frange moderne de ces catégories.

Quoique le livre du maire d'Odienné [95] pourrait bien n'être qu'un extraordinaire exemple de la façon dont les sondages sont parfois détournés à des fins idéologiques et politiques inavouables, de nombreux faits rapportés et certaines attitudes du commentateur lui-même confirment les constatations faites par les sociologues de l'Université ainsi que les observations si pertinentes publiées par Romano Ledda il y a près de vingt ans.

En particulier, on est frappé par l'absence de toute allusion au parti unique et à ses organisations.

Haut fonctionnaire et homme politique, H. Bourgoin fait partie de ces catégories auxquelles, en quelque sorte, la Côte-d'Ivoire est affermée depuis la « *démocratisation* » de 1979-1980, mais qui n'ont d'avenir (quand ce n'est pas tout bonnement leur seule ambition), et qui le savent bien, qu'en tant qu'agents indigènes des multinationales ayant une de leurs tentacules sur Abidjan.

Aussi, l'absence dans son livre de toute référence au parti unique dont il est l'un des dirigeants (il est membre du comité directeur du P.D.C.I.) ne peut-elle pas être sans signification. Et, cela, dans toutes les hypothèses possibles.

La plus favorable c'est que, du fait du caractère « *étranger* » de la commandite de cette opération et du traitement de ses résultats, ainsi que de l'ambition continentale du commentateur, d'une part ; du fait du caractère exclusivement « *national* » des affaires du parti unique ivoirien, seul point qui le différencie du reste de l'appareil d'un État infiltré jusqu'à la moëlle par les « *expatriés* », d'autre part ; il était sans doute délicat d'évoquer le P.D.C.I. dans cet ouvrage malgré que tous les matériaux proviennent nécessairement de son sein, puisqu'il est le parti de tous les Ivoiriens et que les enquêtes sont des Ivoiriens.

---

[93] R. LEDDA, 1967.
[94] Odienné est une ville au nord-ouest de la Côte-d'Ivoire.
[95] H. BOURGOIN, 1984.

Cependant, même dans cette hypothèse l'impasse totale faite sur le parti unique conserve sa signification ; car, au moins l'auteur devait s'en expliquer d'une manière ou d'une autre. Son silence absolu autorise donc à y voir l'exacte mesure de la place que le P.D.C.I. occupe dans les préoccupations ordinaires de ceux qu'on appelle ses cadres et le peu de sérieux qu'ils attachent aux fonctions qu'ils y exercent...

C'est pourquoi il faut relever l'« oubli » du secrétaire général de section du parti unique dans le questionnaire, quand on a demandé aux enquêtés de *« définir leur vision des principaux types de chefs »* [96].

Les raisons qui ont fait choisir le préfet plutôt que le secrétaire général dans *« le secteur politico-administratif »* sont incompréhensibles. Le préfet fait double emploi avec le ministre, puisqu'il est le représentant du gouvernement dans le département ; et le secrétaire général se situe incontestablement dans ce secteur ; en outre, sa fonction est nettement différenciée de la fonction gouvernementale.

Son évocation eût permit de mieux apprécier l'attitude des enquêtés vis-à-vis du régime et, peut-être, de nuancer favorablement la vision générale du système qui en découle.

A défaut d'un matériel fiable, il ne reste que la supposition hasardeuse : si la vision de ce type de chef avait des chances d'être sensiblement meilleure que celle du ministre et du préfet, on peut être certain que les enquêteurs l'auraient fait connaître, car on ne peut pas croire qu'ils auraient intentionnellement forcé les résultats de cette enquête dans le sens le moins favorable à seule fin de privilégier *« cette perception plutôt négative du rôle et des caractéristiques des autorités administratives et officielles... »* [97].

Faut-il croire alors que les enquêteurs ont pu avoir des raisons de craindre que la vision du secrétaire général de section n'apparaisse pas sensiblement différente de celle du ministre et du préfet ; c'est-à-dire, dans le meilleur des cas, celui du préfet, une image *« en général négative, mais surtout ambiguë »* ? [98].

Si les enquêtés de ces catégories se soucient moins des intérêts de la société en général que de ceux de la tranche minoritaire de la population où ils se situent, ils rejoignent la masse des Ivoiriens les plus humbles dans la sévérité de leur jugement sur les résultats de la politique de ce régime. Toutefois ils paraissent persuadés qu'il suf-

---

[96] H. BOURGOIN, 1984, p. 165.
[97] *Ibidem*, p. 175.
[98] *Ibidem*, p. 170.

firait qu'ils prennent les rênes du pouvoir administratif et économique des mains de leurs aînés pour que tout change au mieux.

Cette attitude se trouve directement à l'origine d'une des questions qui revenaient sans cesse dans les débats du parti unique, la question des « *comités ethniques* » qui étaient, dans les grandes villes et notamment à Abidjan, les organisations de base du P.D.C.I. La suppression de ces comités maintenant réalisée en principe était une revendication spécifique des citadins instruits qui voyaient en eux un obstacle de nature à limiter leur rôle dans la vie politique.

Le fait est qu'avec ce système il ne pouvait pas y avoir de véritables cellules de quartier ou d'entreprise groupant les adhérents sur la base des particularités de leur vie professionnelle ou sociale. Et cela est d'ailleurs valable pour tous les présumés adhérents de ce parti, qu'ils soient citadins ou villageois.

L'ouvrier ou le cadre d'une entreprise, l'enseignant, l'agent paramédical, l'employé de banque ou le postier n'étaient pas organisés en tant qu'ouvrier ou cadre, enseignant, infirmier ou postier, sur leur lieu de travail ou dans leur quartier avec ceux qui ont les mêmes intérêts et préoccupations professionnels ou sociaux qu'eux, mais en tant que ressortissants d'un village plus ou moins éloigné de leur lieu de travail ou de résidence et dans lequel ils ne sont peut-être même pas nés ![99].

Une telle conception de l'organisation du parti unique était d'autant plus absurde que le P.D.C.I. compte dans ses fonctions théoriques celles de favoriser l'intégration nationale.

Aussi, les « *cadres de la nation* » avaient-ils beau jeu de dénoncer la survivance des « *comités ethniques* » comme un obstacle à l'unité nationale. La revendication de leur suppression s'appuyait en outre sur le fait qu'à l'origine du mouvement anticolonialiste déjà ce type d'organisation n'avait été adopté ou maintenu qu'à titre provisoire et avec répugnance. Il faut bien voir cependant qu'il ne s'agit absolument pas de la même chose aujourd'hui et entre 1946 et 1950.

Le parti fondé en 1946 n'a vécu en pleine légalité qu'environ trois années, du 9 avril 1946 au 6 février 1949. Il n'a pas eu le temps de se doter d'une véritable organisation digne de ce nom. Pour parer au plus pressé, il était organisé dans les agglomérations urbaines de

---

[99] L'U.G.T.C.I., l'A.F.I., et le M.E.E.C.I., etc. n'offrent pas vraiment cette possibilité car ce ne sont pas des organisations de base du parti unique, mais des organisations de masse qui lui sont inféodées par le sommet. Ils ne concernent, en outre, que des minorités et leur rôle spécifique se situe en dehors du domaine politique proprement dit.

la même façon que dans les villages, c'est-à-dire sur la base des affinités ethniques de ses adhérents, visant de la sorte à former des groupes d'action dont les membres parlaient la même langue et, donc, à faciliter la communication entre les militants agissant le plus souvent ensemble.

Cette situation considérée comme provisoire était pourtant alors certainement plus avantageuse que dangereuse. L'histoire du mouvement anticolonialiste ivoirien en fit magistralement la démonstration. Le parti structuré à sa base sur ce principe n'en constitua pas moins cette masse compacte de volontés qui fit trembler les gouverneurs et les ministres colonialistes en 1949 et 1950.

A l'inverse, les formations hostiles au R.D.A. qui étaient, elles, ouvertement fondées sur une propagande régionaliste ou tribale, ont échoué à rassembler ceux qu'elles prétendaient représenter.

En Côte-d'Ivoire, la bataille contre le bastion ultracolonialiste avait rapproché les peuples au point que la forme d'organisation à laquelle les dirigeants du mouvement avaient dû se résigner ne constitua jamais une menace pour son unité ou pour son efficacité, au contraire !

Dans les moments de la plus intense activité, quand les rangs des militants se gonflaient et que le besoin de cadres se faisait cruellement sentir, les groupes de militants usant couramment de la même langue trouvaient plus facilement les organisateurs, les tribuns et les agitateurs dont eux et le mouvement avaient besoin et c'était plus avantageux que s'il avait fallu adjoindre un ou plusieurs interprètes à chaque groupe d'action ou de simples militants.

Néanmoins, les hésitations vis-à-vis de ce principe s'expliquent parce que, autant on savait alors que la Côte-d'Ivoire qui luttait avait besoin d'un mouvement vivant et puissant, collant véritablement aux masses, c'est-à-dire procédant d'elles sans intermédiaires, autant on voulait que cette lutte fût le baptême historique d'une nation ivoirienne et que l'identité nationale se constituât en même temps que le peuple conquérait ses droits niés par le parti colonial.

Tout le monde ne sait pas que la nation est née le jour où les peuples vivant et souffrant sous la même tyrannie se sont rassemblés pour donner l'assaut à la forteresse des oppresseurs ! C'est pour cette deuxième raison que le principe de la structuration par affinités ethniques causa une réelle inquiétude dans le mouvement, d'ailleurs significativement unanime contre lui.

Mais il n'est pas sûr que si on avait pu organiser le P.D.C.I. selon l'autre principe, c'est-à-dire en ignorant systématiquement la réalité linguistique du pays, on aurait atteint des résultats aussi avantageux que ceux qu'on a connus.

Aussi bien, la vraie question était de choisir entre le risque d'organiser un mouvement dans lequel la communication s'apparenterait au dialogue entre deux sourds, et un mouvement dont les adhérents appelés à agir ensemble parleraient la même langue et se comprendraient directement.

Pour atteindre cet avantage, il fallait en passer par la reconnaissance des différences et des affinités ethniques, mais, à travers cela, c'était la communauté de langage de ces groupes qui était utile au mouvement.

Devait-on sacrifier cet avantage afin d'éviter le risque alors réellement et purement théorique de favoriser les particularismes régionaux et tribaux ? C'eût été, dans les conditions d'alors, une erreur aussi grave pour l'unité nationale, que seule la lutte positive en vue des objectifs du R.D.A. pouvait cimenter, qu'actuellement, l'encouragement officiel des particularismes.

Entre 1945 et 1951, la lutte contre le même adversaire identifié en toute clarté unissait la majorité des Ivoiriens dans le P.D.C.I.-R.D.A. La lutte et la répression créaient un mouvement spontané vers l'union de tous les peuples de la Côte-d'Ivoire.

Aujourd'hui, après ces longues années où le mouvement s'est inexorablement délité et où aucune tâche véritablement nationale n'a été proposée aux Ivoiriens tandis que le pouvoir encourageait très officiellement tous les particularismes (par exemple en faisant de l'origine ethnique ou régionale le critère décisif du choix des ministres) ce ne sont pas seulement les ethnies qui s'affrontent à propos de questions politiques importantes ou dérisoires, mais des morceaux d'une même ethnie, des villages d'une même région, des familles d'un même village et, même, des membres d'une même famille !

Le palmarès du parti homonyme du P.D.C.I.-R.D.A. contient aussi la perte de l'identité nationale constituée dès 1944 et brillamment affirmée en 1949-1950.

Dans ces conditions, le problème des *« comités ethniques »* ne se pose pas aujourd'hui en termes d'organisation proprement dite, mais surtout en termes de rapport de force des différentes catégories sociales dans le parti unique. Avec son organisation actuelle, ce sont les masses rurales qui y sont théoriquement en position dominante.

On voit l'avantage que le pouvoir peut en tirer, notamment grâce à l'inertie et à l'éparpillement de ces catégories.

Organisé comme une espèce de confédération de groupements ethniques et régionaux, particularistes, introvertis et englués dans d'incessantes et dérisoires querelles de clochers ou de personnes, le parti unique obligatoire est un bon obstacle au libre développement des initiatives politiques au plan national.

Cette forme d'organisation, en privant définitivement les masses citadines de tout rôle politique décisif, réduit aussi les possibilités d'intervention des masses villageoises. C'est, en quelque sorte, le couronnement du processus d'intégration du parti unique au domaine réservé du chef de l'État.

Au plan national, qui est le domaine où les franges modernes de la société pourraient intervenir avec le plus d'efficacité, le président du parti unique détient seul la puissance du parti. Au plan régional ou ethnique, elles sont diluées dans les masses villageoises dont l'horizon politique est forcément limité.

Ainsi, militant en tous points exemplaire, le président du parti unique symbolise à lui tout seul l'unité nationale de telle sorte qu'elle n'a pas besoin d'autres symboles ni d'autres manifestations.

Plus heureux que Louis XIV, F. Houphouët n'est pas seulement l'État, il est aussi le Parti. Il est la Nation !

Ceux qui réclament la réforme de ce système et qui ne mettent pas en cause son rouage essentiel ni sa finalité ont, vraisemblablement, moins le souci de l'unité nationale que celui de leur propre position.

Il est en effet un point sur lequel tous les observateurs s'accordent : le zèle à participer aux activités ou, pour mieux dire, aux cérémonies rituelles du parti unique est directement proportionnel aux positions acquises ou ambitionnées dans le système. Ceux qui sont « *arrivés* » ou bien qui sont assurés d'« *arriver* » un jour à leur tour ne sont pas tant favorables aux changements.

En revanche, pour ceux dont les chances sont minces dans les conditions actuelles, toute réforme serait la bienvenue pourvu qu'elle leur donne un rôle. Ils savent que le système des « *comités ethniques* » est le verrou principal qui leur ferme les accès de la scène politique. Leur suppression changerait leur position dans le parti et, en même temps, elle améliorerait leurs chances de carrière dans l'État, sans rien changer à l'orientation actuelle de l'un ni de l'autre.

En un sens cette revendication est porteuse de progrès, mais à la condition de déboucher à coup sûr sur une orientation nouvelle du parti unique, quant à sa fonction et à son rôle dans la vie politique.

Ce serait le cas si les « *comités* » font place à des organisations liées à la vie professionnelle et sociale des adhérents.

Mais, elle peut aussi déboucher sur la constitution de groupes de pression plus aptes à défendre des intérêts catégoriels que l'intérêt général des Ivoiriens ou l'unité nationale.

7

La vie intérieure du parti unique

A) Règlement de comptes au sommet (avril 1983)

Malgré l'intérêt documentaire indéniable de telles enquêtes, il faut pourtant savoir qu'on ne peut en tirer, en ce qui concerne notre sujet, qu'une connaissance de la façon dont la propagande officielle est globalement reçue et digérée à la périphérie.

Cela tient, pour une part, à ce que, quelle que soit l'homogénéité des échantillons en fonction des critères adoptés, on y rencontrera toujours des différences ; par exemple, en ce qui concerne la richesse des intérêts des personnes interrogées. On peut trouver dans un village éloigné des personnes mieux informées de la chose publique ou bien, au sens civique plus aiguisé que bien des citadins instruits. La qualité du civisme des individus ou celle de leur rapport aux médias peut être déterminante dans leur façon de recevoir la propagande officielle, de situer les responsabilités ou simplement de répondre à un questionnaire.

Et, pour une autre part, cela tient à la terrible efficacité du matraquage désinformateur dont les Ivoiriens, en particulier, sont assommés depuis des années ; de sorte que les cerveaux les mieux faits en arrivent à gober les affabulations les plus invraisemblables.

Dans un essai comme celui-ci, des ensembles d'événements tels que ceux qui se sont produits à l'occasion de la grève des enseignants en avril 1983 sont sans aucun doute mieux appropriés pour ouvrir à une connaissance directe et dynamique, pour ainsi dire expérimentale, de ce que représente le parti unique dans la vie politique ivoirienne.

Ce sont de vrais psychodrames à l'échelle de toute une nation, puisqu'aussi bien tous les Ivoiriens adultes sont présumés membres du parti unique. On peut y voir ce parti parlant et agissant lui-même et non plus comme un reflet froid dans le miroir de la conscience d'autrui.

En outre, dans ces circonstances dramatiques, les mouvements de l'opinion publique jouant le rôle de chœur antique sont plus naïfs, au sens étymologique, donc encore plus significatifs.

Le 28 avril 1983, deux jours après la prise de parole de F. Houphouët, de grands rassemblements se sont formés. A l'avant des cortèges, parmi les dirigeants de l'État et du parti unique, on pouvait voir des gens de tous âges et de toutes origines politiques : des anciens héros de 1949-1950, mais aussi des tard venus qui ne sont pas les moins haut placés dans la hiérarchie de l'État ou dans celle du parti unique d'ailleurs confondues.

Ces rassemblements se sont faits au nom du P.D.C.I., mais ce qui réunissait tous ces gens, c'est moins leur appartenance au parti de ce nom que leur allégeance à F. Houphouët ou, pour mieux dire, leur dépendance à l'égard de la politique à laquelle il a donné son nom.

On peut le dire parce que dans son discours il n'a fait référence au parti unique que pour insinuer que c'est, en quelque sorte, l'un de ses biens personnels :

« *Qui a financé le Syndicat agricole africain ? Qui a financé les premiers pas de notre parti ?* (...) *Vous m'avez envoyé, élu, à Paris. Et Dieu seul sait combien a coûté cette campagne électorale. Seul, Denise m'avait aidé, il avait versé je crois 250 000 francs. Mais tout a été fait par moi* » (100).

Autre fait révélateur, il n'a pas nommé le parti unique parmi les moyens qui lui sont indispensables pour gouverner. Oubli d'autant plus significatif qu'il s'est longuement étendu sur l'usage des caisses noires et des écoutes téléphoniques ! De sorte que si les meneurs des cortèges croyaient lui apporter un soutien contre le « *grand commun diviseur dans le monde* » (101) et contre ses suppôts ivoiriens, c'est, semble-t-il, sur la corruption, le viol des correspondances et sur la puissance des États-Unis que F. Houphouët lui-même compte le plus pour leur résister. En quoi, d'ailleurs, il n'a pas tort : en ce jour d'avril 1983, le soutien du parti unique à son président ne s'est manifesté qu'après coup !

---

(100) F. Houphouët, Discours du 26 avril 1983, in *Fraternité-Matin* du 29 avril 1983.
(101) « *Mais, là où cela devient grave, c'est le choix de leur maître, un grand commun diviseur dans le monde, et tout le monde le sait... et j'en parlerai bientôt avec Reagan* » (*Fraternité-Matin* du 29 avril 1983).

La mobilisation tardive du parti unique a plusieurs causes également plausibles, mais elle s'explique surtout par la profondeur de la crise de confiance qui mine ce régime et dont on aperçoit les signes dans les paroles mêmes de F. Houphouët.

A lire attentivement le texte du discours du 26 avril, on comprend qu'au-delà des enseignants en grève pour leur logement, il y avait la société entière dressée en suspicion légitime contre le détenteur du pouvoir suprême absolu.

Il faut remonter à 1966 et à l'affaire de la *« double nationalité »* pour retrouver une telle violence dans la bouche du chef de l'État ivoirien. Alors aussi, il s'était trouvé seul contre la société entière, y compris ses plus proches compagnons.

Dans maints passages de ce discours, plusieurs allusions qui se voulaient subtiles visent assez clairement certains *« compagnons »* dont les noms ne sont pas évoqués par hasard. Ainsi de A. Denise, pour minimiser sa contribution, et de M. Coulibaly qui était le trésorier du P.D.C.I.-R.D.A. et qui n'a pas pu ne pas se sentir visé par cette insinuation atroce : *« Il y a des gens qui perçoivent les cotisations et qui ne les versent pas. »*[102].

Quant aux diverses *« bourgeoisies »* dont on entend si souvent disputer de leur rivalité et de leur influence respective dans ce régime, F. Houphouët profita de l'occasion pour en indiquer l'aloi. On ne dira pas qu'il ne savait pas de quoi il parlait :

« Vous qui n'aviez rien, mais que ma politique a permis de sortir du trou, c'est vous qui allez maintenant me traiter de voleur ? Celui qui est né dans l'argent et qui reste dans l'argent ? »[103].

Quelques mois plus tard, devant le Conseil national de novembre 1983, il sera encore plus clair dans l'expression argumentée de son mépris pour ces catégories qui lui doivent tout [104].

Pour lors, il accusait ces couches parasitaires profiteuses insatiables de la *« prospérité »* ivoirienne, mais qui seraient, d'après lui, incapables de créer rien qui vaille, d'être les instigatrices du mouvement d'humeur des enseignants :

« Les enseignants du secondaire (...) sont soumis à deux sortes de pressions : nos frères, à tous les niveaux, propriétaires des logements qui ont tiré un maximum de profits du placement des baux à l'administration, voient mal la disparition du jour au lendemain de cette manne. Malgré leur mili-

---

[102] *Fraternité-Matin* du 29 avril 1983.
[103] *Ibidem.*
[104] *Fraternité-Matin* du 14 novembre 1983.

tantisme, l'intérêt particulier prime davantage que l'intérêt général. Je sais que certains d'entre eux — une minorité — demandent aux enseignants de persévérer (...) » [105].

Ces paroles sont d'autant plus significatives qu'elles répétaient les critiques déjà proférées par le président du parti unique trois ans auparavant, à l'occasion du congrès de 1980 [106].

Ainsi, ces critiques n'ont servi à rien. Les cadres du parti unique seraient toujours indignes et le nom de P.D.C.I. ne recouvrirait que la recherche de leur profit personnel !

Cependant, l'expression de ce mépris s'enveloppe aujourd'hui d'une certaine prudence. Le pourfendeur des vices du parti unique s'arme d'une rapière émoussée, sachant qu'on pourrait la retourner contre lui.

Tel est le point de suspicion réciproque et même mutuelle où en sont arrivés les prépondérants de ce parti !

La révélation des journées d'avril, c'est que F. Houphouët se trouve à un échelon si élevé au-dessus du parti dont il est le président qu'il ne sait plus lui-même s'il en est membre ou non.

Toute sa conduite avant le jour où il consentit enfin à parler lui-même après la vaine tentative d'intimider la nation par le truchement de Camille Alliali [107] ainsi que tout son discours révèlent en lui le complexe d'Achille réfugié sous sa tente pour obliger les Grecs à l'implorer. Et nos Grecs aussi durent plier devant cette superbe. Après tout, Troie n'était-elle pas, comme la *« riche »* Côte-d'Ivoire que ses propres dirigeants assiègent plus qu'ils ne la gouvernent, un prodigieux trésor voué au pillage ?

Revenons à la procession du jeudi 28 avril 1983.

Qui étaient ceux qui manifestaient ? Sans aucun doute, beaucoup de simples gens mal renseignés sur les tenants et les aboutissants de cette affaire réellement compliquée pour eux, sont-ils venus, ayant cru sincèrement qu'il s'agissait de défendre la tranquillité du pays contre toutes sortes de dangers extérieurs, et ont donné au défilé par leur présence un poids singulier. Mais ce poids ne pesait pas forcément dans le sens le plus favorable aux profiteurs du régime.

Toutefois, l'affaire ne les concernait pas ; elle ne concernait vraiment que ces derniers.

---

[105] *Fraternité-Matin* du 29 avril 1983.
[106] Voir *Actes du VIIe Congrès du P.D.C.I.*, Frat-Hebdo éd., 1980, pp. 116-117.
[107] Voir à ce sujet L. GBAGBO, 1983.

Ceux qui se tenaient ostensiblement aux premiers rangs des cortèges étaient précisément ceux que F. Houphouët avait pris pour cible dans son discours deux jours plus tôt, si du moins on admet honnêtement que les amalgames auxquels il s'était livré à cette occasion sont sans importance comme tout ce qui est exagéré. Et c'est le fait intéressant, à condition de donner sa vraie signification à ce discours si apparemment inutile et inopportun.

En effet, contrairement à ce qu'on pourrait croire à la suite d'une lecture superficielle, chaque mot a été pesé afin qu'il soit bien entendu de ceux seulement à qui il s'adressait.

Ainsi, par exemple, en avouant qu'il était l'un de ceux qui drainent illégalement les capitaux vers l'étranger, c'était une manière de faire savoir qu'il était capable, dès lors, de publier la liste exhaustive des autres. Or, s'il est facile quand on est dans sa propre position de supporter une telle publicité sans dommages, il n'en est pas de même pour d'autres grands de ce régime qu'en général l'opinion publique est prompte à soupçonner et qui ne tiennent debout que parce qu'ils se protègent à son ombre.

C'est pourquoi la procession du 28 avril n'était pas à proprement parler une manifestation de soutien à la politique de F. Houphouët, mais un acte d'allégeance renouvelé et une amende honorable.

Il s'agissait pour beaucoup, grâce à elle, de préserver la « stabilité » des rapports naturels qui avaient été imprudemment mis en cause à l'occasion de l'affaire des baux administratifs, lorsque certains ont cru, à cause de l'implication de beaucoup de parents du chef de l'État qui, à Yamoussoukro notamment, tirent du Trésor public des rentes substantielles par ce biais, détenir un moyen de pression sur lui.

Le discours était donc un défi qu'il leur lançait : « *Osez m'accuser encore et vous verrez ma défense !* » ; ou bien encore, c'était une forme de chantage à l'abdication, de quoi paniquer tous ces gens qui eussent été bien en peine de trouver seuls parmi eux un bienfaiteur aussi généreux et un bouclier aussi efficace.

Cependant, les journées d'avril 1983 n'ont rien créé de nouveau. Simplement, l'ancien ordre des choses a été raffermi. Cela a aussi son importance quand on sait que vers cette époque les débats autour de la succession prenaient souvent un tour insolent qui frisait le crime de lèse-majesté et tendaient ainsi à diminuer la distance entre F. Houphouët et le reste de la classe politique.

Ainsi fonctionnent dans ce système les rapports entre le président du parti et les autres dirigeants. Il doit être normalement au podium et tous les autres doivent être en bas, très bas, à ses pieds. Ce n'est pas une loi écrite et c'est pourquoi, si individuellement chacun d'eux connaît exactement sa situation par rapport à lui, ensemble, et lorsque la situation s'y prête, ils se laissent parfois duper par le fantôme de la démocratie qui hante encore le sigle du P.D.C.I.-R.D.A.

C'est ce qui explique les velléités de révolte si facilement matées qui jalonnent l'histoire de ce régime comme des squelettes le long des pistes du désert.

B) Des dirigeants rencontrent la base (septembre 1983)

La relation entre les dirigeants du parti unique et les « *militants de la base* » n'est pas d'une meilleure qualité que celle qui existe entre eux si on en juge par ce qui s'entend quand ils se rencontrent.

L'affligeante réalité que les événements d'avril 1983 ont révélée au grand jour, la tournée de vingt-quatre missions de propagande envoyées par la direction du parti unique à l'intérieur du pays en septembre de la même année l'a confirmée.

Ces missions furent envoyées dans toutes les régions du pays afin de transmettre aux populations visitées, « *le message du parti* » ainsi résumé par un de leurs chefs :

« *Nous sommes envoyés par le parti et le gouvernement vous dire qu'en Côte-d'Ivoire, nous ne sommes plus en sécurité : il y a trop de bandits, de voleurs, aussi bien dans les villes que dans les villages. Parmi ces bandits, ces malfaiteurs et ces voleurs, il y a aussi des Ivoiriens, c'est-à-dire nos propres enfants. Alors, comment faire pour que tout cela cesse ?* »(108).

A sa question pathétique, cet orateur devait répondre un peu plus tard par un appel général à la délation :

« *Il a donc insisté, rapporte un journaliste, sur la nécessité pour les militants de base de s'organiser en comités de village et de quartier pour s'aider eux-mêmes et aider les forces de sécurité. Dorénavant, chaque citoyen devrait regarder autour de lui et dénoncer aux autorités ceux qu'on appelle "les mauvais grains de la société"* »(109).

Il ne s'agissait pas seulement de bandits et de voleurs. Les

---

(108) *Fraternité-Matin*, 14/9/1983 : propos attribués à Kéi Boguinard.
(109) *Fraternité-Matin*, 17/9/1983 : propos attribués à Kéi Boguinard.

messagers du parti unique se livrèrent au même amalgame que leur chef dans son discours d'avril. Les opposants politiques, les « *fauteurs de troubles* » et les adeptes « *d'idéologies importées* » eurent leur lot d'imprécations au même titre que les trafiquants de drogue et les assassins :

> « *Il faut que les comités des quartiers, des villages, des campements s'organisent en tenant des réunions. C'est à ce seul prix que le pays pourra lutter efficacement contre les idéologies importées et contre le banditisme* » (110).

L'actuel président de l'Assemblée nationale, Konan Bédié, fut encore plus clair. Il ne fit d'ailleurs pas d'amalgame et s'en prit sans détours au seul véritable ennemi du régime, l'adversaire politique ;

> « *Il a invité la population militante à barrer la route à toutes les actions de subversion et de déstabilisation, qu'elles viennent de l'intérieur ou de l'extérieur,* (et il) « *a insisté auprès des militants et des militantes pour dénoncer aux autorités compétentes les fauteurs de troubles et tous ceux qui portent atteinte à la sécurité des Ivoiriens* » (111).

Le plus agressif et, sans aucun doute le plus sincère aussi, c'est un de ces anciens « *méécistes* » récemment montés en force à la direction du parti unique. Les oreilles font mal à entendre les paroles et le ton de ce jeune homme : une impression désagréable de déjà ouï ; comme un écho venu de très loin dans le temps et dans l'espace ; depuis l'Europe de l'an 1933 à l'an 1945 ; ou bien de ces pays d'Amérique où sévissent les « *Escadrons de la mort* » : « *Ceux qui veulent porter atteinte à la vie du parti doivent d'avance renoncer à leur propre vie* » (112).

La mission des vingt-quatre délégations comprenait aussi la défense de la « *primauté du parti* » ; la justification de la politique des frontières béantes :

---

(110) *Fraternité-Matin*, 10-11/9/1983 : propos attribués à M. Séri Gnoléba.
(111) *Fraternité-Matin* du 10-11/9/1983.
(112) *Fraternité-Matin* du 14/9/1983 : propos attribués à Gilles Laubhouët. Ce personnage a fait école : récemment un secrétaire de section n'a pas craint d'affirmer que « *les fauteurs de troubles trouveront leur tombeau dans sa localité* » (*Fraternité-Hebdo*, n° 1326, 4/10/1984). Quelle ironie ! C'est au moment où les dirigeants de ce parti parlent le plus de démocratie qu'ils sont le moins enclins à s'y conformer !
A rapprocher de ce passage d'un discours de K. Bédié : « *Celui qui entreprend de détruire une œuvre de valeur humaine sera, à coup sûr, anéanti lui-même par sa propre action.* » C'était en 1965 et c'est une allusion évidente au sort d'Ernest Boka que ce pas de danse macabre de celui qui est devenu le président de l'Assemblée nationale l'année où l'on a su que Boka était mort innocent !

« *Il faut ouvrir les portes de ce pays à tout le monde sans distinction de race et de couleur. C'est ce que le président Houphouët a fait et les résultats heureux sont là, probants* » (113) ;

l'explication de l'absence prolongée du chef de l'État qui, après sa tournée en Amérique du Nord et en Grande-Bretagne, se reposait ou, peut-être, boudait dans son domaine de Marnes-la-Coquette, non loin de Paris ; et, enfin, la banalisation de la question de sa succession.

Le traitement de ces thèmes imposés fournit de précieuses indications sur la très grande variété d'opinions et d'attitudes qui coexistent au sein du groupe dirigeant du parti unique ; sur l'état réel des soi-disant comités de base ; sur la réalité des rapports entre ces comités et la direction nationale ; sur ce que le parti attend ou demande des « *militants de base* » et ceux-là de lui ; etc.

Aux « *militants de base* » il est seulement demandé d'épier, de dénoncer, d'obéir aux mots d'ordre du parti et d'attendre que ce dernier veuille bien agir. A la rigueur, ils sont autorisés à formuler des doléances. C'est seulement pour cela, semble-t-il, que ces comités existent ou qu'ils doivent être créés. Quant à prendre des initiatives et agir, c'est du ressort des seules « *instances supérieures* » (114).

Il ne s'agissait pas seulement de refréner les actes d'autodéfense auxquels l'évidence de l'incurie du pouvoir pousse de plus en plus de citoyens, mais bien d'interdire les initiatives politiques et sociales qui risqueraient de déboucher sur des conflits ouverts avec l'orientation officielle du régime, comme l'indique les appels au respect de la « *primauté du parti* » sur les organisations syndicales par exemple (115).

Mais, pour assurer sa primauté, encore faut-il que le parti unique soit réellement présent sur place. Or, à écouter les messagers et ceux qu'ils visitaient, on retire l'impression que partout, c'est une forme lointaine et étrangère à la vie quotidienne des populations.

On doit au bon sens d'un responsable local qui accueillait A. Djédjé Mady, cette remarque révélatrice d'un certain malaise :

---
(113) *Fraternité-Matin*, 10-11/9/1983 : propos attribués à G. Laubhouët.
(114) « *Toutes les doléances (...) seront portées à la connaissance des instances supérieures du parti* » (*Fraternité-Matin* du 14/9/1983 : propos attribués à Akoto Yao).
(115) « *M. Léon Konan Koffi a déconseillé aux populations (...) la considération (sic) des initiatives tendant à instaurer une concurrence avec le parti. Les associations syndicales (...) quelles que soient les catégories professionnelles qu'elles représentent doivent être des associations de participation et de contribution aux efforts du P.D.C.I.-R.D.A.* » (*Frat.-Matin*, 10-11/9/1983).

« *La restauration de la primauté du parti doit passer par la mise des anciens et vrais militants aux postes de commande du parti* » (116).

Tous les messagers se sont présentés comme des « *envoyés du parti* ». De leur côté, les populations les ont accueillis comme s'ils étaient vraiment les ambassadeurs d'une galaxie lointaine et mystérieuse. « *La population de Buyo,* nota un reporter dont l'enthousiasme en l'occurrence en dit long, *était venue nombreuse pour écouter le message du parti* (...). *C'est une des rares fois où un public aussi nombreux vient écouter les messagers du parti* » (117).

Au cours de ces manifestations, la preuve fut faite que dans ce parti on ne parle pas le même langage. Le seul thème du militantisme donna lieu à tant de variantes contrastées chez les dirigeants en mission comme chez leurs hôtes qu'on en vient à douter s'il ne s'agit pas pour tous d'une attitude complètement inconnue.

Accueillant la mission conduite par Konan Bédié, une femme député lui « *dit que la visite de la délégation était attendue comme une occasion pour raviver et entretenir le militantisme* » (118). Dans une autre région, la population aurait demandé « *l'introduction de l'enseignement du militantisme dès le cours préparatoire* » (119) !

Quant aux membres du bureau politique en mission, il peut sembler que le militantisme est, à leur idée, soit soumission béate et confiante au parti, sorte de « *Big Brother* » omnipotent et inaccessible (120), soit acceptation du rôle d'espion et de délateur (121).

Le traitement très contrasté de chaque thème par les uns et par les autres, ainsi que leur importance relative dans chaque développement, du moins à en juger par ce qu'en ont retenu les reporters, ne sont pas seulement affaire de style ou de talent ; ils dénoncent la personnalité et la nuance politique des locuteurs.

---

(116) *Frat.-Matin*, 14/9/1983 : propos attribués à Alphonse Gbey, secrétaire de la section de Man.

(117) *Frat.-Matin*, 10-11/9/1983.

(118) *Ibidem* : propos attribués à Marcelle Ahou, député de Bongouanou.

(119) *Frat.-Matin*, du 14/9/1983.

(120) « Les populations unanimes se sont dites prêtes à exécuter les mots d'ordre du parti », propos attribués à Bra Kanon, in *Frat-Mat*. du 10-11/9/1983.

(121) « ... Nous vous invitons à une vigilance politique à l'extérieur de la nation. Ainsi, une collaboration totale doit désormais s'instaurer entre les militants de la base et le sommet du parti. Nous devons le faire en dénonçant les égarés, et tous ceux qui seront en cheville avec nos ennemis, qu'ils se trouvent à l'intérieur ou à l'extérieur de notre pays » (propos attribués à Bernard Ehui, in *Fraternité-Hebdo* du 15/9/1983).

Ainsi, le grand commis discipliné, gagné *à la* politique, mais pas *par la* politique, continue ici comme il le faisait dans son corps d'origine de servir ponctuellement le chef de l'État.

L'intellectuel délicat, mais imprudent, trahit ses doutes par sa façon fiévreuse d'interroger l'auditoire avant de se répondre en prononçant cette infamie, l'appel à la délation que, sans doute, il réprouve dans son for intérieur.

Le carriériste ambitieux auquel les scrupules pèsent moins que la graisse, déjà cardinal et croyant en ses chances de devenir pape s'il se maintient assez longtemps, marque prudemment sa place avec juste ce qu'il faut de fanatisme pour ce rôle.

L'ancien opposant clandestin qui un jour manqua de courage n'en finit pas de passer à l'ennemi en piétinant rageusement son honneur ou ses remords.

L'ancienne victime de toutes les répressions passées joue sa partie avec la gaucherie de celui qui, faisant malgré lui une chose répugnante, voudrait bien passer inaperçu.

Le louveteau dressé dans le M.E.O.C.A.M. et dans le M.E.E.C.I. brandit ses arguments comme s'il croyait tenir un révolver.

L'inconditionnel de F. Houphouët, pantin mécanique bien remonté, maintient une pose et un langage empreints de dignité tant qu'il récite la leçon apprise, mais il fléchit nettement et, même, il devient trivial quand l'énergie de ce ressort est épuisée.

Le parvenu imbu de sa personne et friand d'étiquette se pavane devant les foules avec les allures d'un général romain retournant d'un fructueux pillage.

Tous les destins se reflètent dans la façon de parler à l'auditoire. Seulement le destin personnel de chaque orateur, à croire que chacun représente un parti différent.

Cela s'aperçoit particulièrement quand on compare l'agressivité impudente du nazillon qui voue l'adversaire politique à la mort avec le légalisme ambigu d'un G. Coffi Gadeau qui tint à rappeler que « *la Constitution du parti* (sic) *donne le droit (à ceux qui veulent combattre notre régime), de se constituer en parti s'ils sont convaincus de leurs aspirations* » [122]. Il existe autant de représentations du parti

---

[122] G. Coffi Gadeau qui fut un temps ministre de l'Intérieur n'est pas sans savoir que tous ceux qui ont essayé de s'organiser *contre* ou seulement *en dehors* du P.D.C.I. ont été durement réprimés. En outre, la cotisation au parti unique étant obligatoire, les opposants qui réussiraient, par hypothèse, à faire enregistrer un parti concurrent ne seraient-ils pas obligés de financer le parti de leurs adversaires ?

unique que de messagers, selon leur origine ou selon leurs ambitions.

En face, il y a des hommes et des femmes qui portent leur propre idée de ce que devrait être ce parti, selon leurs conditions de vie et selon la nature de leurs besoins.

Ainsi, de Boundiali, un journaliste rapportait non sans inquiétude ce qui se disait parmi la foule venue à la rencontre des représentants de la direction du parti unique :

« *L'indépendance n'est pas venue jusqu'ici* » ; ou encore, « *En Côte-d'Ivoire, l'argent fait la loi* »[123].

On ne peut pas définir en termes plus justes la situation du prétendu « parti de tous » par rapport à l'opinion de la partie la plus nombreuse de la population. Le pseudo-P.D.C.I. est perçu comme l'association des possédants ou comme un instrument à leur service.

Ici, il s'agissait de paysans d'une région particulièrement déshéritée ; mais ces choses-là doivent se dire aussi dans les « maquis »[124] d'Abidjan et elles pourraient s'entendre dans les villas des quartiers résidentiels si on n'y parlait pas une langue plus compliquée et moins franche.

C) Les congrès

Les congrès du parti unique souffrent des mêmes équivoques que ses manifestations improvisées.

Les congrès sont à ce type d'organisation ce que sont les salons de beauté aux vieilles coquettes : il ne faut pas gratter beaucoup pour voir surgir leur vérité sous l'enduit des artifices.

Malgré le soin avec lequel les porte-parole des régions et ceux des commissions de travail sont sélectionnés, il y a toujours, d'un côté, les mêmes vœux sans cesse réitérés et, de l'autre, les mêmes pharisiennes promesses de les réaliser sans faute avant le congrès suivant.

Ainsi, par exemple, de l'*ivoirisation*. En 1975, Ph. Yacé jura :

---

[123] *Fraternité-Hebdo* du 10-11/9/1983.

[124] Ce terme désigne des lieux de restauration populaires qui ont proliféré dans les quartiers pauvres d'Abidjan à l'époque du « *miracle économique* ». Par sa connotation historique il renvoie à l'origine clandestine et illégale de ces établissements. L'auteur dramatique Bernard Zadi y situe quelques scènes savoureuses de sa pièce célèbre *L'Œil*.

« J'affirme devant le congrès, au nom du parti et de son président d'honneur, que l'ivoirisation se fera dans les cinq prochaines années ; procédant d'une aspiration nationale légitime, c'est une affaire de souveraineté » (125).

Voilà dix ans passés et on en est au même point !

L'histoire des Congrès du parti unique est le fidèle reflet des rapports conflictuels entre son président et la société ivoirienne tant il est vrai que ce parti, à défaut d'être le parti de tous les Ivoiriens, est néanmoins le seul parti avec lequel presque chaque Ivoirien a eu des affinités certaines à un moment ou à un autre de sa vie.

Les congrès se réunissent seulement lorsque F. Houphouët le veut, c'est-à-dire lorsqu'il ne peut pas les empêcher ou lorsque cela lui est avantageux. En quarante ans il n'y a eu que sept congrès, soit un tous les cinq ans alors que la périodicité normale selon les statuts était de un ou deux ans jusqu'à la modification faite en 1980.

Il n'est pas besoin de longues recherches pour comprendre pourquoi il n'y a pas eu de congrès entre 1947 et 1959, puis entre 1959 et 1965. Ces périodes sont celles ou de graves conflits ont divisé la direction du P.D.C.I.

Le non-respect de la périodicité normale après 1965 paraît inexplicable à première vue, mais cela s'explique fort bien quand on sait que les conflits au sommet ne sont pas des artéfacts ou de simples remous superficiels, mais la traduction de phénomènes qui se produisent au plus profond de la société, même quand leurs protagonistes n'en ont pas conscience comme c'est malheureusement vrai dans la plupart des cas.

Les cacophonies qu'on a pu entendre en suivant les rencontres de septembre 1983 entre des représentants de la direction et la population ne sont pas un phénomène nouveau.

Il y a longtemps que les dirigeants qui vont *« vers la base »* éprouvent à leurs dépens la vigilance et la sagacité des simples gens. Celui qui en a fait une fois l'expérience n'y revient pas volontiers. Longtemps après il en parle comme de la grande aventure de sa vie d'homme public. On raconte l'histoire récente de ce jeune membre du bureau politique et ministre issu du M.E.E.C.I. en mission du parti dans son village et à qui de vieux villageois auraient fait dire que sur le P.D.C.I. ils en savaient certainement plus que lui.

Il ne faut pas trop vite confondre cette sorte d'attitude avec celle qu'évoque R. Ledda, quand il écrit :

---

[125] *Actes du VIe Congrès du P.D.C.I.-R.D.A.*, 1975, p. 75.

> « *Il n'est pas rare de constater que les gens déterminent leurs positions conformément à des concepts sociaux du passé* (...) *C'est ainsi qu'un manœuvre peut considérer un ministre comme son égal ou son inférieur selon la hiérarchie tribale* » (126).

Il y a sans doute un peu de cela, mais s'agissant de la Côte-d'Ivoire, ce pays si intensément travaillé par la politique dans le meilleur sens du mot, il y a surtout beaucoup de cet esprit de responsabilité qu'illustra la brève trajectoire du mouvement anticolonialiste des années 1940, qu'on ne voit plus guère aux dirigeants, mais que les simples gens conservent parce qu'ils n'ont pas eu à le monnayer.

Ces « *braves paysans* » qui font la leçon aux envoyés du parti, quand il peuvent s'exprimer en congrès, ils le font avec la même franchise ou si vous préférez, avec la même candeur. D'autant plus que les congrès leur offrent parfois l'occasion d'assister aux scènes de jalousie entre dirigeants. Et c'est pourquoi on est plutôt enclin à les espacer.

Les congrès du parti unique se distinguent aussi par leur apparente inutilité. Tant en ce qui concerne la vie du parti lui-même qu'en ce qui concerne les affaires du pays ou de l'État, on dirait qu'ils ne se réunissent que pour constater leur propre carence et pour être informés des décisions arrêtées en dehors d'eux.

Ce qui rend ces congrès si inutiles, c'est évidemment l'indépendance de F. Houphouët par rapport au parti dont il est, néanmoins, le président, indépendance plus large paradoxalement depuis que le P.D.C.I. est annexé au domaine réservé. Cette circonstance agit comme un dissolvant qui annulerait d'avance tous les projets de changement qui sont susceptibles de s'exprimer dans les instances ouvertes du parti unique, tels le congrès et le conseil national.

Mais, si elles sont inutiles pour définir, pour décider et pour mettre en pratique la politique de l'État, les instances ouvertes ont leur utilité comme exutoires périodiques. En tant que telles, elles sont d'ailleurs plutôt passives qu'actives, en ce sens que ce n'est pas ce qui s'y passe qui a de l'importance, mais ce qui se passe pendant l'attente de leur réunion.

Leur convocation permet en effet de donner à espérer que bientôt des solutions seront trouvées aux « *problemes de l'heure* ». Il ne faut pas oublier que ce qui manque le plus évidemment dans ce ré-

---

(126) R. LEDDA, 1967, p. 605. note 19.

gime n'est pas la capacité, mais la volonté politique d'oser s'attaquer aux problèmes.

Les gens ont donc le sentiment qu'il suffirait de « s'y mettre », surtout qu'on les y convie. Loyaux et crédules, ils s'y préparé activement sous les yeux des décideurs. Le jour venu, on les laisse parler et exhaler leur rancœur, et puis on les renvoie avec des remerciements, des promesses, voire des serments. Et on est tranquille pour un moment.

De sorte que les fameux « *problèmes de l'heure* » sont en réalité aussi anciens que le régime lui-même. L'*ivoirisation,* la *réforme du système éducatif,* la « *primauté* » *du parti,* autrement dit le contrôle des citoyens organisés sur l'appareil de l'État ou encore, la démocratie tout simplement ; la *réglementation de l'immigration, l'emploi, la justice sociale,* etc., se retrouvent inévitablement dans les motions de tous les congrès depuis 1965 avec plus ou moins d'acuité selon le cas.

Avec quelque force que la voix du peuple s'est exprimée, ses espoirs ont été toujours déçus.

Si les congressistes représentant la base ne sont jamais assurés que leurs débats et leurs votes auront une influence sur l'activité du gouvernement, voire seulement sur celle du parti unique lui-même, comme le montre leur inertie devant les graves questions qu'on vient d'évoquer, les dirigeants à leur tour ne sont pas plus assurés que les votes les plus enthousiastes correspondent à une adhésion véritable et sincère à leurs projets.

Le congrès de 1965 en a fourni un exemple remarquable avec la question de la « *double nationalité* ».

Le projet de F. Houphouët avait été adopté à l'unanimité par le congrès avant d'être non moins unanimement condamné au rejet par l'opinion publique où tous les congressistes ont évidemment une part importante.

De la part des représentants du peuple, car les congressistes le sont certainement malgré tout, parce qu'ils reflètent nécessairement les sentiments des masses qu'ils partagent en général, sinon leur volonté elle-même, il ne s'agit pas de duplicité, mais de la manifestation de l'instinct de conservation.

De sorte que l'impuissance des congrès n'est pas tant celle du peuple que celle des dirigeants du parti et de l'État qui, à défaut de pouvoir orienter à leur gré le mouvement de ce peuple, l'immobilisent afin de créer l'impression qu'il participe de leur propre paralysie.

Toutes les cérémonies du parti unique ne sont que les arlequinades dans lesquelles ceux qui se disent les serviteurs du peuple s'ingénient à l'abuser.

Cela peut se dire d'ailleurs sans méjuger de la sincérité ou de la lucidité de tous les hommes qui participent à ces assises.

L'impuissance de ce parti ne serait pas plus ou moins grave, plus ou moins préjudiciable aux intérêts de la société, si dans ses directions et dans ses congrès les naïfs étaient plus ou moins nombreux que les roués et les cyniques. L'efficacité de ce parti n'est pas une question de bon vouloir ou de savoir-faire. Avant de parler de l'efficacité, il faut se poser la question de la *possibilité* et de la *nécessité* d'exister.

Quant on voit les simples gens demander à quoi sert le parti unique ; quand ce parti ne se manifeste que pour conjurer les menaces proférées par son chef à l'encontre de certains de ses membres ; quand on voit les dirigeants et les membres de la base échanger un dialogue de sourds ; quand ses plus hauts responsables s'avouent incapables de tenir les promesses solennellement jurées devant le congrès ; et, enfin, quand le président lui-même s'exprime comme s'il était non seulement au-dessus, mais en dehors du parti, voire de la communauté nationale [127] ; il y a déjà suffisamment de raisons pour douter que ce parti existe vraiment.

---

[127] On ne peut comprendre autrement cette parole qu'on entend clairement à l'écoute de l'enregistrement du discours du 26 avril 1983 : « *On dit que nous ne faisons rien ici : j'ai une partie de mes biens à Abidjan. Ce sont des milliards. Ils ne viennent pas de VOTRE budget ?* » (souligné par nous). Ce n'est évidemment pas un lapsus, autrement dit, une substitution involontaire de la deuxième personne du pluriel à la première. Pourquoi F. Houphouët aurait-il eu besoin de dire « *NOTRE budget* » alors que le plus naturel, comme le prouve la correction apportée au texte imprimé, était d'employer la forme contractée de l'article défini : « *DU budget* », en y ajoutant, si une telle précision était jugée utile, « *de l'État* ». Du reste, tout le contexte plaide en faveur de cette interprétation.

ÉPILOGUE

> « Il est malheureusement probable que les réalistes se moquent de la conscience de mon pays, ou même qu'ils n'ont jamais pensé qu'un pays puisse avoir une conscience. »
>
> Georges BERNANOS *(Écrits de combat)*

Tandis qu'à l'horizon pointe l'aube du quarantième anniversaire de la fondation du Parti démocratique de la Côte-d'Ivoire, *« les Ivoiriens,* peut-on lire dans un ouvrage qui n'a pas déplu à leurs dirigeants, *semblent largement étrangers dans leur propre pays »*[1].

Hélas ! Ils ne semblent pas seulement ; ils le sont bel et bien. C'est la conséquence du péché originel de ce régime qui aussitôt l'indépendance proclamée l'annula avec les accords de coopération qui restituaient aux colonialistes les instruments de leur domination.

Juste après les cérémonies au faste exceptionnel du 7 août 1960, les choses redevinrent comme elles étaient au temps de *l'indigénat,* avant l'apparition du P.D.C.I.-R.D.A., quand les habitants naturels du pays n'avaient aucune part dans la direction des affaires. A cette différence près qu'un Ivoirien était à la place du gouverneur. Mais, ce n'était pas une différence bien grande, car auprès de lui un vrai gouverneur était resté en place.

Cette régression était d'ailleurs inévitable. C'était la condition nécessaire pour que le type de croissance « choisi » pour la Côte-d'Ivoire produise tous ses avantages.

S'agissait-il d'un choix délibéré et dont tous les risques avaient été préalablement pesés en toute responsabilité et lucidité et devaient être courageusement assumés comme la contrepartie inévitable des bienfaits qui allaient en découler ?

---

[1] J.-F. MÉDARD, 1982, p. 81.

Des auteurs l'affirment très sérieusement [2]. On peut être surpris que cette affirmation ne parut nécessaire qu'après qu'il fut devenu évident que les inconvénients d'un tel choix surpassaient ses bienfaits. Du moins cela est-il tout à fait évident pour les Ivoiriens qui, on en conviendra, sont les premiers juges en cette matière.

La réponse à la question est dans l'actualité ivoirienne de ces dernières années. Certes, on n'a pas mis à l'ordre du jour un bouleversement complet de la ligne politique suivie depuis 1959, date de la promulgation du code des investissements, loin s'en faut !

Vingt-six ans de mauvaise foi politique ne s'effacent pas si facilement ! Cependant, jusque dans le gouvernement, on n'hésite plus à mettre l'amoncellement des difficultés sociales, économiques et politiques en parallèle avec la prépondérance des intérêts et des volontés étrangères sur les intérêts et la volonté des Ivoiriens [3].

Et peut-être en serait-on déjà à désigner plus ouvertement la ligne du *« repli tactique »* comme la grande cause des difficultés actuelles si les brumes de l'amour-propre et celles du fétichisme, ou bien la prudence la plus élémentaire cessaient complètement d'opacifier cet esprit critique.

Il n'est pas interdit de rêver. Cependant, il faut aussi savoir que cette lucidité tardive et probablement vouée à rester définitivement étroite, en tout cas impuissante, n'est qu'une réponse démagogique à des interrogations pressantes venues des profondeurs de l'opinion publique nationale, interrogations qu'il est de plus en plus malaisé et même périlleux d'éluder.

Une situation inouïe se développe en Côte-d'Ivoire, en relation avec la crise du modèle économique et ses retombées sociales ; avec les difficultés de la succession de F. Houphouët qui est pratiquement ouverte, quoiqu'il puisse décider pour son propre avenir immédiat ; avec la déliquescence du parti unique aggravé, ô ironie ! par sa *« démocratisation »*.

La prospérité qui était la justification de ce régime a fait place à ce que les Ivoiriens appellent *« la conjoncture »* par dérision

---

[2] Y.-A. FAURÉ, J.-F. .MÉDARD, 1982.

[3] On peut en prendre pour preuve les propos de M. Séri GNOLÉBA rapportés dans le n° 60 du magazine *Jeune Afrique économique*, du 11 avril 1985, par exemple.

pour les anciens faiseurs de miracles qui avaient pris ce mot pour camoufler leur échec.

Le parti unique n'a probablement jamais été plus qu'aujourd'hui un jeu de mots dénué de tout contenu ; moins capable de rassembler les Ivoiriens ; moins encore de les guider vers des solutions satisfaisantes aux problèmes qui se posent à eux.

Dans ces conditions les dirigeants du pays se trouvent absolument désarmés.

La Constitution de la République ivoirienne telle qu'elle est sur le papier, n'a été vraiment appliquée à aucun moment depuis 1960. Dans ce domaine comme dans beaucoup d'autres, la pratique du pouvoir s'est toujours tenue « à côté » des normes légales définies par lui-même.

La Constitution, bâtie en vue d'une politique donnée dans un moment particulier, s'est trouvée bientôt absolument inadaptée parce qu'elle n'avait pas été conçue pour suivre le mouvement de la société, mais comme si elle devait arrêter ce mouvement le jour de sa promulgation.

La société ivoirienne est une société en pleine mutation. Son évolution est un mouvement complexe et changeant, imprévisible. Les institutions de ce régime, au contraire, calquées servilement sur des modèles étrangers en oubliant leurs fondements historiques et sociaux, forment un cadre rigide comme un vêtement étriqué qui empêche les mouvements [4].

Il ne s'agit pas de nier l'utilité ni les avantages d'un État moderne. Il s'agit de savoir en user.

L'État ivoirien, succédané du pouvoir colonial, est au service d'un type d'économie choisi de façon arbitraire au profit principal d'intérêts étrangers cyniquement dominateurs. Il est, dans son principe même, inadapté à la société ivoirienne, même si la société ivoirienne était dans sa totalité une société moderne.

---

[4] Il est vrai que F. Houphouët fut député au Palais-Bourbon pendant dix-sept ans et membre du Cabinet français pendant trois ans ; cependant, le parlementarisme qu'il a pratiqué sous les IVe et Ve Républiques n'est qu'une caricature de la Convention nationale, instrument de la première nation devenue vraiment souveraine ; une simple apparence maintenue par la bourgeoisie thermidorienne et sa descendance pour camoufler son absolutisme. Quant à son ancien ministre de la Justice qui fut le maître-d'œuvre de la Constitution du 3 novembre, s'il n'avait tenu qu'à des gens comme lui, sans doute la Côte-d'Ivoire n'aurait-elle pas une Constitution et elle serait encore « française » !

Que dire alors des résidus des formes d'organisation traditionnelle qui subsistent encore, non pas seulement dans les mentalités, mais dans la vie réelle des gens ? Une frange très large de la population s'est retrouvée sous-administrée du fait même du caractère artificiel des institutions de l'État moderne.

C'est ce qui s'exprime dans le paradoxe des Ivoiriens de toutes conditions, y compris les plus « *détribalisés* », qui à la fois veulent le progrès et réclament la restauration ou la réhabilitation des anciennes autorités villageoises. A quoi le pouvoir répond en multipliant la création des préfets et des sous-préfets qui, à leur tour, réclament un uniforme et des galons afin de ressembler tout à fait aux anciens commandants de cercle et de subdivision !

Mais, en vérité, peu importe le nom et l'habit qu'on donne au chef. L'important c'est la façon d'exercer la fonction. Et, cette façon dépend évidemment des buts qu'on recherche.

La tendance à confondre l'État et le parti unique, qui s'exprime dans la prépondérance donnée aux préfets et aux sous-préfets sur les secrétaires généraux de section, signifie qu'on ne recherche pas la participation volontaire et responsable des populations à la vie politique mais qu'on veut continuer à les traiter comme cela se faisait au temps de l'indigénat, quand le commandant tout-puissant régnait au-dessus de créatures à qui on ne demandait, conformément au vieux principe du gouverneur Angoulvant, que d'obéir ou de crever.

Ainsi dévalués, les organes locaux du parti unique ne pouvaient que dépérir à proportion de l'augmentation des pouvoirs des autorités administratives. Et leur mode de désignation actuel n'est pas fait pour arranger les choses tant en ce qui concerne le prestige de la fonction et l'image des hommes qui l'exercent, qu'en ce qui concerne la place du parti unique dans le système ; car il achève de gommer les dernières différences entre lui et les autres institutions de l'État sans rien ajouter à son prestige, au contraire !

Les fonctions du parti unique restent un excellent tremplin pour qui guette l'occasion de bondir plus haut, jusqu'à la Mairie ou l'Assemblée nationale par exemple. C'est pourquoi, en 1980, on a vu ici ou là quelques jeunes loups combattre âprement pour l'obtenir quand ils ne pouvaient pas encore prétendre à mieux ; ou bien, quand ils ont jugé prudent de ne pas l'abandonner à un concurrent. En général cependant, tous ceux qui avaient le choix préférèrent les autres fonctions, plus prestigieuses et plus lucratives.

Les secrétaires généraux n'ont guère de moyens financiers liés à leur fonction et on ne peut pas en faire des « *lobbistes* » bien utiles.

Ainsi, l'une des conséquences de la « *démocratisation* », c'est le déclin brutal de la fonction de secrétaire général de section et, par conséquent, du rôle même du parti unique.

Mais, en vérité, le P.D.C.I. était condamné dès le moment où son principal dirigeant a abandonné les objectifs du mouvement anticolonialiste faisant perdre au parti le large soutien des masses qui le caractérisait à ses débuts. Les observateurs de bonne foi conviennent aujourd'hui que

> « le P.D.C.I.-R.D.A. (est) *de plus en plus mal perçu par la population, qui n'adhère que du bout des lèvres à ses enthousiasmes "mobilisateurs"* »[5].

Ce qui se traduit par les faibles taux de participation aux élections. Cette désaffection n'est pas récente. C'est un processus dont le début coïncide avec celui du *« repli tactique »*. On a beau dire, la *« stabilité »* légendaire de la vie politique ivoirienne, toute relative d'ailleurs si on considère les nombreuses crises qui ont opposé F. Houphouët à l'ensemble de la société dès le commencement du *« repli tactique »*, s'explique bien moins par des facteurs internes que par les soutiens extérieurs dont bénéficie le régime du fait de son alignement inconditionnel sur les objectifs du néocolonialisme.

Il est peu probable que sans ces soutiens, et si le peuple R.D.A. avait pu en décider librement et en toute connaissance de cause, l'homme du 6 octobre 1951 aurait eu la capacité de s'imposer et de se maintenir si longtemps à la tête du pays.

Dès 1950 pour les patriotes les plus lucides ou les mieux informés ; à partir de 1956 pour la plupart des autres, il était devenu clair que le *« repli tactique »* signifiait la répudiation des acquis et des promesses du formidable mouvement populaire qui avait atteint son apogée à l'approche des procès de Bassam, au début de l'année 1950 [6].

A ce moment, l'image de F. Houphouët pâlit sensiblement tandis que la popularité d'un Ouezzin Coulibaly, l'autre député R.D.A. de la Côte-d'Ivoire alors directeur du *Démocrate*, grandissait à proportion, comme l'indique par exemple le fait qu'en 1951, c'est son portrait en écusson et non celui de F. Houphouët que les femmes R.D.A. arboraient dans leur manifestation-surprise le jour de l'inauguration du port d'Abidjan [7].

Ce qui se passa alors détermina la nouvelle politique des autorités coloniales à l'égard de la Côte-d'Ivoire. Le but était d'imposer

---

[5] B. THAMEUR, *Afrique-Asie*, n° 360 (4/11/1985).
[6] Procès de l'affaire du 6 février 1949.
[7] H. DIABATÉ, 1978, p. 101.

F. Houphouët comme leader unique et d'écarter tous ceux qui lui faisaient de l'ombre et d'abord O. Coulibaly [8].

Pour réussir une telle opération, il était indispensable de donner l'impression que les buts du mouvement anticolonialiste n'étaient pas abandonnés, mais seulement les formes radicales de lutte présentées comme préjudiciables aux intérêts du peuple. C'est l'origine du fameux slogan : « *repli tactique* ».

De cette période la Côte-d'Ivoire a hérité deux importantes caractéristiques de sa vie politique interne.

L'une, c'est l'illusion, aussi tenace que vaine, que les dirigeants du mouvement anticolonialiste et, en particulier F. Houphouët, forts du soutien indéfectible des masses R.D.A., s'étaient finalement imposés aux colonialistes et qu'ils étaient donc en mesure de réaliser par la diplomatie ce qui n'avait pu être obtenu par la lutte positive.

Cette illusion a permis à F. Houphouët de redorer son image après 1951 tout en poursuivant sa ligne capitularde. Mais sa persistance est aussi le reflet d'une certaine exigence et, en ce sens, elle marque les limites de la liberté d'action de son bénéficiaire.

L'autre caractéristique, c'est la lutte incessante, le plus souvent larvée mais déterminante, des autres dirigeants contre F. Houphouët pour rétablir dans les faits le principe de la collégialité en vigueur dans le P.D.C.I.-R.D.A. jusqu'aux événements de 1949-1950.

Ce principe devenu antinomique avec la position dominante et solitaire acquise par F. Houphouët à partir de 1951 n'a cependant jamais été formellement aboli. Au contraire, le parti unique tout entier joue à croire et à faire croire qu'il est toujours en vigueur. Ici encore la rémanence est signe d'un rapport de forces foncièrement instable.

Tout cela contribuait malgré tout à conférer une apparence de cohérence au système ; voire même, d'un consensus autour de F. Houphouët. Vu du dehors, on pouvait croire que le P.D.C.I. était une structure vivante et une organisation unanime derrière son chef.

Les journées d'avril 1983 ont aboli cette image évangélique en révélant ce qu'il en est en réalité des rapports entre F. Houphouët et le parti dont il est le président.

Voici, résumée, toute la substance du vaste verbiage du 26 avril 1983 :

---

[8] « Battu » aux législatives de 1951 et privé de son immunité, il fut en butte à la vindicte des colonialistes et il dut se cacher pour ne pas être jeté en prison pour délit de presse.

« *Que vous le vouliez ou non, vous devrez continuer à me supporter tel que je suis : un richard qui pense d'abord aux intérêts de sa famille* (9) *avant ceux de la Côte-d'Ivoire et de son peuple ; qui thésaurise à l'étranger les milliards que votre travail et vos sacrifices lui ont procurés et qui, pour sa défense, attend plus du président des États-Unis que du P.D.C.I.-R.D.A. !* »

En outre, ce discours n'est qu'un odieux amalgame visant à discréditer ce que la Côte-d'Ivoire a pu conserver d'hommes dignes et fiers après toutes ces années d'un traitement avilissant, en donnant à croire au monde que ceux qui s'opposent à ce régime servile de démission nationale sont des maîtres-chanteurs et des bandits.

Mais qui peut croire sérieusement qu'on trouverait un seul enseignant ou un seul opposant politique parmi ces gens qui tutoyent Thérèse Houphouët-Boigny au téléphone et auxquels elle répond avec une étonnante naïveté ou une rouerie consommée, comme on voudra ; qui enlèvent en plein jour et dans l'enceinte d'un établissement public, à bord d'une voiture de la présidence de la République (10) la petite-fille du défunt président Tolbert, qui est aussi la petite-fille par adoption du chef de l'État ivoirien,... et qui restent impunis ?

Ce discours a seulement révélé qu'il se joue parfois un jeu bien étrange dans les coulisses de ce régime. Mais, pourquoi en parler comme si toute cette boue recouvrait le pays tout entier ?

Que F. Houphouët appelé à se pencher sur un grave et douloureux problème de société ne sache rien faire qu'étaler ce linge douteux, cela ne peut être sans rapport avec la santé du régime.

C'est le langage d'un roi qui n'a plus la dignité nécessaire pour arbitrer depuis la hauteur où se tient d'habitude la majesté. Il est réduit à se battre dans l'arène, au milieu de la lie que l'incurie du pouvoir a accumulée.

Quand le chef d'un État en est au point de confondre la nation qui l'interpelle avec les bandes de voyous et les maîtres-chanteurs, on peut s'interroger sur le sens qu'il garde de sa haute responsabilité.

---

(9) C'est d'ailleurs une très vieille obsession chez lui. Voir à ce sujet sa déclaration devant la Commission d'enquête parlementaire, in DAMAS, 1, p. 13.

(10) La véritable signification de ce fait rendu encore plus extraordinaire par sa banalisation, calculée peut-être, éclate quand on le rapproche d'un incident lié à l'« *affaire Emmanuel Dioulo* ». En décembre 1984, « *des truands (...) que l'on a trouvés porteurs de cartes de la "sécurité présidentielle" ont tenté d'introduire des armes dans une propriété d'E. Dioulo* » (*Afrique-Asie*, n° 346 du 22 avril 1959).

Mais cela veut dire aussi que pour s'être privé des moyens d'une véritable communication avec la société, le pouvoir ne dispose plus, pour durer, que du mensonge et de la dissimulation [11] et, quand ces moyens ne donnent pas le résultat attendu, de la force déguisée ou ouverte.

F. Houphouët a, lui-même, favorisé dans le P.D.C.I. le développement des vices qu'il lui reprochait en 1980 [12]. Qui plus est, en voulant tout à la fois maintenir formellement le P.D.C.I. et l'affaiblir afin de profiter de son prestige sans risquer sa position dans les hasards d'un jeu démocratique normal, il a fini par s'affaiblir lui-même.

Dire que le chef de l'État ivoirien est politiquement affaibli peut faire sourire quand on constate la capacité à retourner les situations en sa faveur qu'il vient encore de démontrer.

Il faut donc préciser que ce n'est pas sa capacité a se maintenir autant qu'il lui siéra qui est en cause, mais l'avantage de son maintien pour la sauvegarde du système politique qui lui est cher.

Vingt-cinq ans n'ont pas suffi pour préparer un successeur à sa convenance ; il serait naïf de croire que cinq ans y suffiront.

S'il y a une chance que le régime qu'il incarne depuis plus de vingt-cinq ans ait une postérité, cela ne se pourrait qu'à travers son parti. Mais il est d'ores et déjà évident que l'état où il a réduit le P.D.C.I. le rend inapte à lui survivre même quelques heures.

Le règne de F. Houphouët fut utile à beaucoup, surtout en dehors de la Côte-d'Ivoire, et c'est d'abord pour cette raison qu'il dura si longtemps. Mais il fut probablement trop long pour pouvoir se survivre sur le même train sans beaucoup d'inconvénients sérieux. Les « *compagnons* » sont vieux, ou bien ils ont pâli et, parfois, ils se sont corrompus à attendre si longtemps à l'ombre du plus élevé d'entre eux.

Il est par conséquent bien improbable que le personnel politique issu de l'histoire de la période héroïque du P.D.C.I.-R.D.A. puisse fournir le remplaçant idéal, au sens des intérêts dominants, c'est-à-dire un homme possédant assez de sang-froid pour conduire une politique tout en cultivant chez le peuple le rêve d'une autre.

La conscience de cette difficulté a probablement guidé la réorganisation du parti unique opérée en 1980 dans la foulée de la « *démocratisation* ». Le VIIe Congrès qui s'est tenu cette année-là a vu la

---

[11] Cf. les propos de J. Konan Banny devant les journalistes (rapportés en partie III, chap. 3, p. 146, note (41)).

[12] Voir *supra*, p. 27, note (2).

cooptation au sommet du parti d'un certain nombre d'hommes jeunes qui illustrèrent au sein de l'histoire mouvementée du M.E.O.-C.A.M. et du M.E.E.C.I. des idées et des méthodes tout à l'opposé de la tradition du P.D.C.I.-R.D.A. des années 1940.

Avec eux et pour la première fois, ce n'est plus l'idéal anticolonialiste mais un nationalisme droitier étroit et élitaire, cette sorte de *« patriotisme »* qui refuse le partage équitable des peines et des profits entre les citoyens mais s'accommode très bien d'une mainmise étrangère, qui a fait son entrée à la direction du P.D.C.I. !

On les trouve aussi, bien entendu, dans les directions locales, tels ce secrétaire à la presse de la section du P.D.C.I.-R.D.A. d'Agnibilékrou qui écrivait dans une tribune libre de l'hebdomadaire du parti unique :

« La direction doit recenser ces sections et les réorganiser en comités de quartier ? Cette réorganisation devra s'appuyer uniquement sur les nationaux afin de pouvoir constater réellement l'amour des Ivoiriens pour le parti, pour leur pays, CAR LE POIDS DES ÉTRANGERS FAUSSE LA VIE DU PARTI DANS NOS RÉGIONS... » (13).

Certes, les voilà tout à fait loin de ce 9 avril 1946, quand, autour du berceau du mouvement dans lequel allaient bientôt se reconnaître la presque totalité des Ivoiriens, se tenait un groupe solidaire et fraternel où un homme sur trois était un étranger.

Tout à fait loin aussi du pays qui doit sa *« prospérité »* au fait que *« le poids principal de l'exploitation économique (c'est-à-dire de l'extraction du surtravail* (y) *repose sur les étrangers africains »* (14).

La promotion de ceux qui professent une telle idéologie signifie-t-elle qu'on a définitivement renoncé aux vertus cardinales du P.D.C.I.-R.D.A. que le président du parti unique évoquait avec une tristesse feinte en 1980 dans son adresse aux congressistes ?

Il est en tout cas significatif que presque dans le même temps où F. Houphouët regrettait qu'on ne sache plus dans ce parti mobiliser les initiatives des masses populaires, A. Djedje Mady, lui, parlait de les mener : *« Je sais, par expérience, ce que c'est que diriger les hommes ; et je sais que, toujours, ce n'est pas facile »* (15).

Ce meneur d'hommes et ses amis sont-ils l'avenir qu'on prépare pour la Côte-d'Ivoire ? Ce n'est qu'une hypothèse. Ce qui est tout à

---

(13) *Fraternité-Hebdo*, n° 1280 du 10 novembre 1983 (souligné par nous).
(14) J.-F. MÉDARD, 1982, p. 84.
(15) *Fraternité-Hebdo*, du 18 décembre 1983.

fait sûr, en revanche, c'est qu'ils sont bel et bien le présent du parti unique. Déjà ils sont trois ou quatre à avoir atteint l'échelon le plus élevé de sa direction nationale, le conseil exécutif, composé de neuf personnes !

Sans doute quelqu'un rêve-t-il très sérieusement pour la Côte-d'Ivoire d'une sorte de succession à la gabonaise [16]. Mais la réussite d'un tel mode de succession suppose que les faiseurs de « rois nègres » basés à l'étranger soient les seuls maîtres de la situation et que les prétendants ayant toutes les qualités pour leur plaire ne soient pas trop nombreux à se bousculer devant le portillon de la gloire. Ce n'est pas tout à fait le cas en Côte-d'Ivoire où, selon le mot de F. Houphouët, *« tout le monde est candidat à* [la] *succession ».*

Au-delà de la simple boutade qu'elle voulait paraître, cette parole recouvre une réalité dont le poids s'alourdit chaque jour par ces temps de graves remises en cause.

Les Ivoiriens, par l'accueil qu'ils ont fait à la prétendue « démocratisation » de la vie politique en 1980, ont clairement dit leur volonté de revenir aux principes et aux méthodes du mouvement anticolonialiste dans lequel ils n'ont jamais cessé de placer leurs espérances.

Sur les ondes de « Radio Treichville » on prête un mot à Ph. Yacé quand il était encore le secrétaire général du parti unique et le président de l'Assemblée nationale : *« Si on devait mettre en pratique toutes les "pensées du jour"* [17], *mais on mettrait le feu au pays ! »*

On ne peut pas mieux décrire l'impasse où la confusion longtemps entretenue entre le mouvement anticolonialiste et le parti unique actuellement au pouvoir a conduit la Côte-d'Ivoire.

Authentique ou apocryphe, ce mot décrit en effet très exactement l'état d'esprit des Ivoiriens tant au sommet qu'à la base de la société. Les simples gens disent : « On nous a assez menti ! » Les dirigeants de l'État et du parti unique perdent chaque jour un peu plus de leur crédit.

Il se pourrait que l'« *après-Houphouët* » ne soit pas seulement la période qui commencera au-delà de son départ définitif de la scène politique, mais déjà celle où, détenant encore un pouvoir illimité, F. Houphouët n'a plus été capable d'entretenir les illusions qui soutenaient son personnage.

---

[16] Voir P. PÉAN, 1983.

[17] Il s'agit d'extraits de discours de F. Houphouët qui servent d'exergue à chaque numéro du quotidien officiel *Fraternité-Matin* de même que d'introduction au journal télévisé.

BIBLIOGRAPHIE

ADAM ASSI C., *Pourquoi voulons-nous libérer la Côte-d'Ivoire ?*, Publication du Comité national de Libération de la Côte-d'Ivoire (C.N.L.C.I.), 1959.
ADANDÉ A.S., 1982 : *Hommage à Félix Houphouët-Boigny, symbole du bon sens du paysan*, in *Collectif 1982*.
Agence ivoirienne de presse (A.I.P.), Bulletin spécial du 28 septembre 1963.
AMIN S., 1967 : *Le développement du capitalisme en Côte-d'Ivoire*, Les Éditions de Minuit, Paris.
1971 : *L'Afrique de l'Ouest bloquée*, Les Éditions de Minuit, Paris.
AMONDJI M., 1984 : *Félix Houphouët et la Côte-d'Ivoire, l'envers d'une légende*, Karthala, Paris.
1984 : *Le Parti démocratique de la Côte-d'Ivoire : de l'association librement consentie à l'adhésion obligatoire*, in *Peuples noirs, Peuples africains*, Spécial Côte-d'Ivoire, n° 41-42, sept.-oct./nov.-déc. 1984.
D'ARBOUSSIER G., 1952 : *Deuxième lettre ouverte à Félix Houphouët-Boigny*.
BAULIN J., 1980 : *La politique africaine d'Houphouët-Boigny*, Eurafor Press, Paris.
1982 : *La politique « intérieure » d'Houphouët-Boigny*, Eurafor Press, Paris.
BARBÉ R., 1964 : *« Les classes sociales en Afrique noire »*, Économie et Politique, Paris.
BÉNOT Y., 1969 : *Idéologies des indépendances africaines*, F. Maspero, Paris.
1975 : *Indépendances africaines ; Idéologie et réalités*, F. Maspero, Paris, 2 tomes.
BOURGOIN H., 1984 : *L'Afrique malade du management*, J. Picollec.
CABRAL A., 1975 : *L'Arme de la théorie*, F. Maspero, Paris.
CAMPBELL B., 1974 : *Social change and class formation in a French West African State*, in *Canadian Journal of African Studies*, vol. VIII, n° 2 (pp. 285-306).

CARTA J., 1959 : *La bourgeoisie noire s'installe, France-Observateur*, 3/9/1959.
CHAFFARD G., 1965 : *Les Carnets secrets de la décolonisation*, Calmann-Lévy, Paris.
Collectif, 1982 : *Hommage à Houphouët-Boigny, homme de la terre*, A.C.C.T.-Présence Africaine.
Commission économique pour l'Afrique (C.E.A.), 1984 : Séminaire National sur population et développement Côte-d'Ivoire 1982, Addis-Abeba.
COQUERY-VIDROVITCH C., 1983 : « Chefferie et tribalisme », in *Pouvoirs*-25, 1983, p. 51-62.
Constitution de la République en Côte-d'Ivoire.
CORNEVIN M., 1978 : *Histoire de l'Afrique contemporaine*, Payot, Paris.
CORNEVIN R., 1982 : *Félix Houphouët-Boigny, pionnier de la décolonisation de l'Afrique*, in *Collectif 1982*, pp. 27-31.
DADIÉ B., 1983 : *Carnet de prison*, C.E.D.A., Abidjan-Dakar.
DAMAS M., 1965 : *Rapport n° 11.348 sur les incidents survenus en Côte-d'Ivoire*, Annexes (dépositions), 3 tomes, Imprimerie nationale, Abidjan.
DEGNI-SEGUI R., 1979 : *La Succession d'État en Côte-d'Ivoire*, Thèse, Univ. d'Aix-Marseille.
DIABATÉ H., 1975 : *La marche des femmes sur Grand-Bassam*, les N.E.A., Dakar.
1978 : *Le rôle des femmes dans l'histoire du R.D.A.*, in *Fondation Houphouët-Boigny*, n° 2.
DIABATÉ M., 1982 : *Houphouët-Boigny, homme de la terre (au service de la terre, des hommes et des peuples)*, in *Collectif 1982*, pp. 153-171.
DUMONT R., 1962 : *L'Afrique noire est mal partie*, Seuil, Paris.
DUVERGER M., 1976 : *Les partis politiques*, Lib. A. Colin, Paris.
EKRA M., 1978 : *Les événements du 6 février 1949 en Côte-d'Ivoire, une interview de Mathieu Ekra par Doudou Gueye*, in *Fondation Houphouët-Boigny*, n° 3/premier semestre 1978, pp. 76-87.
1981 : *Oraison funèbre de J.-B. Mockey, Fraternité-Matin*, 10/2/1981.
1983 : *Le P.D.C.I.-R.D.A., genèse et épopée*, conférence prononcée le 9 juillet 1983 à Sikensi à l'occasion de la fête des écoles, *Fraternité-hebdo*, n° 1264, 21/7/1983, pp. 11-23.
ESPERET G., 1967 : *Syndicalisme croyant en Afrique francophone*, in *Revue française d'Études politiques africaines*, n° 17, mai 1967, pp. 16-35.
FAVROD Ch.-H., 1958 : *Le Poids de l'Afrique*, Seuil, Paris.

FANON F., 1961 : *Les damnés de la terre*, F. Maspero, Paris.
1969 : *Pour la révolution africaine*, F. Maspero, Paris.
FAURÉ Y.-A., MÉDARD J.-F. et coll., 1982 : *État et bourgeoisie en Côte-d'Ivoire*, Karthala, Paris.
FOUGEYROLLAS P. : *La question des classes dans la société africaine*, in *Connaissance du Tiers-Monde*, 10/18, n° 1199.
FREGEAT B., 1983 : *Côte-d'Ivoire : discussions de « maquis »* ; *Révolution*, n° 168, 20/5/1983.
1984 : *Présentation de la Côte-d'Ivoire, Cahiers du communisme*, sept. 1984.
GASTELLU J.-M. et AFFOU YAPI S., 1982 : *Un mythe à décomposer : la « bourgeoisie des planteurs »*, in FAURÉ et MÉDARD, 1982, Karthala, Paris.
GBAGBO L., 1982 : *Côte-d'Ivoire, économie et société à la veille de l'indépendance (1940-1960)*, L'Harmattan, Paris.
1983 : *Côte-d'Ivoire, pour une alternative démocratique*, L'Harmattan, Paris.
GONIDEC P.-F., 1978 : *Les systèmes politiques africains*, Librairie générale de droit et de jurisprudence, Paris.
HAERINGER P.-L., 1983 : *Abidjan au coin de la rue*, O.R.S.T.O.M., Paris.
HALLAK J., POIGNANT R., 1966 : *Les aspects financiers de l'éducation en Côte-d'Ivoire*, UNESCO.
HOLAS B., 1961 : *Changements sociaux en Côte-d'Ivoire*, P.U.F., Paris.
1965 : *La Côte-d'Ivoire, passé, présent, perspectives*, Lib. orientaliste Geuthner S.A., Paris.
HOUPHOUËT-BOIGNY F. : Discours, in *Fraternité-Matin* du 29/4/83.
KOFFI TEYA P., 1985 : *Côte-d'Ivoire, le Roi est nu*, L'Harmattan, Paris.
KOUAKOU NGUESSAN F., 1983 : *Les « maquis » d'Abidjan. Nourritures du terroir et fraternité citadine ou la conscience de classe autour d'un foutou d'igname*, Haeringer, 1983.
LEDDA R., 1967 : *Classes sociales et luttes politiques*, in *Revue internationale du socialisme*, n° 22, août 1967.
LE GUILLERME M., 1962 : *Conquête fraternelle en Côte-d'Ivoire*, Nouvelles éditions latines, Paris.
LEMARCHAND R., 1983 : « Quelles indépendances ? », in *Pouvoirs*-25, 1983, pp. 131-147.
LOUCOU J.-N., 1976 : *Les premières élections de 1945 en Côte-d'Ivoire*, AN. UN. d'Abidjan, série I (Histoire), t. IV.
1977 : *Aux origines du Parti démocratique de la Côte-d'Ivoire*, A.U.A., série I (histoire), t. V.

s.d. : *Les forces politiques en Côte-d'Ivoire de 1944 à 1956*, ronéo.

MABILEAU A. et MEYRIAT J., 1967 : « Décolonisation et régimes politiques en Afrique noire », in *Cahiers de la Fondation nationale des Sciences politiques*, n° 161.

MAHIOU A., 1969 : *L'Avènement du parti unique en Afrique noire. Expérience des États d'expression française*, Lib. générale de droit et de jurisprudence, Paris.

MARTENS G., 1980-1981 : *Le syndicalisme en Afrique occidentale d'expression française : de 1945 à 1960*, Le Mois en Afrique, n°ˢ 178-179 (oct./nov. 1980), 180-181 (déc. 1980-janvier 1981) et 182-183 (février-mars 1981).

MÉDARD J.-F., 1983 : « La spécificité des pouvoirs africains », in *Pouvoirs*-25, 1983, pp. 6-21.

MÉITÉ V., 1980 : *La politique africaine de la Côte-d'Ivoire*, Thèse, Paris-X.

MEYNAUD J. et SALAH-BEY A., 1963 : *Le syndicalisme africain*, Payot, Paris.

MILCENT E., 1958 : *L'A.O.F. entre en scène*, Témoignage chrétien, Paris.

MITTERRAND F., 1957 : *Présence française et abandon*, Seuil.

Ministère du Plan-Université d'Abidjan, 1971 :

MIRAS C. de, 1982 : *L'Entrepreneur ivoirien ou une bourgeoisie privée de son état*, in FAURÉ et MÉDARD, 1982, pp. 181-230.

NGUESSAN K., 1982 : *Tribalisme en Côte-d'Ivoire : mythe et réalité*, Kasa Bya Kasa, Revue ivoirienne d'anthropologie et de sociologie, n° 2.

PÉAN P., 1983 : *Affaires africaines*, Fayard, Paris.

PERSON Y., 1981 : *Colonisation et décolonisation en Côte-d'Ivoire*, Le Mois en Afrique, n°ˢ 188-189, août-sept. 1981, pp. 15-30.

PEUPLES NOIRS, PEUPLES AFRICAINS, n° 41-42, sept.-oct./nov.-déc. 1984 : « Spécial Côte-d'Ivoire, 1960-1984 ».

RABEMANANJARA J., 1982 : *Houphouët-Boigny, homme de la terre*, in *Collectif 1982*.

SCHACHTER-MORGENTHAU R., 1974 : *Political parties in French speaking West Africa*, The Clarendon Press, Oxford.

Secrétariat d'État chargé des Affaires culturelles S.E.A.C., 1975 : *Le président Félix Houphouët-Boigny et la nation ivoirienne*, Les N.E.A., Abidjan-Dakar.

SEMI-BI Z., 1973 : *Le Parti démocratique de Côte-d'Ivoire*, Revue française d'études politiques africaines, n° 94, oct. 1973, pp. 61-75.

SIRIEX P.-H., 1975 : *Félix Houphouët-Boigny, l'homme de la paix*, Seghers, N.E.A., Paris-Abidjan.
SOUCADAUX A., 1982 : *Félix Houphouët-Boigny*, in *Collectif 1982*, pp. 109-114.
SURET-CANALE J., 1960 : *Les fondements sociaux de la vie politique africaine contemporaine*, Recherche internationale, n° 22, nov. ; 6 déc. 1960.
1978 : *La grève des cheminots africains d'A.O.F. (1947-1948)*. Cahiers d'histoire de l'Institut Maurice Thorez, n° 28, 4ᵉ trim. 1978.
1980 : *Essais d'histoire africaine. De la traite des Noirs au néocolonialisme*, Ed. Sociales, Paris.
1985 : *Dix ans de politique française en Afrique*, Aujourd'hui l'Afrique, n° 30.
TIMITÉ B., 1982 : *Houphouët-Boigny, homme de la terre*, in *Collectif 1982*.
TOURÉ A., 1982 : *La civilisation quotidienne en Côte-d'Ivoire. Procès d'occidentalisation*, Karthala, Paris.
1982 : *Paysans et fonctionnaires devant la culture et l'État*, in FAURÉ et MÉDARD, 1982, pp. 231-251.
TOURÉ I., 1982 : *Le syndicalisme de participation à l'épreuve*, Kasa Bya Kasa, n° 2.
UNIVERSITÉ NATIONALE DE LA CÔTE-D'IVOIRE-INSTITUT D'ETHNO-SOCIOLOGIE (U.N.C.I.-I.E.S.), 1971 : *Opinions et attitudes des paysans et ouvriers ivoiriens face au développement. Enquêtes ponctuelles*, t. 2, Abidjan.
1975 : *Besoins culturels des Ivoiriens en milieu urbain. Enquêtes ponctuelles*, t. 2, Abidjan.
VIDEAU P., 1977 : *Dossier Côte-d'Ivoire*, in Aujourd'hui l'Afrique, n° 8.
WILLARD M., 1955 : *La défense accuse*, Éditions sociales, Paris.
XXX, 1973 : Note documentaire sur la presse en Côte-d'Ivoire, *Revue française d'études politiques africaines*, n° 96, déc. 1973.
YACÉ Ph., 1959 : Discours au IIIᵉ Congrès du P.D.C.I.-R.D.A., *Actes du IIIᵉ Congrès*. 1965, 1970, 1975. Rapports du secrétaire général du P.D.C.I.-R.D.A., *Actes des IVᵉ, Vᵉ et VIᵉ Congrès*.
YAO NGO B., 1960 : *La Côte-d'Ivoire, Etat fasciste*, rapport présenté devant la Deuxième Conférence des peuples africains de Tunis (25-30/1/1960). Publication du Comité de l'Union des travailleurs de Côte-d'Ivoire (U.G.T.A.N.) et de l'Intersyndicat de la Fonction publique, Conakry.
ZOLBERG A., 1964 : *One party government in the Ivory Coast*, Princeton University Press.

TABLE DES MATIÈRES

PROLOGUE 7

I. L'HÉRITAGE (1944-1950)
  1. Un mouvement révolutionnaire moderne 25
  2. Les véritables ressorts de l'histoire de la Côte-d'Ivoire .. 31
  3. La juste part du Syndicat agricole africain 37
  4. Le seul véritable héros : le peuple ivoirien 44
  5. Le tournant de 1950 ou le sacre de Félix Houphouët ... 54

II. L'ÉVOLUTION VERS LE PARTI UNIQUE OU LA DÉGRADATION DU MOUVEMENT ANTI-COLONIALISTE IVOIRIEN (1951-1963)
  1. La convergence des modérés 63
  2. Le premier assaut contre le syndicalisme de lutte 69
  3. Les derniers feux du mouvement anticolonialiste 73
  4. Illusions et déceptions dans le camp des patriotes 82
  5. Le pouvoir de la corruption. 89
  6. La montée des hommes du président 98
  7. Le sens caché du « grand dialogue » 109
  8. L'acte de naissance du parti unique 115

III. LE PARTI UNIQUE ET LA VIE POLITIQUE AUJOURD'HUI
  1. Coopération et colonisation idéologique.
  2. La vocation détournée 127
  3. Parti unique, majorité silencieuse et opinion publique 133
  4. Un parti sans fonction 148
  5. Le parti unique et la souveraineté nationale 155
  6. Les citoyens et le parti unique 162

7. La vie intérieure du parti unique :
   A) Règlement de comptes au sommet 176
   B) des dirigeants rencontrent la base 181
   C) les congrès 186

ÉPILOGUE 191

Bibliographie 201